"经典与解释"丛编
Classici et Commentarii

HERMES

刘小枫◉主编

学问的进展

The Advancement of Learning

〔英〕培根 ◉ 著

朱琦 李明轩 ◉ 译

商务印书馆
创于1897
The Commercial Press

Francis Bacon
THE ADVANCEMENT OF LEARNING
Edited by William Aldis Wright, M.A.

Fourth Edition

Clarendon Press, Oxford, 1891

根据牛津克拉伦登出版社 1891 年版译出

"经典与解释"丛编
出版说明

古典文明研究工作坊创设的"经典与解释"丛书,自2002年开设以来,迄今已出版逾500种,是21世纪以来,学界规模最大、持续时间最长的丛书之一。

"经典与解释"丛书自觉继承商务印书馆创设的"汉译世界学术名著丛书"的精神,为我国学界积累学术资源,尤其积极推动译介西方历代经典的绎读,以期源源不断的学子们能更好地认识西方历代经典。

古典文明研究工作坊精选若干西方经典,联合商务印书馆共同推出"'经典与解释'丛编"。本丛编着眼于配合"汉译世界学术名著丛书"的发展,为这一百年学术大业添砖加瓦。

古典文明研究工作坊

商务印书馆

2022年元月

中译本序

朱 琦

《学问的进展》(*The Advancement of Learning*)1605 年版扉页信息是"弗朗西斯·培根两卷本作品,属神的和属人的学问的精进和进展,题献给英王,伦敦:亨利·托姆斯印品,将在霍尔本的格雷律师会馆大门的书店售卖,1605 年"。此书出版时,正值詹姆斯一世治期早年,此前一直未能得到伊丽莎白女王重用的培根(1561—1626),终于取信于詹姆斯一世,一路从王室法律顾问做到掌玺大

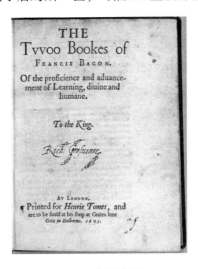

1605 年版扉页

臣、大法官。培根虽然从未放弃过仕途,但这种对"积极生活"(培根语)的追求似乎丝毫没有影响他对学问的精深思考。

在这部两卷本的作品里,培根历数学问各分支的弊端并分析其原因,重新划分人类知识体系,为扩大人类知识边界并提升其价值的理想奠定基础。此作虽在出版之初并没引起太大反响,然而其持续效应却在后世逐渐显现,可以说,"培根的哲学思想是与近代自然科学的兴起紧密联系在一起的"①。《学问的进展》是培根为现代科学体系草拟的纲领,奠定了他的哲学家地位。一方面,英语可以说是由培根1605年出版的《学问的进展》首次变成哲学文献表达工具的②;另一方面,在培根构想的"科学的伟大复兴"的六个部分中,《学问的进展》"在很大程度上包括第一部分的范围"③,即呈现了科学的分类。用塔克的话说,"所谓新人文主义类型的英国思想,其中最伟大的人物还要算弗朗西斯·培根"④。不仅如此,此作也奠定了培根在科学史上的地位,正如威纳在《观念史词典》中给出的评价:"人们一定要记住一个非常显而易见的事情:17世纪和18世纪的科学同时是伽利略的、培根的和笛卡尔的。"⑤就连对培根有诸多批评的黑格尔也不得不说,"我们需要用一个名字、一个人物作为首领、权威和鼻祖,来称呼一种作风,所以我们就用培根的名字来代表那种实验的哲学思考,这是当时的一般趋向"⑥。

---

① 周晓亮主编:《西方哲学史(学术版)》第四卷,凤凰出版社、江苏人民出版社2004年版,第229页。
② 参见威廉·R.索利:《英国哲学史》,段德智译,商务印书馆2017年版,第13页。也见于本书"序"。
③ 威廉·R.索利:《英国哲学史》,段德智译,商务印书馆2017年版,第20页。
④ 理查德·塔克:《哲学与治术:1572—1651》,韩潮译,译林出版社2013年版,第116页。
⑤ P. Wiener ed., *Dictionary of the History of Ideas*(vol. 1), New York, 1973, 词条 Baconianism, p.172。
⑥ 黑格尔:《哲学史讲演录》第四卷,贺麟等译,上海人民出版社2013年版,第33页。

培根的新知识体系的内核是承接自基督教的"仁爱",虽然其"仁爱"的内涵与基督教有所不同,但"以人为中心""服务于人"的目的却颇为一致。这种知识体系的特征是进步,而进步"与现代自然科学的出现密切相关:以经验为基础的关于自然的结构和法则的知识,以及操纵自然以造福人类的技术"①。事实上,正是这些新要素构成了所谓的"科学革命"。需要指出,"科学"与"哲学"两个词在培根的时代还常常被混用,"科学"(science)源自拉丁词scientia,指传统上由哲学追求的知识体系。我们所谓的自然科学原本只是哲学的一个分支——自然哲学。但是,科学与哲学的区分在培根的时代仅处于萌芽阶段,直到霍布斯在《利维坦》中清晰区分了"自然哲学"(natural philosophy)和"公民哲学"(civil philosophy),才把科学与哲学作为两个类别完全分开。

新知识体系改变了欧洲的旧学问体系,尤其改变了哲学。在《新工具》里,培根提出,"我要在人类的理解中建造一个世界的真实模型,它会依照世界真实的模样,而不是按照人自己的理性所认定的模样;若不呕心沥血地剖析这个世界就不可能建成这个模型……因此真理和效用在这里是一回事"②。将真理等同于效用,是后世即将风靡的实用主义的中心原则,哲学在这一时期开始蜕变。

一、哲学的蜕变

在《学问的进展》第一卷的题献里,培根盛赞詹姆斯一世是"最能体现柏拉图理想"的君主。他称赞詹姆斯一世的领悟力"既

① Donald Rutherford ed., *The Cambridge Companion to Early Modern Philosophy*, Cambridge University Press, 2006, p. 12.
② 培根:《新工具》,许宝骙译,商务印书馆 2017 年版,第 108 页。译文根据原文略有修改。以下仅随文标注页码。

能囊括和理解最重大的事务,也能感受和领会最细微的事物",但接着他又说,"要在大自然中找出大小事项同样都适合的工具似乎不太可能"(本书第38页)。这让我们疑虑,既然不太可能在自然中找到大小事项都适合之物,那么到底是培根在隐晦地承认前文仅仅是他对詹姆斯一世的奉承之言,还是在他看来,君主的能力或能完成的事务是超自然的? 对此,魏因伯格解释道:

> 　　如同这样一件完美的工具,国王的心灵只要成就其天性的本然自足就可以反映自然的整体。根据柏拉图,这种自诩具有如此完全掌控的技艺正是智术师专横的表演技艺,如果说这位国王令我们想起《美诺》,那么培根似乎把这位完美地结合了政治权力和智慧的国王描绘成了完美的智术师。①

　　如果这个解释——培根把国王表述为能完美反映自然的工具,暗指国王是兼具权力和智慧的智术师——成立,那么这位国王就是典型的现代智识人。他因能高超地观察自然、解释自然而具有智慧(在西方古典标准中,这只是具有知识而非智慧),因具有这样的智慧而在政治权力上占据优先地位。或者说,他因为在其他公民眼中具有智慧,在现代民主政治中更能左右民众的意见而更具有政治权能。

　　稍后,培根又称赞国王"被赋予了人们崇敬的远古的赫尔墨斯所具有之三德:王者的威权与天命、祭司的知识与启示、哲人的学问与广博"(本书第39页)。这里的赫尔墨斯并不是指希腊神话中众神的使者,而是指"至尊赫尔墨斯"(Hermes Mercurius Trismegistus)。斐奇诺在他翻译的《赫尔墨斯文集》中说,赫尔墨斯是

---

① 魏因伯格:《科学、信仰与政治:弗兰西斯·培根与现代世界的乌托邦根源》,张新樟译,生活·读书·新知三联书店2008年版,第39页。译文根据原文略有修改。以下引用时简称《科学》并随文标注页码。

第一位从研究物理学和数学上升到思考神性的哲学家,因此他被视为神学创始人。① 培根用赫尔墨斯来比拟这位国王,不得不说令人颇为吃惊。古希腊、古罗马和古埃及传统中,王者与祭司之责的确常常集于一人之肩;但基督教兴起之后,欧洲却鲜有王者与祭司由一人所担之事,更不要说再加上哲人。不过,《学问的进展》成书前 70 年,亨利八世用《至尊法案》(Act of Supremacy, 1534)宣称他"是英格兰教会这片土地上的唯一至高领袖",可以算作是集王者与祭司于一身。可是,他仍然不具有哲人的角色。

现代人不理解城邦与哲学之间的张力,不理解作为哲人的苏格拉底为何被城邦处死,因为现代哲学和前现代政治哲学存在根本差异。以培根为代表的现代开端处的优秀哲人们认为,如果哲学的目的与城邦(非哲人)的目的相同,哲学自身将带来哲学和城邦之间的和谐。这如何可能? 非哲人的目的是某种尘世幸福——老婆孩子热炕头,吃饱穿暖嬉笑玩乐,哲人的目的是沉思真理与至善。可是,如果哲学自我转变——为最大多数人的最大幸福制造可能,那么哲人的目的和非哲人的目的就变得同一,二者之间的张力就能被化解。

基督教已经将至善学说视为异端神学(参见《科学》,第 360—362 页),站在现代开端的马基雅维里已经启动了与至善学说的彻底分离,培根这里又告诉我们,"哲学家拔高了人的天性,假设人能达到比实际上可能达到的更高状态……从这种至福学说中脱离并解放出来,我们才可以更清醒、更真实地接受这些哲学家们的其他研究和工作成果"(本书第 194 页)。所以,哲学改变了自身,不再主要关注个人的德性和智性的完满,而是将眼光从至善至福下降到尘世,以仁爱为目的,以满足最大多数人的尘世幸福为目的,化

---

① 参见 M. L. D. Kuntz, "Introduction", in Jean Bodin, *Colloquium of the Seven about Secrets of the Sublime*, trans. M. L. D. Kuntz, Princeton University Press, 1975, p. xlviii。

解自身与城邦的张力,成为城邦的领路人和革命者。正如高克罗格所讲,培根的目标是"把从本质上是哲学家个人活动的认识论活动转变为本质上是公共的活动"。① 为了达到这个目标,理性需要下降。

哲人凭借理性探求真理,洞悉万物之本性,思考不同于质料的形式、不同于主要依赖于质料的俗众生活。如今,理性所能企及的至高、道德所能企及的至善就算能够被理知,也由于其目标太高而被束之高阁。纯粹理论研究就算有价值,也是为了促进应用研究,应用于改善人的生存境况。这一原则成为不证自明、自然正当的道理。为了寻求知识,人将自然传唤至自己的理性法庭面前,"拷问自然"(培根语)。知识就是力量,知识也是利益。"知识的利益相关者(君主、赞助人、印刷厂、书商)限制了知识的传播,但是'知识应当保密'这种文化假设正在改变。"②哲学家们开始致力于启蒙大众,试图让所有人都能够运用理性思考、指导自己的生活——这在古典哲人看来简直是不可理喻的痴人说梦。其实现代哲人不过是在遵照其最尊敬的先辈之一培根设立的那个著名的目标:"科学的真正的、合法的目标说来不外乎是这样:把新的发现和新的力量惠赠给人类生活。"(《新工具》,第64页)然而,不知是有意还是无意,他们遗忘了培根曾明确警示的一点:他所倡导的知识,只有效果和事功能被一般人所理解(《新工具》,第112页)。这意味着培根深知,知识的逻辑道理、理论内涵、缘由渊源等等只能由极少数人理解和掌握,正是这些才是推进学问的根本,绝大多数人不具备洞悉知识、掌握真理的慧根。后辈们遗忘了这一至关重要的教诲。培根那句被现代人反复引用的名言意味着,科学或哲学的本质不

① S. Gaukroger, *Francis Bacon and the Transformation of Early-Modern Philosophy*, Cambridge University Press, 2001, p. 5.
② 马克·格林格拉斯:《企鹅欧洲史·基督教欧洲的巨变(1517—1648)》,李书瑞译,中信出版集团2018年版,第283页。译文根据原文略有修改。

再是沉思,而是行动和技术。

　　现代哲人很快将不再担心城邦对他的迫害,因为现代哲人将成为新的赫尔墨斯——集统治者、祭司与哲人于一身。知识与权力即将合一,知识不仅是力量,更是权力(power)——这几乎就是《学问的进展》第一卷的中心思想。"由于 17 世纪出现并随后占据主流的观点,哲学或者科学必然带来非–哲人或非–科学家的启蒙,因此彻底改革城邦民整体的观点、公共观点以及政治观点,并以这种方法彻底改革政治社会。因此,关于它的影响就非常容易理解——即实证主义对社会的哲学影响,关于哲学与社会之间的和谐。"①哲学/科学的目标与政治学的目标统一后,哲学与城邦之间的张力不再存在,那么作为哲学与城邦之间调和剂的古典政治哲学也丧失了其存在的必要性。

　　如果说放弃沉思是现代哲学的第一个重大蜕变,那么从热爱智慧到热爱方法则是其第二个重大蜕变。

　　《学问的进展》就差直截了当地讲"所有过往的知识都有缺陷",只有通过新的经验方法,才能抵消掉人类的心灵、语言和文化中各种正在腐朽的"圣像"。② 在第二卷的题献里,培根说,要提升和发展学问,首先要做一些奠基工作,包括"丰富的酬劳、正确的方向和各方劳作的配合",其中最主要的是"正确的方向"。因为"跛足之人沿着正确的道路前行,也能超过偏航的善跑者"。培根把所罗门所说的"铁刃钝了,不磨就得多费力气,但智慧却永远领先"解读为"方法创造或择取比任何执行或苦干积累都更有效"(本书第 103 页),用我们的俗语讲是"磨刀不误砍柴工"。错误的方向很可能是指当时的人文主义者采纳的方法——一面用现代的方式

---

① 施特劳斯:《古典政治哲学引论——亚里士多德〈政治学〉讲疏(1965 年)》,扎科特整理,娄林译,华东师范大学出版社 2018 年版,第 139 页。

② Henrik Lagerlund & Benjamin Hill eds., *Routledge Companion to Sixteenth Century Philosophy*, Routledge Taylor & Francis Group, 2017, p. 69.

纠正古人的传统,一面试图通过更好地理解古代哲学基础以延续古典传统,这是一种折中的理想;但培根的科学理念标志着一种转变——以经验观察的方式建立新基础,[①]这是他认为的正确方向。但关于方向的解读多多少少漏掉了后半句关于智慧永远领先的说法。于是他立刻陈情道:"我之所以这样说,不是要贬低任何致力于学问的人的高贵动机,而是我确实观察到他们的工作和行为更多只是华丽壮观、值得记忆,而不是为了进步和提升,更多只是通过增加学者的数量而扩增了知识的量,却没有改良或提升各个学科。"(本书第 103 页)显然,在他看来,让学问得到进步的基础工作中,最重要的部分是方法,但这恰恰是最薄弱的部分,需要着重改进。

在《学问的进展》里,培根 35 次提到"方法"(method),几乎每次论及各门学科的缺陷时,都会谈及研究方法,尤其是在谈到知识的传承时,短短四千余字(按中文计算)中竟有 16 次提及"方法"。及至《新工具》,培根批评亚里士多德在《工具篇》中树立的研究自然的通行逻辑有根本缺陷,他称之为"自然的预判"(Anticipations of Nature),[②]抨击这种逻辑败坏了自然哲学(《新工具》,第 37 页)。因此他要提出"从事实抽出理论"的新方法,他早就明确地讲,"期望能够做出从来未曾做出过的事而不用从来未曾试用过的方法,是不健全的空想和自相矛盾"(《新工具》,第 9 页)。《新工具》这一题名中的"工具"就是方法。

这种新方法如今我们已经非常熟悉:从特殊到一般或者说从个性到共性的归纳法。这种归纳,不是枚举式"普通归纳",而是"真正的归纳",即"从适当地整列过和类编过的经验出发……抽

[①]　Henrik Lagerlund & Benjamin Hill eds., *Routledge Companion to Sixteenth Century Philosophy*, Routledge Taylor & Francis Group, 2017, p.69.

[②]　许宝骙先生译为"自然的冒测",李猛先生根据拉丁文译为"自然的预判",此处采李先生译法。

获原理,然后再由已经确立的原理进至新的实验"(《新工具》,第66页)。在原理与实验之间往返,就是培根所说的"真正的经验的方法",亦即他推崇的新方法。这种新方法的特征是"一切依靠事物的证据和真际,拒绝一切形式的虚构和欺骗"(《新工具》,第105页)。

新方法的原理和特征,以及对旧经验主义的反对等等不是我们讨论的重点,重要的是,培根告诉我们,他的"这种发现科学的方法大能划齐人们的智慧,而甚少有赖于个人的卓越性,因为在这里一切事情都是凭着最可靠的规则和论证来做的"(《新工具》,第106页)。凭借最可靠的方法,遵循预先制定的规则,古人们敬畏的偶然性似乎得以克服;更重要的是,科学的方法能拉平人与人之间的天赋差异,弥补自然分配上的不平等,从而跨越了智慧之人和愚蠢之人的鸿沟。对方法的重视成为之后的研究风尚,笛卡尔的《谈谈方法》《探求真理的指导原则》是关于研究方法的作品,康德的《纯粹理性批判》也是关于思想方法的考究。由此,我们明白了为什么《学问的进展》里培根解读所罗门的话时漏掉了"智慧永远领先"那半句——方法的额外魅力是把认知的机会平等化,让智慧成为多余。①

哲学与热爱智慧(philo sophia)本是同一,智慧变得多余之时,哲学的内涵开始发生根本转变,经由培根的后辈们的不懈努力,如今我们熟悉的现代哲学得以塑造:

> 哲学与科学原本一家,应该尽可能地促进进步,不断地创造出更大的繁荣。这样,每个人都将享受到社会或生命的所有利益,从而真正实现每个人的自然权利的全部意义,即实现

① 参见施特劳斯:《自然正当》,载施特劳斯:《苏格拉底问题与现代性——施特劳斯讲演与论文集:卷二》(第三版),刘振、叶然等译,华夏出版社2022年版,第260页。

每个人安逸的自我保存(按洛克的说法)的自然权利以及那种权利所带来的一切,同时实现每个人充分发展自身一切能力的自然权利,这种发展会与任何其他人同样的发展达成和谐一致。①

每个人具有与生俱来的自然权利不再指每个人的天性和智慧,转而指每个人都需要吃饱喝足,延续生命。天性有高贵与低贱的差异,智慧有聪明与愚笨的不同,但生理需求确实人人都有。如今,每个人都可以通过掌握方法获取知识,"人人生而平等"的理念呼之欲出。

二、修辞学的转捩

魏因伯格把培根对詹姆斯一世的赞美解读为暗指国王是兼具权力和智慧的智术师,让我们想起了智术师最擅长的技艺——修辞术。培根在讨论知识的传承时着重讨论了修辞学,"知识的传承……包含在我们称之为修辞学或雄辩技艺的那门科学里"(本书第 183 页)。

他首先为修辞学正名,"虽然它的真正价值不及智慧……然而在一般人看来,修辞术却更有力量"(本书第 184 页)。他再次引用所罗门的话——"心中有智慧,必称为通达人;嘴中的甜言,加增人的学问",并将其解读为"精深智慧可助人获得名声、赢得尊重,然而在积极生活中获胜却往往要靠雄辩"(同上)。积极生活指政治生活或公共生活,由于哲学的蜕变,哲学与城邦的张力得以化解,不再有私人生活与公共生活之间的差异,公共生活因而成了全

---

① 施特劳斯:《我们时代的危机》,载施特拉斯:《苏格拉底问题与现代性——施特劳斯讲演与论文集:卷二》(第三版),刘振、叶然等译,华夏出版社 2022 年版,第513 页。

部生活,那么修辞学的重要性也就体现在全部生活中。

之前培根曾借西塞罗之口批评苏格拉底率先"把哲学和修辞学分开","修辞学因而变成了一种空洞的言辞技艺"(本书第145页)。柏拉图笔下的苏格拉底为何区分哲学与修辞学?因为真理与意见有差别,哲学源于对智慧的热爱和追求,修辞学则指向劝导和说服。哲人与智术师的生活方式和教学之不同也源于这种区分。演说方式和技巧可教,而热爱智慧的生活方式却断然无法教授。哲人挑选学生,不肯把真理与辩驳技艺教予德性不匹配之人,唯恐雄辩技艺成为助纣为虐之工具。智术师无差别地将修辞技艺教予所有付得起学费之人。但是哲人柏拉图并没有敌视修辞学。在他的笔下,不仅苏格拉底的言辞旨在劝导或说服读者和对话者,而且苏格拉底的所有对话都是修辞技巧的教学范本。更重要的是,柏拉图的时代是理论生活与政治生活存在对立的时代,因此他的理论呈现的显著特征是显白主义,"他们的主要兴趣是对真理的兴趣,出于各种原因,他们选择不以适合真理的形式,即科学的形式传授真理,而是巧妙地将真理与虚构或谎言掺杂起来","用戏谑而热烈的谎言表达严肃而清醒的真理"。①

柏拉图是修辞学高手,他的修辞技艺体现在,用同一出戏剧、同一段对话,既显白地教育大多数人,又隐微地吸引极少数人关注那些只有他们才能读懂的真理,在向一些人揭示的同时向另一些人掩盖。修辞学指向说服,尤其是教人向善的道德伦理说服,为着这一目的,哲人的修辞不仅传达真理,也重视"高贵的谎言"。"高贵的谎言"虽是某种意义上的谎言,却蕴含深刻的政治真理,目的在于劝导城邦人心向正义、重视德性;同时,也能帮助哲人在与哲学有根本张力的城邦中生存下来,吸引并挑选未来的哲人。

---

① 施特劳斯:《论古典政治哲学研究》,载施特拉斯:《苏格拉底问题与现代性——施特劳斯讲演与论文集:卷二》(第三版),刘振、叶然等译,华夏出版社2022年版,第45、44页。

　　培根说柏拉图引发人们敌视他那个时代的修辞学家（本书第185页），但是他没有说《理想国》里的苏格拉底不仅留下了著名的智术师忒拉绪马霍斯，还称呼他为"朋友"，他也没有说苏格拉底将诗人逐出城邦是为了之后迎回改变后的他们。柏拉图或许敌视他那个时代的修辞学家，但他绝不敌视修辞学；他对那些修辞学家的敌视也不是要否认他们，恰恰是太重视他们。培根显然明白这些，那么他为何不希望区分哲学与修辞学？

　　培根说："修辞学的职责和作用是将理性应用于想象，以更好地调动意志。"（本书第184页）他不相信纯粹理性的力量，认为理性需要修辞的帮助调动情感，让只关注眼前的情感与有能力预见未来的理性一起作用于想象，"使未来和遥远的事物显得就在当下"（本书第186页），以调动意志。只要我们稍微想一想如今人们对生活中出现的公共事件的反应，就能明白培根对人性的精确洞悉。绝大部分人在公共事件中往往受到情绪的左右，很难完全凭靠理性冷静思考，此时如果恰好看到雄辩有力、极具煽动性的小报道，多半会让其观点主导自己的思维和情绪。培根一语中的，"修辞学从大众意见和态度出发来研究理性"（同上）。从大众意见和态度出发，就是从公共生活、从政治实践的角度出发研究。修辞学的确更有力量，能够挑起和激化人们的情绪，形成"众怒""群情激奋"以左右大众意见。情感，是现代修辞学研究的重要主题。可是仅凭它，能"加增人的学问"吗？不能，所以需要加入逻辑学，因为"逻辑学按照真理的原则精确地研究理性"（同上），如此，雄辩才有内涵，才有证据和证明，才能凸显说服的力量。但是我们不禁要问，按照真理的原则研究理性，将其作为修辞学的内涵，那意味着什么？那意味着修辞学不再掩盖真理，不再重视真理与谎言的同一。

　　培根说，修辞学需要得到更好的研究，人们没有很好地继承亚里士多德的修辞学研究成果，但实质上他是为了指出亚里士多德修辞学的不足。稍后在 XXII 部分讨论社会的善,亦即政治学部分,他详细讨论了修辞学中的情感问题。所谓在情感方面,"诗人和史家是最好的老师"(本书第 211 页),是因为在他们的作品中我们可以看到情感如何被点燃、增强、压制、显露、发泄、制衡等等。而情感之间的相互对抗和制衡对于道德教育和政治学来说尤其有用。很好理解,道德教育的核心在于教人们如何用恰当的情感对抗不恰当的情感,政治学的核心在于激发人的某种情感以调动或抑制某种行为。二者密切关联,可以说,道德教育是政治学的主要内容。亚里士多德说天性无法被习惯改变,培根对此不以为然,他认为德性和恶习的根源都在习惯,因而他更重视教育和习惯养成,认为习惯养成可以弥补自然天性的不足。

亚里士多德在《尼各马可伦理学》里指出,年轻人不适合学习政治学,一是因为他们缺少作为政治学前提与题材的行为经验,二是因为他们容易受感情左右,学习政治学既不得要领,又无所收获。但这里的年轻与否不仅仅指年龄,更指心理成熟度或道德成熟度。亚里士多德暗示,很多上了年纪的人在道德上仍然处于低幼水平,不适合学习政治学。对于这些人,道德德性不可教。然而,城邦由各种各样的人组成,可教与不可教的人都是政治生活的成员,所以修辞学有存在之必要,"高贵的谎言"有存在之必要。

然而,如果道德德性的关键在于习惯养成,而不在于自然天性,亚里士多德所谓的青年人与老年人的区分就没有意义。甚至,习惯养成对于青年人来说比老年人更加容易。第一卷为学问做辩护时,培根引用《约珥书》中"青年人见异象,老年人做异梦"论证,青年人更接近上帝的圣显,比老年人更优越(本书第 54 页);在《论青年与老年》一文里他又重复了这一论证。通过对比这两处论说,魏因伯格指出,培根试图论证青年人的知优于老年人的听。若是道德教育可以适用于所有人,那么政治学也可以适用于所有人,这进而取消了柏拉图的多数人与少数人的区分。古希腊智术师们无差别地教授所有付得起学费的学生,也正有此念。只是,智术师招致了雅典公民的愤恨,被指责为败坏青年、破坏传统、危害城邦;哲人与智术师如此相似,民众无法区分便统统敌视。而在如今的仁爱时代,哲人的目标已经与大众目标一致,不管是哲人还是智术师,都无须担心受到城邦的迫害,显白教诲与隐微教诲的区分也不再有必要。

在仁爱的时代,修辞学不可以再讲高贵的谎言,现代人要求所有公共信息公开透明,要求所有人说实话。而由于这种诚实,也就无所谓掩盖真理或揭示真理了。但是由于这种新建立起来的诚实,修辞学再也不能够服务于真理了。"鉴于这种诚实,政治人看起来就像没有任何工具的江湖骗子,而传统的政治科学则似乎毫无用处。"(《科学》,第 346 页)曾经,智术师、诗人、政治家和政治哲学家都主张,积极地参与政治生活必须具备相应的政治知识,也必须具备高明的修辞技艺,然而如今这些主张或被改变,或被消声,人们理所当然地认为每个人都有获悉政治"真相"、发表政治意见的"权利"。

现在可以回到我们开始提出的问题——培根为何希望哲学与修辞学的合一。柏拉图明白哲学与城邦的张力的永恒性,试图为二者找到一个平衡点,所以区分哲学与修辞学;而培根则希望一劳永逸地完全消除这种张力,但代价是让哲学蜕变,完全服务于城邦、服务于政治学,因此需要哲学与修辞学的合一。

然而,与修辞学合一的哲学是蜕变后的哲学,是仁爱的哲学;与哲学合一的修辞学是不再有隐微教诲的修辞学,是大白话修辞学。修辞学与哲学的再度合一,意味着传统哲学与修辞学的退场,意味着新哲学与新修辞学的诞生和风行。可以看到,这种新的大白话修辞学实质上就是修辞学的终结;没有了修辞学,也就无法实践政治科学。而一旦没有了政治科学的节制和约束,极端政治党派便纷纷崛起。

可是我们不禁要问,培根明明了解修辞学的重要作用,为何要如此塑造未来的修辞学? 有没有可能,他也在运用传统修辞学,借用老的政治科学揭示新仁爱学问的局限和危险? 用极大的反讽吸引优秀的少数人看到新仁爱时代的危险? 毕竟,培根并非不知道,很多时候有必要"把宗教、争论或哲学的秘密与奥妙都隐藏在寓言或隐喻中"(本书第 124 页)。

三、现代政治哲学的开端

"在某种意义上,希腊科学的出现对政治生活而言是一场灾难:科学人或哲人,就其本身而言,亦即就其过一种理论生活而言,他就不再是其所属城邦的城邦民,也不再是城邦众神的信徒。"①真正的哲人的确是世界公民,他们只忠诚于真理,忠诚于科学及其研究对象——自然。自然是万物之法,安排万物的秩序。自然之法有别于城邦之法——城邦的习俗、传统、宗教,二者甚至在很多时候相互对立。古典政治哲学正是在这种对立中诞生,苏格拉底以生命为代价完成了第二次启航,要求哲人在透彻研究自然之法时不忤逆城邦之法。真正的哲人亦是政治哲人。

万物有序,城邦也需要秩序;万物有法,城邦也需要法的守护;万物的秩序可以为城邦秩序提供模板,万物之法可以为城邦生存提供基础。因此,城邦的强大离不开对自然万物的探索,正如哲人的生存离不开城邦的庇护。即便是在宗教统治的中古时期,西方哲学的根脉也未曾中断,教父哲学家、迈蒙尼德、阿奎那等哲人都是在遵守城邦的礼法和宗教的前提下审慎地延续着对真理的追求,在维护城邦秩序的前提下吸引未来的哲人。对万物之法的探

---

① 施特劳斯:《论古典政治哲学研究》,载施特拉斯:《苏格拉底问题与现代性——施特劳斯讲演与论文集:卷二》(第三版),刘振、叶然等译,华夏出版社 2022 年版,第45 页。

求之火看似微弱了,却并未完全熄灭,否则文艺复兴如何复燃?

经历了漫长的中古时期,当罗马教廷的控制力在千年的对抗中逐渐式微,各民族国家的王权看到了独立的希望。文艺复兴引发西方人对古代学问的兴趣,复兴了哲学、艺术和科学,更复兴了政治家们主宰各自的民族国家的渴望。政治家、法学家纷纷为各自民族国家的政治权力寻求理论依据。马基雅维里为了意大利王国的统一,率先对一直干涉国家政治权力的教会发起了攻击。他是现实主义的,既不接受基督教许诺的彼岸世界,也不接受古典政治哲学的乌托邦信念,希望将政治科学建立在完全现实的基础之上。古典哲人出于对政治生活现实的观照,并不主张抛弃宗教,所以马基雅维里在否定基督教的同时也必须一并否定由苏格拉底开启的古典政治哲学。对理想的完全拒斥和对现实的排他性拥趸,使马基雅维里成为现代政治哲学的开启者。

培根也是现实主义的,他支持科学主宰自然,支持马基雅维里建立的新政治科学,但是他没有抛弃宗教。"对于大多数早期的现代思想家来说,科学所要告诉我们的关于世界的事情,并没有以任何基本的方式威胁到基督教阐释各种事件的事实性或它们对人类的意义。"[1]但培根走得更远,他不仅保留了基督教的外壳,还赋予它新的功能。这就是培根主张哲学与宗教分离,却决不放弃宗教的原因——宗教要为新学问保驾护航。

在培根这里,人类的科学探究是秉持神的旨意。在《谈无神论》里,他又说,"粗浅的哲学常识使人心倾向无神论,深入的哲学研究却使人心皈依宗教。因为人的思想注意零七碎八的次因时,有时还会依赖它们,止步不前,但思想关注一系列互相关联的次因时,它就必须飞向天与神了"[2]。这无异于讲,专注于哲学研究的

---

① Donald Rutherford ed., *The Cambridge Companion to Early Modern Philosophy*, Cambridge University Press, 2006, p. 26.

② 培根:《谈无神论》,载《培根随笔集》,蒲隆译,中央编译出版社 2015 年版,第 54 页。

人会因为获知万物的内在联系而虔诚地敬拜创造这种内在联系的神，因而绝不会成为无神论者。如此，哲学家、科学家能规避无神论者的骂名——他们现在还不信神只是因为学问还不够精进，这并不意味着永远无法企及那一目标。

不仅如此，科学研究更是成了不同寻常的神圣事业，获得了宗教的保驾护航。在《新大西岛》中我们就看到，宗教成了科学统治的拥趸。所罗门宫又称六日工作学院，对应于上帝六日创世，院士们凭借从事的各领域科学研究重塑了公共生活。本撒冷岛的居民过着与世隔绝的富足生活。他们遵纪守法，社会秩序井井有条；他们虽然信奉基督教，但是更盛大的公民仪式是膜拜院士。

所罗门宫的各种研究不仅在揭示自然，而且在改变甚至创造自然（例如他们模仿天气），俨然在模拟上帝造物。我们不禁要问，在基督教语境中，模拟上帝造物究竟是虔诚还是僭越？这当然取决于上帝的意志与人类的目的，即上帝是否同意人模仿他，以及人的模仿究竟是为了实现上帝的意志还是妄图超越上帝。培根清楚这点，所以在《学问的进展》中不遗余力地证明人探寻万物之理是彰显上帝的意志。《圣经》故事提到，上帝造人以自己为模子，这似乎证明人类像神确乎出自上帝的意志。但经文也告知，上帝不允许人有智慧、辨善恶，也就是在这个关键点上，上帝不允许人像他——人不能如神一般智慧，不能如神一般定义善恶。上帝允许人认识万物的特征并为其命名，这表明他允许人拥有关于万物的知识；然而上帝根据亚当、夏娃认识到自己赤身裸体的羞愧而获知他们偷吃了智慧树上的果实，这表明他不允许人拥有或完全拥有关于自身的知识，当然更不允许人拥有定义善恶的知识。既有智慧又能定义善恶，意味着能完全掌控万物，人与神如何区分？那么回到那个问题，所罗门宫的模拟究竟是虔诚还是僭越？院士告诉讲述者，他们有专门的建筑，在那里模仿各种天气以及青蛙、苍蝇和各种生物的生成。这意味着所罗门宫已经实现了对万物的掌

控,能如上帝造物一般造出生物、操控自然时序。人具有了神的掌
控力。

　　《新大西岛》里的讲述者注意到,本撒冷岛的人具有"能不为
他人所见,而又将他人置于光天化日之下"①的能力。这种能力让
本撒冷岛的人如同神明一般。神不仅知道所有想知道之事,而且
不为人类的视线所及。神能以人所不可思议的方式行动,且不必
解释自己的行动。这与统治极其类似。在《学问的进展》里,培根
说,"统治是一种隐秘不露的知识,这是因为有两类事物需要保守
秘密;一类事物人们不容易了解,另一类事物不便让人了解"(本
书第 244 页)。培根指的这类事物的特征既可以描述属人的事物,
又可以描述属神的事物;既适用于人类社会的统治,也适用于神对
世界的统治。因而,本撒冷岛的统治获得了与神的统治同等的性
质,科学实现了让人独立自主的承诺。

　　如果科学能够让宇宙运转,那显然最能够理解上帝作品的是
科学家/哲人而非祭司。按照培根的看法,欧洲教士利用自己的特
殊地位来集聚权力、阻碍学术进步。而培根的新教士们会运用其
知识创造人间天堂。哲学和哲人在城邦中的作用需要重新定义:
哲学/科学将取代宗教,更准确地说是取代传统宗教,让自己成为
新的宗教。新宗教的传教手段是,以仁爱的科学满足民众的需要,
让民众心甘情愿地顶礼膜拜。

　　神的统治下没有偶然性,偶然性与必然性都是受制于第一因
的第二因。本撒冷岛式统治下也没有偶然性,那么多外来人曾经
来过(偶然性),但此岛却从未被外人所知(偶然性被控制)。讲述
者将要把本撒冷岛的秘密带到欧洲,也是院士们有意为之。

　　《新大西岛》无疑是培根依照他在《学问的进展》和《新工具》

---

① 培根:《新大西岛》,载培根:《论古人的智慧》,李春长译,华夏出版社 2006 年版,第
　122 页。以下仅随文标注页码。

中制订的知识复兴计划打造的新乌托邦,对应于柏拉图描述的旧的大西岛(亚特兰蒂斯)。"人们之所以在科学方面停顿不前,还由于他们像中了蛊术一样被崇古的观念,被哲学中所谓伟大人物的权威和被普遍同意这三点所禁制住了。"(《新工具》,第 67 页)崇古的观念和伟大权威人物必须随着旧大西岛永沉海底,新大西岛已经浮出水面,它的一切将通过讲述者远传欧洲。《新大西岛》呈现为一部未竟之作,培根的私人牧师兼秘书罗利(W. Rawley)在其前言中也如是说,但朗佩特认为这恰恰是培根最完整的作品。[①] 哈勒提出,作品未竟的原因是,这是一部关于统治的作品,而培根在《学问的进展》里已经指出,政治统治事务要么"人们不容易了解",要么"不便让人了解"。[②] 这样看来,这部未竟之作便是故意为之,不仅在模仿柏拉图的未竟之作,更是故意的沉默或留白。

留白引导我们揣测新大西岛的未来。它的统治能够延续千年的必要原因是它的与世隔绝——禁止外乡人入境、本国人出境(《新大西岛》,第 126、127 页)。我们不得不怀疑,随着讲述者将其所见所闻传至欧洲,随着可能到来的公开与交流,新大西岛是否还能按照其原貌保持下来。如果不能,新大西岛的命运是否终将与旧大西岛相同?所罗门宫已经成功地替代神,超出了《学问的进展》里提出的知识研究界限。进步,无限进步,将成为新的趋势,成为现代人视为具有自然正当之物。但有心人提醒我们:

　　　　知识进步的名称就是经济发展,传统政治哲学被政治经济学和历史哲学取代。(后者)认为争取实现一个普遍的正

---

① 朗佩特:《尼采与现时代——解读培根、笛卡尔与尼采》,李致远等译,华夏出版社 2009 年版,第 28 页。
② 金伯利·H.哈勒:《现代政治思想奠基中的〈新大西岛〉》,李丽辉译,华东师范大学出版社 2020 年版,第 4 页。

义社会能解决人的问题,认为人具有无限可完善。①

那么,培根的乌托邦是否承载着与柏拉图的"理想国"同样的责任——宣告激进排他地信奉某种好东西的后果？如果是这样,我们可以大胆地说,培根比马基雅维里和他自己的后继者们更清楚势不可挡地到来的现代性会带来的大问题。

如果是这样,我们也可以怀疑,培根不仅希望促进马基雅维里开启的现代政治哲学,更希望超越这个奠基。他和马基雅维里一样,认为古典政治哲学与基督教都不足以应对已经被文艺复兴和宗教改革改变后的欧洲,顺便提一句,正是培根在 1605 年大气地用了"我们欧洲人"一词。② 但与之不同的是,他认为,"只有恰当地理解被马基雅维里大胆地抛弃的柏拉图和亚里士多德,我们才能够理解现代世界,并为现代世界做准备"(《科学》,"前言"第2 页)。所以我们在培根的各部作品中能清晰地看到他与柏拉图和亚里士多德的联系与张力。培根与柏拉图一样崇尚理性主义,然而他的理性主义要跳出哲学领域,走得更远,虽然最终不一定更高。培根举起了哲学/科学这面大旗,让宗教、政治、道德都在这面大旗下和解,致力于仁爱事业。

遗憾的是,培根之后的哲人们有意或无意地忽略了他的留白警告。很快,培根的秘书霍布斯将通过彻底反驳古典政治哲学传统和基督教神学政治传统来奠定他的政治科学,通过对人之本性(nature)的全新定义来奠定他的哲学。从他开始,现代政治哲学的各种特点将一一向我们展现:与传统宗教的彻底分离、对乌托邦式全新世界的真实向往、哲学上的实用主义、经验主义以及随之而

---

① 施特劳斯:《施特劳斯讲疏》,黄汉林译,未刊稿。
② 马克·格林格拉斯:《企鹅欧洲史·基督教欧洲的巨变(1517—1648)》,李书瑞译,中信出版集团 2018 年版,第 40 页。

来的历史主义和虚无主义。

四、结语

　　《学问的进展》出版三百多年后，据说是现代社会学创始人的马克斯·韦伯明确要求，学问研究就算有价值关涉也不能做价值判断。他告诉我们，"在今天，学问是一种按照专业原则来经营的'志业'，其目的，在于获得自我的清明及认识事态之间的相互关联。学术不是灵视者与预言家发配圣礼和天启的神恩之赐，也不是智者与哲学家对世界意义所作的沉思的一个构成部分"①。学问研究者以"价值中立"为荣，不再囿于好与坏、善与恶的束缚。于是，放弃了终极追问和沉思的哲学只能期期艾艾地于社会科学之后亦步亦趋。

　　早在他之前一百多年，亚当·斯密在其著名的《国民财富的性质和原因的研究》中也告诉我们，在古代哲学中，德性的完善被认为必然会使具有德性的人今生享到最完全的幸福，而近代哲学却认为德性的完善往往或几乎总是与今生的幸福相矛盾。作者并没有深入分析其原因，但哲学的古今变化却是不争之事实。

　　《学问的进展》的结尾，培根将自己及其作品(哲人与哲学)比作献祭的油脂，嗞嗞燃尽，供奉给国王(政治)。《新大西岛》的结尾，院士赠予讲述者两千金币。金币或许是报酬，或许是路费资助，不管是什么，都意味着金钱操控。一个全新的时代抵达欧洲。

---

① 马克斯·韦伯:《学术与政治》，钱永祥等译，广西师范大学出版社 2004 年版，第185 页。

中译本说明

本译本主要参照牛津 1891 年版（Francis Bacon IV, *The Advancement of Learning*, ed. with an introduction and notes by William Aldis Wright, Clarendon Press, 1891）移译；按中文阅读习惯，将原本列于正文之前的《培根生平及作品年表》移到文末；边码为 1891 年版原书页码，供读者查阅指正。1891 年版的文献注释中有少量标注疏漏，译者根据基尔南修订版（Micheal Kiernan ed., *The Oxford Francis Bacon IV: The Advancement of Learning*, Clarendon Press, 2000）做了相应修订，文中不再一一说明。如无特别标注，本书注释均为 1891 年版编者注。若出自 2000 年的基尔南修订版，则标为［K］。K 注中较为冗长者，略作删改。《圣经》引段均参照和合本，若原文与和合本差异略大，则根据原文直译。培根在作品中频频引用经典文献，但大多凭借其记忆，所引文字与目前通行版本文字有出入，故若无特殊说明，其引用的经典文献译文均为译者直译。另外，中译者对文中可能引起读者疑惑的地方也附上注释和简要注疏，标为［译注］。个别可能引起翻译争议的词语附上英文原文，重要的拉丁语语词也附上原文，以供读者比较查阅。

本译本第一卷和第二卷 I—XX 由朱琦移译，第二卷 XXI 至文末由李明轩移译，朱琦负责全文通校。

译者学浅，不妥之处，待诸君不吝赐教。

目　录

序　/　1

第一卷　/　37

第二卷　/　102

培根生平及作品年表　/　261

序

菜特(William Aldis Wright)

　　弗朗西斯·培根于 1561 年 1 月 22 日出生于河岸街的约克府,这是他父亲、掌玺大臣尼古拉斯·培根爵士(Sir Nicholas Ba-con)的宅邸。60 年后,约翰逊(Ben Johnson)如此唱道:

　　　　英格兰大法官,命中注定的继承人,
　　　　躺在柔软的摇篮里,对着他父亲的椅子。

　　他的母亲库克(Anne Cooke)是他父亲的第二任妻子,为他父亲生了两个孩子,她的大姐嫁给了伯利勋爵(Lord Burleigh)。(其兄)安东尼,是埃塞克斯(Essex)伯爵的朋友兼通信员,比弗朗西斯大两岁。人们对他们的童年一无所知。1573 年 4 月,弗朗西斯刚满 12 岁,两兄弟作为可与研究员同桌吃饭的大学生(fellow com-moners)一起进入剑桥大学三一学院,于同年 6 月 10 日至 13 日被大学正式录取。他们被安排在学院院长惠特吉夫特博士(Dr. Whitgift)的监管下。后者除了担任院长这一显赫职位外,还同时主管林肯教区,在伊利区任教职,并担任特弗莎姆教区长。他发现这些职位之间并无冲突,但之前他已经辞去了王室钦定神学教授的职务。他保存着一本由已故的梅特兰博士(Dr. Maitland)在《英国杂志》(*British Magazine*, vols. xxxii. xxxiii)上发表的账册。从中

vi

我们收集到一些弗朗西斯·培根大学生涯中微不足道的事实。例如，我们知道了他住校期间，即从 1573 年 4 月 5 日到 1575 年圣诞节，院长的父母送了他好多双鞋、一把弓和一袋箭、擦脖子用的油、他生病时付给"potigarie"①的钱、他康复期间买肉的钱。我们知道了他书房里有一张书桌，他染长袜用了 12 便士，从仲夏到米迦勒节付给洗衣女工 3 先令，他的紧身裤缝补过，他的窗户装了玻璃，他买了两打丝系带、一双拖鞋和一双便鞋，还有一打新纽扣缝在他的紧身上衣上。两兄弟从伦敦买了一些书。其他的书都是院长给他们的，如李维、西塞罗、德摩斯梯尼的《关于奥林索斯的演说》（*Olynthiacs*）、荷马的《伊利亚特》（*Iliad*）、恺撒、亚里士多德、柏拉图、色诺芬、撒路斯提乌斯（Sallustius）和赫尔莫吉涅斯（Hermogenes）等的作品。1574 年 8 月下旬到次年 3 月 21 日的记录中断了；这期间瘟疫在剑桥肆虐，学校里的人员都被遣散了。培根在三一学院住所里的唯一记录是他在《木林集》里的一段回忆（*Sylva Sylvarum*, cent. ii. 151），这表明他早在这一时期就开始观察自然现象。"我记得，"他说，"在剑桥的三一学院，有一间楼上的房间，因为人们觉得那屋顶太不牢固，所以在房间中央立了一根粗大的铁柱支撑它；如果不小心撞到铁柱，撞击发生的房间噪声不大也偏低，但紧贴着的楼下那间房间的声响却像炸弹爆炸一样大。"在此，我们也许可以描述一下这两兄弟住的房间，如果是这样的话，他们一定住在国王大厅所在的大楼，内维尔博士（Dr. Nevill）在建造如今的旧法庭时将它搬走了，不知搬到哪里去了。在这些残片上再加上他的专职教士和最早的传记作者罗利博士（Dr. Rawley）讲述的一件轶事，就是我们所知的关于培根 15 岁之前的一切。罗利博士讲述的是一个异常严肃和机敏的孩子，未来的大法官和廷臣。女王

---

① ［译注］无从得知 potigarie 准确指谁，很可能是草药师或其他医师。

非常高兴地同他交谈,向他提问以考验他。他向她表现出超越自己年龄的严肃和成熟,女王陛下经常称他为"小掌玺者"。女王问及他的年龄,他回答得非常谨慎,那时他只是个孩子,却回答说,他的年龄比女王陛下的幸福统治时间少两 vii 年。女王非常喜欢这个回答。

另一则轶事同样来自罗利,也大概发生在这一时期,关于这则轶事的传闻已经够多了。

那时他在读大学,大约 16 岁(正如大人自己乐意告诉我的那样),他先是对亚里士多德哲学产生了厌恶;他不是认为亚里士多德这个人没什么价值,对于哲人各方面的个人品质,他都给予极高评价,而是认为那种方法没什么价值;作为一种哲学(如大人自己的表述),它的强项只体现在争论和提出论点(contentions)上,在作品产出和有利于人的生活方面却非常贫乏;他直到去世时都一直持这种想法。

上述三一学院学生房间里的铁柱故事表明,培根的注意力很早就集中在对声音的观察上,因此我们可以猜想,他可能在这个时候就尝试了《木林集》(cent. ii. 140)中记载的实验:

圣詹姆斯原野有一条砖砌的渠道,连接着一个低矮的地下室,沟渠尽头有一座圆石屋。砖砌的渠道里有一扇大气窗;圆石屋里有一条宽度很小的狭缝或裂缝;如果你朝裂缝叫喊,气窗口会发出可怕的咆哮。

这一切都带有几分孩子气。魔术师的故事应该也发生于这段时间(《木林集》,cent. x. 946),因他必然是在弗朗西斯离开英国之前在尼古拉斯·培根爵士的府邸里展示他的把戏。

　　但是,他的父亲希望他有公共职务,成为政治家或外交官,于是让他在剑桥花了将近三年时间阅书后,把他送到法国去阅人。我们从伯利的日记中得知,1576 年 9 月 25 日,"保莱特爵士(Sir Amyas Paulet)在卡利斯登陆,准备代替戴尔博士(Dr. Dale)成为驻法大使"。但直到次年 2 月,他才接替了这个职位。培根到达巴黎后显然跟随了大使。因为在 1576 年 6 月 27 日加入大律师公会(the Society)后,他于 11 月 21 日获准进入格雷律师会馆(Gray's Inn)的大团体(the grand company)。随后,"他被委任负责给女王传递消息或通告;他的工作得到了赞许,于是又回到法国,打算在那里再干几年"(罗利语)。在此,我们发现他仍然热衷于观察自然现象,和之前一样,他的大部分注意力集中在关注声音上。这让他在近五十年后还能用自己的话描述当初所听到的东西。

　　关于回声不断,某地有个很罕见的例子,我来精确描述一下。在离巴黎三四英里一个叫沙朗通桥(Pont Charenton)的小镇附近,从塞纳河上还时不时快速飞过一些小鸟。有一个房间,是小礼拜堂或者小教堂。两边和两头的墙都直立着,还立着两排柱子,按照教堂过道的样式排列;屋顶是敞开的,没有任何一堵墙附近留有任何弓形物饰。靠着每根柱子,都堆有一堆约一人高的木坯料,那是塞纳河上运木头的船夫(不是用船)堆放在那里的,(看起来)是为了方便。我在那头说话时,确实听到那声音回响了十三下。我还听其他人说回响了十六下。我下午三点左右到那儿,回声在晚上最清晰(和所有其他回声一样)……我记得很清楚,我去沙朗通桥的回声区时,一个老巴黎人认为那是鬼干的,是好鬼干的。因为他说若是呼唤撒旦,回声传回来的不会是魔鬼的名字,而会是 va t'en,这个词在法语里大概是"拉出去"或"回避"的意思。因此,我很高兴地发现,回声不会原声返回,只是嗡嗡的内响声。
(《木林集》,cent. iii. 249,251)

他讲的另一个自己的故事也属于他生命中的这一阶段。

> 我从小一个手指头上就长了个疣子。后来,大约 16 岁的
> 时候,那时我在巴黎,短短一个月内,我的双手上长了许多疣
> 子(至少有一百个)。英国大使的夫人,其实完全不迷信,有
> 一天她告诉我,她会帮我除掉疣子。于是她拿了一块肥猪肉,   ix
> 猪皮朝外,用脂肪的那面把我所有疣子全部揉擦了一遍,包括
> 我从小就有的那颗。然后,她把那块猪肉钉在她房间朝南的
> 窗柱上,脂油那面对着太阳。五个星期内,我所有的疣子全部
> 都消失了,我忍受了那么长时间的那个疣也一并没了。(《木
> 林集》,cent. x. 997)

然而,声音和认同秘术等问题并没有占据他活跃头脑的全部。正
是在巴黎学习外交期间,他发明了在《崇学论》(De Augmentis Sci-
entiarum)第六卷末尾描述的密码术。他大概也在这里见过那个奇
怪而有远见卓识的波斯特尔(Guillaume Postell),当时这人正在香
榭的圣马丁修道院里隐居。1577 年的夏天,法兰西王室正在普瓦
捷,保莱特爵士可能也在那里,和培根一起住在给他们安排的套房
里,从 7 月底一直住到 10 月底。我们从培根叙述的他与一个愤世
嫉俗的法国年轻人的谈话中得知,他在法国时曾在普瓦捷待过一
段时间。那个年轻人当时可能还是学生,后来成了相当杰出的人
(Historia Vitae et Mortis, Works, ii. 211)。然而,没有证据表明培根
本人曾在那里的大学学习过。

但是一件改变了他整个生活走向的事发生了。1579 年 2 月
20 日,尼古拉斯·培根爵士在仅病了几天之后就去世了。奇怪的

巧合是,之前他儿子做的一个梦预示了他的去世。培根反思自己的这个梦后似乎认为,这个梦几乎预示着有灾难即将到来。他说:"我记得,当时我在巴黎,父亲在伦敦去世。父亲去世前两三天,我做了一个梦,我还把这梦给几个英国绅士讲过,我梦见父亲在乡下的房子被涂满了黑色泥浆。"(《木林集》,cent. x. 986)一个月后,即1579 年 3 月 20 日,培根带着保莱特爵士写给女王的信件和嘉奖状离开了巴黎。据罗利说,培根的父亲为了给幼子购买一处房产一直在攒一大笔钱,然而突如其来的死亡让他没能完成这一心愿,弗朗西斯只得到了他父亲个人财产的五分之一。外交官的职业生涯被迫中断,过专于研究的休闲生活的前景比以往任何时候都更加渺茫;对于一个愿意只为学习而活着的人来说,除了学习如何生活之外,他别无选择。[①] 回到英国后不久,他似乎在格雷律师会馆修了一门法学课程。1582 年 6 月 27 日,他成为外席律师。第二年,人们便能见他穿着律师服在城里到处走动,认为他会干得很好。与此同时,他开始了那部使他声名远扬的伟大作品,正如四十年后他对富尔根修神父(Father Fulgentio)所说的那样,他给这个作品的初稿起了一个雄心勃勃的名字,叫作《刚健时代的诞生》(*Temporis Partus Maximus*)。

    1584 年,培根出现在新的舞台上。此后的三十多年里,他从未离开过这个舞台,在这舞台上,他取得了一些伟大成就。11 月23 日,他作为多塞特郡梅尔科姆里吉斯市的议员进入下议院。在《德埃韦斯爵士日志》(D'Ewes' Journal,第 337 页) 中,他的名字出现在 12 月 9 日任命的审议《普通告发者扰乱治安的矫正法案》

---

① 关于他此时的个人形象,我们可以从 1578 年希利亚德(Hilliard)给他画的一幅有趣肖像中获得一点概念,肖像画上附有一句意味深长的格言——Si tabula daretur digna, animum mallem[但愿有人能画出他的思想],表明当时他卓越的智力已经引人注目。而关于这位艺术家,如多恩(Donne)所说的:"希利亚德画的一只手或一只眼,抵得上次一些的画者造出的整个历史。"

（Bill for redress of Disorders in Common Informers）的委员会上。他代表汤顿（Taunton）参加了 1586 年 10 月 29 日召开的下一届国会，并于 11 月 4 日发表了关于苏格兰玛丽女王"伟大事业"的演讲，但这一演讲没有保存下来的记录。他和两院的其他议员一起去觐见女王，提交请愿书要求尽快处决玛丽。在先前的 2 月，他在格雷律师会馆已经获准坐上高桌，不久又按期成为"坐凳人"。① 他是"为讨论向女王陛下提供贷款或捐赠问题而指定的委员会"和"剥夺公民权法案"的成员之一，也是被派去与上议院商讨议会立法延续法案的人员之一，除此之外，我们再也不知道关于他在本届议会中的其他信息。接下来，他成了利物浦议员，忙于频繁的委员会会议，并向下议院报告会议的进展。此时正值马尔普莱雷特（Marprelate）论战的鼎沸时期，培根发表了一篇题为《关于英国国教之争的通告》（"An Advertisement touching the Controversies of the Church of England"）的文章，就争议中的那些问题阐发了睿智且审慎的见解。此文在他生前并未付印，包含着其《论宗教的统一性》（"Of Unity in Religion"）一文的萌芽。

　　1589 年，他获得第一次晋升，是继任某个职务的权益，然而，接下去近二十年里，他却并未获得实际上的晋升。这年的 10 月，我们在伯利的印出来的日记中发现这样一条："授予弗朗西斯·培根星室法庭法律顾问书记官职务。"那职务值 1600 英镑或 2000 英镑一年，但当前还有人占着，于是培根不得不怀揣着希望直到 1608 年 7 月 16 日。同时，正如他自己说，"这就像另一个人的土地围住了他的房子，可能会改善他的前景，但却填不满他的谷仓"（罗利语）。在未来的很多年里，他一直穷困潦倒，干着他并不喜欢的职业。然而，正如他给伯利的信中所说，他对沉思生活的目标

---

① ［译注］坐上高桌指成为高级学徒（一般要入会 6—8 年并经过考核，有此资格的学徒才可出庭），成为"坐凳人"即成为师傅，即培根在格雷律师会馆中的地位逐步上升。

有多大,对节制政治的目标就有多大,因为他的兴趣范围囊括了所有知识。而此时,他最大的目标是获得一个职位以摆脱贫困,有闲暇去追求智识上的抱负。这是他在 31 岁时所渴望的事业,记住这一点很重要,因为某种程度上这有助于理解他以后生活中各种动机的正确性。

xii　　　1592 年 2 月,他的哥哥安东尼进入格雷律师会馆,培根夫人对大儿子的宗教幸福给予了慈母的关怀。由此我们可知,家族的宗教祈祷仪式择取完全忽略了弗朗西斯,他不应被视为他哥哥的榜样,这种事情无须征求他的建议。

斯佩丁(Spedding)先生极有可能在 1592 年秋安排了关于颂扬知识和颂扬女王的演讲,这些演讲显然是为某种宫廷目的而写,可能是埃塞克斯伯爵特意为女王节设计的。与颂扬女王主题密切相关的是一篇题为《对 1592 这年发表的一篇诽谤文的些许评论》的文章,这是培根回应帕森斯神父(Father Parsons)的《回应伊丽莎白女王令》(Responsio ad edictum Reginae Angliae)时所写。

1593 年 2 月 19 日议会召开。培根,这个之前只能在各区来回跑的人,现在成为米德尔塞克斯的议员之一。根据麦考利(Macaulay)的说法,正是在此次会议期间,"他沉浸在爱国主义情绪的爆发中,这让他经历了此生再也不愿重温的漫长且痛苦的懊悔"。这一听起来冠冕堂皇的句子却几乎没有一个字是真的。可以简单将一挼真实发生的事情。2 月 26 日,培根与塞西尔爵士(Sir Robert Cecil)和下议院的其他主要成员提议任命一个供应委员会,以防国家受到罗马、西班牙和其他神圣同盟成员国的威胁。他支持这项动议的几段演讲片段被保留了下来,他本人也是被任命的委员会成员之一。另一个委员会由上议院组成,两个委员会协商,会议结果由塞西尔爵士通报给下议院。上议院要求提供至少三倍的补贴,三年内每年分两次支付。培根随后说自己"接受了补贴,但不喜欢本院批准补贴就意味着让上议院加入"(《德埃韦斯爵士下议院日志》，第483页）。他反对的原因完全是为了捍卫下议院的特权，为了维护这一特权，他提议，"他们可以自行前进离开他们的上议院职位了"。经过相当多讨论后，不应与上议院举行这种会议的提议最终提交给了下议院，并以217票赞成128票反对的多数票优势获得通过。特权问题停止争论后，罗利爵士（Sir Walter Ralegh）提出的与上议院举行全体会议的动议获得了一致通过。因此，原来的提议被修改为在四年内而不是三年内支付补贴。培根"同意三次补贴，但不同意在六年内提供"，但他被否决了，便没有再提出其他责难。这就是麦考利所说的令培根懊悔的爱国主义行为。他补充说，即便如此，培根还是做出了最卑躬屈膝的道歉。关于这个问题，培根有两封信保存下来，一封是给伯利勋爵的，另一封，据斯佩丁先生推测，可能是写给埃塞克斯的。两封信的写作语气都是颇具男子汉气概地为自己的行为辩护；两封信里都没有因自己所做之事有一句道歉或后悔的话。他显然惊讶于被误解。女王对他的演讲很生气，培根表达了自己的悲伤，因她对那些事"保持一种顽固的自负"。下面的内容很有启发意义。"如果神圣的陛下想想我那些演讲的目的，也许会感到高兴，我是出于自己的职责，而且仅仅是出于职责（才会那么说）。我没有那么愚笨，我知道惯常的取悦方式。既然无法广受欢迎，我就在想，我应该如何用一生的时间来对付少数人，以照顾取悦多数人。"

在这个关键时刻，总检察长的职位空缺了，培根本有机会通过埃塞克斯的影响被任命就任此职，但由于女王的不满，他失去了这次机会。至于他自己，他并不急于得到这份荣誉，可是他在一封意图平息伊丽莎白女王怒火的信里说，为了她，他愿意这样做，若是为了自己的利益，他不愿意。他说："我的心思不在利益的转轮上，而在别的。"如果没有失去这次机会，他很可能能够卖掉他的继任权益，买一份年金，从而摆脱债务困境，然后放弃他不喜欢的职业，过上学术研究生活。但整个1593年夏天，他一直处于权益悬置中,这一任职的延误决定了他未来的事业。

1594年3月,他写过一份报告——《关于女王陛下的御医罗德里戈·洛佩斯令人憎恶的叛变谋划》,但生前并未付印,埃塞克斯用高超的技巧将其摹写下来。另一方面,后者固执任性地敦促女王批准培根的职业诉求,然而这非但没有推进反而损害了培根的事业。由于希望被推迟,培根痛心不已,在给朋友的信中,他写道:"在上帝的帮助下,我将退隐,和几个人一起去剑桥,在学习和沉思中度过余生,不再回头。"4月10日,柯克(Coke)任总检察长的任命被签发并送达。由于这一任命,副检察长职位出缺,埃塞克斯再次向女王提出让培根继任,女王却瞧不上培根的司法能力,认为他的法学造诣不够深,只是表现出有渊博的知识,但她认可培根有"伟大的智慧和卓越的演讲天赋,以及许多其他领域的优秀学识"。1594年7月27日,他在北上途中因病滞留在亨廷顿,于是去了剑桥,并获得荣誉文学硕士学位。女王仍然不为所动,但稍有让步的是在6月13日指派他去调查关在伦敦塔里的两个人,这两个人涉嫌一桩阴谋。8月和9月,他也忙于同类事务。然而,期待已久的晋升还是没有到来。这一年的圣诞假期里,他自娱自乐,开始写《熟语雅言集》(*Promus of Formularies and Elegancies*),并为格雷律师会馆的一次娱乐活动写演讲稿。1595年11月5日,辩护律师弗莱明(Serjeant Fleming)被任命补上之前出缺的副检察长职位,结束了一年半多的挂虑。埃塞克斯因为自己的请求未被获准而备感羞辱,此事的失败,某种程度上也许是由于他催促这件事时缺乏判断力。培根夫人说得没错,"伯爵虽然极其热心,但却用激烈的行动方式破坏了一切"。但他慷慨地决定,不让他的朋友因为与自己的友谊而一败涂地。关于他们之间在这件事上的关系,斯佩丁先生说得很妙:"就他与培根之间来说,并不存在谁欠谁的情。他对培根付出了友情和信任,热心且努力地帮助他。而培根对他,不仅喜爱且热心,而且在他的事情上不问缘由地付出自己的时间和精力。对此,他尽最大努力、以最好的方式来回报——设法提升培根的职业地位,但既然失败了,便(不无自然地)想要给他一些补偿。"你不能拒绝,"埃塞克斯说,"请接受我赠予你的一块地。"培根拒绝了,但伯爵坚持,接下来的事必须用培根自己的话来讲述,因为这表明他如何区别看待公民的义务和朋友之间的义务,以及他如何像伯里克勒斯一般固守着一个原则——埃塞克斯只能是一个特殊的朋友,即目前在与更高的义务不冲突的情况下是朋友。他徒劳地劝说埃塞克斯不要模仿吉斯公爵,把自己的财产变成别人对他的义务,他说:"大人,我知道我必须成为您的封臣,持有您赠予的土地,但您知道成为您的封臣在法律上意味着什么吗? 那就是对国王和属于国王的其他大人的忠诚从此有所保留。因此,(我说)我的大人,我不能再像以前那样属于你了,那样就必须恪守那种古老的保留。"培根似乎已经预见到,埃塞克斯的冲动鲁莽可能会在某个时候将自己置于这样的境地——更低的义务将不得不让位于更高的义务。他对此的感受有多么强烈,可以从他写给伯爵的信的最后一句话看出,这封信恰如其分地描述了他生命中的这一时期,并带有警告之音。"我认为我是个普通人,(不受欢迎,但普通,)我尽可能地守法,让自己能被划归为普通人,大人,您 xvi
必然也如此。"五年后,他的口吻一如当年,"我谦恭地请求您相信,我渴望对得起自己的良心,也渴望得到认可——首先是作为好公民,对我们来说,这就是做女王真正的好仆人,其次才是作为好人,那就是做正直的人"。这次商议的结果是,埃塞克斯送给培根一块地,后来培根以 1800 英镑的价格将其卖给了尼古拉斯(Reynold Nicholas)。

培根具体何时被女王任命为法学方面的学者顾问之一,并不十分确定。据推测,早在 1592 年初就有这一任命了。在萨默塞特郡泽尔伍德森林的 60 英亩土地的租契中,他的称谓就是这个头衔,这块地是 1596 年 7 月 14 日王室授予的。而从 1595 年 11 月

17日撤销特威克纳姆庄园租约的批准书中没有以此称呼他的事实来看，他似乎是在这两个时间点之间被任命为女王的法学顾问的。与此同时，为了舒缓对自己职业生涯的失望，他更专心于钟爱的学问研究，并在 1597 年初出版了《论说文集》(*Essays*) 的第一辑，这些文章都是之前就写成的，已经以手稿的形式流传开了。从他写给哥哥安东尼的信中可以看出，他显然认为出版此书还为时过早。他说："我现在就像那些有果园的人一样，在果实成熟之前就把它们摘下来，以防被偷。"这一辑里包括《善恶的色彩》("Colours of Good and Evil") 和《神圣的沉思》("Meditationes Sacrae")。在 1596 年初以埃塞克斯为名写的《给拉特兰伯爵的旅行建议》("Advice to the Earl of Rutland on His Travels") 和《富尔克·格雷维尔爵士的研究》("Sir Fulke Greville on His Studies") 中，也可以发现他的笔触。

1596 年 4 月 30 日，掌玺大臣帕克林 (Puckering) 去世，埃杰顿 (Egerton) 晋升至这一职位，他原所在的案卷主事官一职就空缺出来了。培根再次成为这个职位的候选人，埃塞克斯和以前一样支持他接任，结果也如从前一样——焦虑以及最后的失望。伯利的影响也未能谋得更大的成功。培根曾设法为他的外甥谋得法务官职 (Solicitorship)，但没有成功，他又设法为他在王室监护法院谋个职位。据斯佩丁先生推测，很可能是监护法院代理律师职位。但这一切都无果而终，另一桩更私人的追求也无果而终——其实培根曾考虑过不做追求，这一过程中埃塞克斯又力挺其友。他是否真的向哈顿爵士 (Sir William Hatton) 年轻而富有的遗孀、伯利的孙女哈顿夫人求婚，我们不得而知。从他写给埃塞克斯的信可以看出，他很可能知道求婚成功的机会渺茫。1598 年 11 月 7 日，这位女士成了他的死敌柯克爵士的妻子。

1597 年秋天，培根和埃塞克斯之间产生了隔阂。一方发出警告，另一方则置若罔闻。"随着时间的推移，"培根在他的致歉书中说,"我和大人之间的私人关系中断了;因此,在大人动身去爱尔兰之前大概一年半的时间,他没有叫我去,也没有像以往那样给我任何建议。"在加的斯远征取得辉煌成功之后,培根给伯爵写了一封信,对他的做法提了一些建议;这是一封最理智的充满智慧的信,表明作者清楚地了解埃塞克斯的性格弱点。他建议的策略和埃塞克斯所采取的策略之间的差异,最明显的莫过于培根在其致歉书中的自述:"我早就断定,与女王相处的唯一途径是奉承和顺从……另一方面,我的大人却有一个固执的观念,认为只能用某种匮乏和权威来迫使女王让步。"没有人比培根通过自己的经验看得更清楚,这段话有多正确;无论在合适还是不合适的时机,他都给了埃塞克斯"一个智慧者的忠告,次之是一个有远见的朋友的忠告"(沃顿爵士语)。但这一切都是徒劳。埃塞克斯天性急躁,不愿走一条如此要求自我克制的路。他依然我行我素,接下去的短短几年里,他的岛屿征程有部分失败,爱尔兰远征则彻底失败,他 xviii
匆忙返回,女王非常不满,然后便是他最后的灾难。

但是我们必须回头看看培根究竟在忙些什么。1595 年,星室法庭费用的问题正在调查之中,因此,书记官当时要求的某些费用已被掌玺大臣限制了。培根立即对此产生了兴趣,写了一篇文章于 1597 年 7 月交给埃杰顿。正如他在另一封信中承认的那样,他当时的财产"薄弱而负债累累",造成这种状况,他认为既因为父亲留给他的财产微薄,很大程度上也因为他自己的生活计划——他"更倾向于追求美德而不是财富"。贫困悄悄地降临。但他并没有气馁。他认为有三种方法可以阻止贫困的到来;他的实践作为,他意识到自己没有发挥出最好的水平;主管国家统治下的某个地区的前景;恢复星室法庭的职务。他说,如果埃杰顿能帮他谋得案卷主事官的职位,他就提议把他之前星室法庭的职位给掌玺大臣的儿子。但他又一次失败了,这个职位的归属直到下一任国王治期时才有了定论。

伊丽莎白治期的第九次议会于 1597 年 10 月 24 日召开,培根作为伊普斯威奇议员出席。他的第一次演讲是《反对减少城镇人口和畜牧业农户,支持维持畜牧业和耕作》的动议,这个问题多年后一直占据着他的脑海,他在 1612 年首次出版的论文《论真正伟大的王国和财富》("Of the true Greatness of Kingdoms and Estates")中讨论了这个问题,后来又在 1622 年出版的《亨利七世史》(History of Henry VII)中讨论。查阅《德埃韦斯爵士下议院日志》可知,这届会议审议每一个重要问题的委员会中,都有他的名字。虽然女王还没有原谅他以前的行为,但他在下院的地位一如既往很高。

xix　　但在名声增长的同时,他的债务也在增长。1598 年 9 月,他离开伦敦塔后在路上被捕,理由是为了调查他可能参与的一项谋杀女王的阴谋。他抱怨塞西尔爵士和掌玺大臣埃杰顿对他的侮辱,但我们不知道他是如何从这一困境中解脱出来的。第二年,他写了一篇论阴谋史的作品。

1599 年春,埃塞克斯开始了他灾难性的爱尔兰之旅。那时培根已经恢复了与伯爵的交往,并给他写了两封信。在伯爵离开之前,培根发出了第三次卡桑德拉式警告,其中包含两条埃塞克斯很容易忘记的格言,"功绩比名声更有价值"和"服从胜过牺牲"。埃塞克斯于 4 月 15 日抵达都柏林。9 月 28 日他在农萨奇(Nonsuch)惊吓到了女王。当时女王正在自己房间里穿衣服,他冲进房间时,一位书信作者告诉我们,"她的头发还垂在脸上"。那埃塞克斯又做了什么呢? 实际上,正如斯佩丁所说,"无论怎样为这一项或那一项支出找说辞,总数只能是这样——已耗费三十万镑和一万到一万二千人,收到的却是停火六周的命令和重开战斗前两星期通知他们的承诺,以及蒂龙(Tyrone)口头通知的他愿意媾和的条件"。当天晚上 10 点到 11 点,他收到命令留在自己房间里。他最初的计划是带一部分军队过来,以便与政府谈判,但由于其继父布朗特(Blount)和朋友南安普敦伯爵的建议,他放弃了这个计划。但他还是带着一队强壮的亲信保镖,"他们可以保证他免受任何伤害"。10 月 1 日,他被送到约克府的掌玺大臣那里关押。当时,培根经常与女王接触,坊间有谣言流传说他在挑起女王对埃塞克斯的反感。"根据法庭的常任慈善机构所讲,"他平静地讽刺道,"传言说,有人激怒女王以反对埃塞克斯大人,而我是那些人中的一个。"伊丽莎白"打算在星室法庭上公开说点什么,满足一下世人,让他们了解埃塞克斯勋爵大人的克制",但培根坚决反对这一计划,这让女王大为恼火。她指责培根 11 月 29 日公告宣布时未出席星室法庭。他的缺席有他的自述为证,他辩解说自己身体不适。人们怀疑,在埃塞克斯问题上,培根给女王的建议与首席大法官和总检察长的意见不合,这个怀疑不太公正。他的生命甚至受到威胁,但是他有一件"问心无愧的秘密外衣"(the privy coat of a good conscience),他觉得那些传谎言的人会受到惩罚。埃塞克斯还被关押在掌玺大臣那里,几个月来,女王和培根在交流时都对他的事只字不提。此时他们都还不知道埃塞克斯的罪有多重。他们对他最初的计划一无所知:他本打算带着两三千人登陆英国,占领阵地,直到获得支援。他们毫不知晓接管埃塞克斯在爱尔兰的指挥权的蒙乔伊(Montjoy)的叛国意图。他的意图,不亚于为了支持苏格兰国王的继承权而拨一半军队加入其武装游行,在英格兰以埃塞克斯为首的政党也在努力达到同样的目的。但詹姆斯太胆小或太谨慎,没有采纳这个建议,计划被暂时放弃。在重提此事前,蒙乔伊恢复了理智,然后"因为认为此事无论如何都称不上正直而完全拒绝参与"。

与此同时,埃塞克斯被释放并获准回家,但仍处于监视之下。复活节庭期快结束时,女王在培根面前承认,之前"在星室法庭里的行动没起到任何作用,没有平息却反而点燃了(她口中的)派系纷争"。她现在提议通过公开信息起诉埃塞克斯。但培根又叮嘱说，一切已经太晚了，这话冒犯了女王。下一庭期开始时，他们又讨论了这个问题，培根像以前一样劝阻任何公共程序。女王最后决定把这件事交给约克府的一个委员会审理。她的律师们被分配了各自的任务。起初，考虑到培根与埃塞克斯的关系，以及他一贯为自己辩护的方式，人们怀疑培根是否能获准参与诉讼。他恳请得到谅解，但仍准备服从女王的命令。他认为，如今对她的屈服或许可以让自己更好地为埃塞克斯服务。必须记住的是，在此之前，他对伯爵的叛国计划一无所知，认为伯爵与女王的争吵是一场很快就会平息的风暴。在分配给律师们的任务里，培根那部分似乎微不足道，而且据预测是给埃塞克斯造成伤害最小的部分。枢密院成员及其助理于 6 月 5 日在约克府开会。埃塞克斯没有被判不忠罪，却免不了蔑视和不服从的谴责，他忽视吩咐，背离君令。女王授令培根呈写一文陈述事情经过，其中他非常温柔地描述了埃塞克斯的缺点，伊丽莎白深受感动，并说"她意识到旧爱不会被轻易遗忘"。培根非常机敏地利用了这个表达。"于是我突然回答说，我希望这就是她本人的意思。"不久，埃塞克斯摆脱了之前对他的轻微限制，只是被禁止进入宫廷。他的命运重新回到自己手里。

　　到目前为止，事实已经证明培根的策略的正确性，通过与女王保持良好关系而非与她作对，他可以更好地为埃塞克斯服务。然而，他的原则和以前一样。他在给霍华德勋爵（Lord Henry Howard）的信中写道："对于埃塞克斯大人，考虑到我更高的职责，我并非奴从于他。我对他情深义重。而另一方面，我花在他的福祉上的时间和心思比花在我自己身上的多。"然而，对于埃塞克斯心怀的危险秘密，培根却不存一点疑心。他的忠告一如既往地有耐心。有一段时间，至少在外界看来，伯爵似乎很在意他的忠告。但他在其密友面前却是另一个样子。"在我们的最后一次谈话中，"哈林顿爵士（Sir John Harington）说，"他说了些奇怪的话，那话在如此奇怪的谋划边缘徘徊，让我赶紧仓促地逃离他。谢天谢地，我如今安然在家,如果我步入这种麻烦,我就活该是爱管闲事的傻瓜而被架上绞刑架。他对女王的评论根本就不是有健全理智的健全人能说出来的话。"(*Nugae Antiquae*, ii. 225, ed. 1779.)伯爵的甜酒专卖权将在米迦勒节到期,于是他请求这项权益延期。但请求被拒绝后,他的耐心也到头了。从这时起,显然女王比培根更了解埃塞克斯的真实情况,她以为培根对埃塞克斯的了解与自己一样,因而对培根为朋友索要权益感到非常生气,便不愿再见他。这种疏远持续了三个月。直到1600年元旦后,培根才被允许觐见,他大胆地、"情绪有点激动地"说出了自己的想法。"陛下,我明白您不再喜欢我了,我为您失去了许多朋友,现在连您我也要失去了……很多人不喜欢我,因为他们认为我背叛了埃塞克斯伯爵大人,而您不爱我却是因为您知道我一直向着他;然而我永不后悔,我一直以单纯之心对待二位,从未留心自己须得谨慎,因此,我耗尽了自己的生命与思虑。"女王被他的真切言辞感动,重新亲切地与之交谈,却只字不提埃塞克斯。此后,培根决定不再干涉这件事,直到伯爵把他排除在为自己求情的人的范围之外,他才再次觐见女王。他现 xxiii 在将全副精力都放在自己局面仍然窘迫的事务上,放在他正逐步坚定地起势的职业上。1600年10月24日,他被聘为格雷律师会馆的双料诵讲官(Double Reader)[①],为在复活节学期讲授关于用益权法(The Statute of Uses)的课程做准备。

　　大量证据证明,直到1601年2月8日,培根都在尽力恢复女王对埃塞克斯的好感。他的各种努力均是徒劳,但他还是在努力,在努力,不仅冒着风险,而且招致了女王对他的不满。现在危机来了,他最坏的预感完全应验。埃塞克斯被丢弃了,任其自生自灭,他身边的那些陪伴和顾问利用他来达到自己的目的,都越来越深

---

① 　[译注]中世纪英格兰律师会馆中的诵讲官本身来自"坐凳人"或至少是资深外席律师,负责招收学徒并组织学习。每位诵讲官配有两名外席律师作为助理,每年对申请入会者进行筛选。诵讲官任期一般为一年,声望高的诵讲官可连任多年。

地陷入罪孽。早在去年 8 月,埃塞克斯就再次试探蒙乔伊的口风,想连同苏格兰国王发动武装示威。但蒙乔伊置若罔闻。而詹姆斯那里还有希望。与此同时,这个迄今只有少数人知道的秘密却有被泄露的危险。各方不满分子都被鼓动着聚集在埃塞克斯周围,虽然他们并不完全了解自己打算支持的阴谋。圣诞节前,埃塞克斯决定以某种无法拒绝的方式接近女王。到 1 月底,阴谋已经有了明确的形式。他"决心不再以身犯险违反更多戒令和管制"。2 月 3 日攻击王宫的计划定下了,同谋们分配到了任务:布朗特爵士(Sir Christopher Blount)负责控制外层大门,查尔斯·戴维斯爵士(Sir Charles Davers)负责控制驻扎部队,约翰·戴维斯爵士(Sir John Davers)负责控制大厅和水门。制服卫兵、严控女王的人之后,伯爵及其军队将从马厩进宫,亲自谈条件;要把塞西尔、罗利和科巴姆(Cobham)免职。他们无意伤害女王;正如布朗特在断头台上所承认的,他们宁愿最终失败,也不愿"从她身上抽血"。埃塞克斯府的集会引起了宫廷的注意,2 月 7 日星期六,枢密院传唤埃塞克斯。他拒绝出席;傍晚,由于担心上议院比他们知道得更多,便提议发动进攻。但白厅的警卫人数增加了一倍,第二天早上查令十字路口和威斯敏斯特都设置了路障。现在,除了掀翻整个伦敦城别无他法。星期日上午 10 点钟,掌玺大臣、伍斯特伯爵、诺利斯爵士(Sir William Knollys)和首席大法官结伴抵达埃塞克斯府。埃塞克斯的人整夜跑来跑去召集其同伙,这时已经聚集了将近三百人。掌玺大臣的到来加速了他们的行动。埃塞克斯哭喊着说他会被谋杀在床上,是他的敌人伪造了他的签名,而他武装起来是为了自卫。掌玺大臣答应他一定会伸张正义,但为时已晚。埃塞克斯把掌玺大臣及其同伴关在监狱里,歇斯底里地叫喊着有人阴谋要杀他,国家已经被卖给了西班牙人,便带着大约二百名追随者跑着逃了出去。没有一个人为他的辩解所动。反叛们行进穿过伦敦城,经过芬彻奇街(Fenchurch Street),来到史密斯警长府邸。在那里,埃塞克斯表现出精神失常的迹象。在返回拉德盖特山(Ludgate Hill)的路上,他们发现街道被封锁了。随后发生了一场打斗,双方都有一两个人被杀,埃塞克斯的帽子被子弹射穿,布朗特受伤被俘。伯爵带着大约五十名随从经水路逃回埃塞克斯府,最后在晚上10点钟投降。这场乖戾、“致命的急躁”就这样结束了。不过,显然还有一个宫廷尚未洞悉的谜,为了解开这个谜,他们请来了培根和女王陛下的其他顾问。他们很快就发现了这个阴谋的真相。对罪犯的审判很迅速。2月19日,埃塞克斯和南安普敦伯爵被传讯。针对他们的不利证据无法辩驳。培根是律师团成 员之一。那不是他要求的,而是他必须履行的职责:由他及其同僚共同承担。是时候了——他必须在女王与他竭尽全力想要成为朋友的人之间做出选择。埃塞克斯的辩解一如既往:他的生命受到威胁,他拿起武器是为了保护自己,王国被出卖给了西班牙。培根发了两次言,两次都是提醒法庭注意案件的真实性质,指出所谓的私人争吵只是借口。辩方在各方面均告失败,两位伯爵被判有罪。即便那些指责培根参与审判的人对于他表现出来的行为举止也无可指责。伯奇(Birch)说:“弗朗西斯·培根先生在伯爵受审时对后者的态度,也许没有他参与审判的行为本身那么令人厌恶。”(*Memoirs of the Reign of Queen Elizabeth*, ii. 499.)埃塞克斯本人没有说一句责备的话。他非常清楚,无论名声好坏,培根都站在他一边,也清楚培根之前的建议多么明智。仔细回顾这段奇怪的多事之秋,可知整个过程对培根来说一定意味着难以名状的痛苦;作为一个好公民,其首要职责是为国家服务,很难想象他怎能不这么做。他的同辈人没有指责他。埃塞克斯把自己的叛国归罪于自己的仇人,也并不认为培根是其中之一。既然如此,我们可以满怀信心地期待,后人手中的判决不仅是“未被证实”,而且是“无罪”。

对于埃塞克斯罪行的真实性质,以及培根在他的审判和定罪中发挥的作用,存在着如此多的误解,因此有必要做一些详细讨

论。然而,培根在这一事件里的任务并没有随着伯爵的处决而终
止。虽然证据确凿、无可推脱,但审判过程却很马虎,给人留下的
印象是非常混乱。人们希望有一份权威报告,清楚地阐明这一罪
行的真正性质,以及正式判决凭靠的证据,起草这份报告的任务就
交给了精通文笔的培根。其结果是 1601 年出版的《已故的埃塞克
斯伯爵罗伯特及其同谋企图和犯下的背叛女王陛下及其王国的罪
行宣言》(*A Declaration of the Practises and Treasons attempted and
committed by Robert late Earle of Essex and his Complices, against her
Maiestie and her Kingdoms, &c.*)。他接到的写作指示非常精确,
初稿写好后就提交给了"某些主要顾问",他们"几乎是重写了一
篇",所以培根本人"只提供了字词和写作风格",在这一点上,他
没有任何恶意的掩饰或删减。主要罪犯都受到了惩罚,培根努力
营救罪责稍轻的参与者,并且收效不错,九人中有六人没有被判处
死刑。

1601 年春,他失去了一直深爱的胞兄安东尼。他获得了对埃
塞克斯的同伙之一凯茨比(Catesby)的罚款 1200 镑,进而偿还了
某些压在身上的沉重债务,境况从而有所改善。

伊丽莎白任期内的最后一次议会于 1601 年 10 月 27 日召开,
培根既是伊普斯威奇也是圣奥尔本的议员。这显然表明,在埃塞
克斯阴谋事件中他的行为并未招致国家的谴责。他一如既往地发
声且被听取,他的笔仍旧繁忙,书写着所有重要事务。

1603 年 3 月 24 日,伊丽莎白去世,詹姆斯即位,但培根的前途
并没有发生太大的变化。他仍旧被获准担任学者顾问。7 月 3
日,他写信给塞西尔说,他不得不卖掉在赫特福德郡居地的周边地
区,以保住其主体,如此才能摆脱债务,让手头有点余钱,"那片地
年入 300 镑,里面有一栋漂亮的房子和上好的林木"。因为之前曾
受到过的某些侮辱,他希望受封为爵,而且格雷律师会馆里他所在
的餐堂新加入了三位有爵位的人。寻求这一荣誉最重要的原因,

xxvi

xxvii

他一直到最后才说:"因为我寻到了一位高级市政官的女儿,一位我喜欢的漂亮姑娘。"但他特别希望,这一荣誉是因为自己的真正卓越而授予的,而非"仅仅因为他在一个团体中很合群"。7月23日,他的愿望实现了,但同时还有三百人受封。他想在事业上更进一步的抱负在新君主的统治下破灭了。在之前提到的写给塞西尔的信中,他说:"我现在的抱负只寄托在我的笔下,如此我能保持未来时代的记忆和功绩。"詹姆斯即便不聪明,却无疑很博学。他登上王位之时,培根看到了实现自己的伟大梦想的希望,即知识的复兴和人类王国的扩展。也许就在这一年(1603),他写下《学问的精进和进展》(*The Proficience and Advancement of Learning*)第一卷。这一时期的其他文字作品还有《浅谈英格兰和苏格兰王国的幸福联合》(*A Brief Discourse touching the Happy Union of the Kingdoms of England and Scotland*)和《关于更好地安抚和陶冶英格兰教会的若干考虑》(*Certain Considerations touching the better Pacification and Edification of the Church of England*)。后者可视为1589年写就的关于同一主题的小册子的续集。此作其中一部分于1604年印刷,但未出版,其编写显然直接涉及汉普顿法庭会议上讨论的主题。同一年,他为自己在埃塞克斯审判中的行为致歉,对象是现在的德文郡伯爵蒙乔伊。

新王朝的第一届议会于1604年3月19日召开,培根再次代表伊普斯威奇和圣奥尔本二地参加,在下议院的各项议程中仍扮演着同样的显著角色。他作为学者顾问团成员之一的职务于8月18日获得专权认可,同时还获得了年薪60英镑的生活补贴。他的假期都用来起草《关于英格兰和苏格兰王国联合的某些条款或 xxviii 注意事项》(*Certain Articles or Considerations touching the Union of the Kingdoms of England and Scotland*),因为被任命的委员会将于10月开会讨论这个问题。他同时还准备好了一份涉及陛下行事风格的公告草案,但未被使用。当委员会召开会议时,事务律师有职位出缺了,但是培根再次被排除在外,被任命的是多德里奇(Doderidge)。

　　他的职业活动所占的时间仍使他的闲暇少于以往任何时候。12 月 24 日,下一次议会会议时间被推迟到 1605 年 10 月。培根预见到,如果他打算完成其《学问的进展》,就必须充分利用这段空档。斯佩丁先生说,很可能是在第二卷准备交给出版社之前第一卷才印出来,很多迹象表明第二卷在印刷和排版上都很仓促。英国出版同业公会的进出登记簿①表明,他最初打算以拉丁文和英文两种语言出版这部作品。在 1605 年 8 月 19 日这一日期下,我们可以看到:"理查德·奥寇尔德先生。进入原因:由伦敦大主教和菲尔德监狱长先生亲手送印的作品,弗朗西斯·培根两卷本著作的第一部分,《属神的和属人的学问的精进和进展》,拟以英文和拉丁文付印。xij^d。"9 月 19 日还有一条:"奥寇尔德先生。进入原因:送入由伦敦大主教和菲尔德监狱长先生亲手送印的作品,同样拟以英文和拉丁文付印,弗朗西斯·培根的名为《属神的和属人的学问的精进和进展》两卷本著作的第二部分。xij^d。"从这两条登记我们几乎可以推知,培根在那个夏天决定单独出版第一卷——要么是因为无法完成第二卷,要么是出于其他原因;后来他又改了主意,匆忙出版了第二卷。剑桥大学的玛格丽特夫人神学讲座教授普莱弗博士(Dr. Playfer)收到此书后表示他非常喜欢,培根便请他将作品译为拉丁文,但他交出的样章太华丽,不符合培根的口味,所以译本一直没有完成。大约 10 月底某时,这两个部分仅以英文四开本的形式同时出版,但出版商不是奥寇尔德,而是托姆斯,题为"弗朗西斯·培根两卷本作品,属神的和属人的学问的精进和进展,题献给英王,伦敦:亨利·托姆斯印品,将在霍尔本的格雷律师会馆大门的书店售卖,1605 年"。11 月 7 日,张伯伦

xxix

① 感谢格林希尔(Greenhill)先生使我有机会参阅这些资料。

（Chamberlain）写给卡尔顿（Carleton）的一封信里提到，弗朗西斯·培根爵士关于学问的新作如期问世。① 无疑，当时由于火药阴谋案东窗事发的大事件正填满人们的思绪，作品原本可能引起的任何注意都被大大削弱了。阴谋案事发后的调查，培根只是稍作关心。1607 年 3 月律师职位再度出现空缺，培根敦促塞西尔推进他的申请，却不得不再次等待。

卡尔顿在这届议会的忙碌和事务中的闲谈，让我们得以从一个新角度来了解政治家和哲学家培根。1606 年 5 月 11 日，卡尔顿在给张伯伦的信中写道："弗朗西斯·培根爵士昨天在马里博尼教堂迎娶了他年轻的姑娘。他从头到脚都穿着紫色衣服，用金银为自己和妻子做了许多精美服饰，一定花费了不少新娘的嫁妆。宴会在他岳父帕金顿爵士（Sir John Packington）位于萨沃伊河对面的府邸举行，主要宾客是科普、希克斯和比斯顿三位爵士。他巧言道 xxx（他自己说的），既然他不能如愿见到索尔兹伯里伯爵大人本尊，至少要见到他的替身。"爱丽丝·巴纳姆（Alice Barnham），即培根的妻子，无疑就是三年前培根对堂兄塞西尔提到的那个"漂亮姑娘"。她本是伦敦商人贝内迪克特·巴纳姆（Benedict Barnham）的女儿，商人的遗孀嫁的第二任丈夫就是伍斯特郡议员帕金顿爵士。培根夫人带来了年入 220 镑的财产，由她自己支配，另外她的丈夫还给她每年 500 镑。这一事实即刻便可反驳坎贝尔勋爵关于这桩婚事是金钱买卖的指控。但我们无法得知，这婚姻到底有多少出自情爱甚至情感。培根那时已经 46 岁了，三个月后，他的用语听起来与其说是狂喜，不如说是平静的满足。"感谢上帝，我没有把脚上的那根刺拔出来刺进我的肋旁。"他们之间的通信无一留存，

---

① 本版本文本取自 1605 年版文本，根据勘误表与后续 1629 年和 1633 年版本略做必要修订。全文拼写已改为现代式。瓦茨（Wats）的《崇学论》译本，以及马克比（Markby）先生和基钦（Kitchin）先生最近出版的《学问的进展》为我追溯引文文献提供了极大帮助。

我们无法得知那之后那位夫人的任何信息,也无法得知她对丈夫的影响是大是小。15 年后,有传言说她说话冒失,从培根遗嘱中的一句话中我们得知,她曾严重冒犯过他。她比培根多活了很多年,在他过世后嫁给了她的富绅侯相。

　　与苏格兰的联合和苏格兰人入籍问题仍然是摆在下议院面前的重要议题。关于前一个问题,我们有一段培根 1606 年 11 月 25 日的演讲片段。关于后一个问题,他于 1607 年 2 月 17 日给富勒(Nicholas Fuller)的回信里有提及。3 月 28 日,他发言反对律法联合的动议。6 月 17 日,他向下议院汇报了索尔兹伯里和南安普敦伯爵在商人对西班牙不满请愿会上的发言。他如此辛苦挣得的回报终于来了。多德里奇被任命为国王的辩护律师,培根于 1607 年 6 月 25 日接替了他副检察长的职位。

　　现在,他再也不用担心贫困会像徒步旅客般悄悄接近他,或像携带武器之人那样突然袭击他,他心神更稳定平静,因而能全身心地投入扩大人类知识疆界的计划中去了。伟大的复兴现在似乎已经有了明确的形式,作为为伟大的复兴扫清道路的手段,他写下了《想法与结论》("Cogitata et Visa")一文,这篇论文想必是 1607 年下半年的产物。他在同一时期的专业作品包括《对王座法庭与议会在边界地区问题上的诸多分歧的看法》("A view of the differences in question betwixt the King's Bench and the Council in the Marches"),以及两份公告,一份涉及边界地区,另一份涉及陪审员。

　　第二年(1608),由于米尔(William Mill)在 7 月 16 日去世,星室法庭书记员职位出缺。培根已经耐心地等待它将近二十年了。夏季假期期间,可能是由于瘟疫爆发带来了不得已的空闲,他写出了《关于伊丽莎白女王的幸福回忆》(In felicem memoriam Elizabethae)。将近年底写就的关于爱尔兰种植园的论述,至今人们读来仍饶有兴趣。他写给朋友马修(Toby Matthew)的信表明,在接下来的一年(1609)里,"复兴"工作并没有被搁置。"我把《伟大的复兴》留着我们见面讨论,它并未沉寂。"他把序言里的一两页寄给马修,其中勾勒了整部作品的轮廓。不久之后,他又转寄了另一部分,可能是《哲学的反驳》("Redargutio Philosophiarum")。就在这一年里,他还写了一部他称之为消遣的小作品,即阐释古希腊和古罗马寓言的论文集《论古人的智慧》(De Sapientia Veterum),并将其交给同一位朋友以征求意见,同时还修订和细化了《想法与结论》,并给已经从奇切斯特教区调换到伊利教区的安德鲁斯主教(Bishop Andrewes)寄了一份手稿。

国王和下议院在整个 1609—1610 年的议会中都在就国王债 xxxii 务问题争吵。培根发言支持议会应拨给政府作为开支的款项,捍卫国王征税的权力。8 月底,他的母亲去世,斯佩丁先生将这一年的夏季假期称为"大不列颠历史的开端"。没有确切的信息推知他 1611 年到底在忙什么。也许他在自得其乐地精雕细琢其《论说文集》,并于次年出版了增量颇多的扩充版。他给国王的信谈及萨顿地产,还有一份关于铸币厂白银短缺的报告,以及一份关于边缘法庭空缺的控诉,表明他并没有忽视其职责。1612 年,索尔兹伯里的去世使内阁大臣职位出缺,培根主动向国王请缨。这一空缺并没有立即被填补。不久之后,基于同样原因而出缺的王室监护法院主官一职被转给了凯里爵士(Sir George Carey),尽管坊间传闻本来该职是由培根出任,因为他已经为新任主官起草了一份声明和介绍的基本框架。1612 年 6 月 27 日,在以谋杀罪审判桑克尔勋爵案件中,培根作为控方律师以副检察长的身份出庭。三天后,他就什鲁斯伯里伯爵夫人因帮助斯图尔特夫人(Lady Arabella Stewart)逃跑而拒绝接受调查一事,在枢密院和审判官面前发表讲话。

1612 年,伊丽莎白公主与普法尔茨选帝侯(the Elector Palatine)的联姻提议给培根增加了额外工作,他为当时这一援助款的临时征收给政府各部分官员起草指令。大约 11 月底,《论说文集》第二版出版。他本来打算将其题献给亨利王子,但王子 11 月 6 日的意外去世使他无法实现这一计划,因此便将其题献给了康斯特布尔爵士(Sir John Constable),后者是培根夫人的妹婿。《论说文集》肯定是在王子去世至 12 月 17 日期间面世的,因为张伯伦 12 月 17 日的信件中提到此作。

　　公主的婚礼因她哥哥的去世而推迟,最后于 1613 年 2 月 14 日举行。格雷律师会馆和内殿律师会馆的绅士们搞了一场假面剧为乐,以庆祝这一喜事。培根是这一设置的筹划者,它代表了泰晤士河和莱茵河的结合。这种事他并不陌生,其《论宫剧与盛会》("Of Masques and Triumps")表明他对此颇感兴趣。

　　1612 年 11 月 13 日,凯里爵士去世,王室监护法院主官一职再度出缺,"弗朗西斯·培根爵士肯定期待得到这个职位,他让大部分手下穿上了新斗篷。后来,当科普爵士(Sir Walter Cope)就任时,有人欢快地调侃,科普爵士是王室监护法院主官,培根爵士是王室侍从主官"(罗利语)。他可能会如以前一样说 sic nos non nobis[我们的所作所为并非为着自身]。一直以来他的职位几乎都是学徒身份,可是,晋升不久就来了。1613 年 8 月 7 日,王座法庭首席大法官弗莱明爵士(Sir Thomas Flemming)的去世带来了变化。柯克爵士,此前一直担任普通诉讼法院首席大法官,成为英格兰首席大法官和枢密院议长;霍巴特(Hobart)接替了他的职位,培根于 10 月 26 日接替霍巴特成为总检察长。为了加深这一变化的效应——虽然培根本人认为此事全由国王主导,但法庭宠儿萨默塞特希望能给自己脸上贴点金,显然正是出于摆脱这种隐含义务的考虑,培根全然负责了筹备格雷律师会馆为庆祝萨默塞特与离婚的埃塞克斯伯爵夫人结婚而举办的假面剧。

　　他被任命后从事的第一项专业工作是,1614 年 1 月 26 日在星室法庭发表对决斗的指责。但是,人们常将他的名字与两个案子相关联,现代人对他这个人的印象,很大程度上有赖于这两件案子——圣约翰案和皮查姆案的讲述方式。就前一案,对他的指控是,他利用手中正在简化和重新编纂的法律,以达到最卑鄙的专制目的,表现为他作为控方律师出庭,对坚持认为国王无权征收恩税的圣约翰(Oliver St. John)提起诉讼。培根在这一案件中纯粹是行使官方职能,所以几乎没有必要探究对圣约翰的指控是否合理,以及后者的行为是否像麦考利所说的那样"有男子气概且合乎宪法"。情况是这样的。1614 年 6 月,培根被剑桥大学、伊普斯威奇和圣奥尔本这三个选区再次选入的议会,在没有投票决定提供任何供给的情况下被解散了。为了满足国王的需求,有人提议可筹措自愿捐款,所有愿意的人可以根据自己的意愿捐款。不施加强制手段,也不是征税,而是严格意义上的慈善捐赠。10 月 11日,马尔伯勒的绅士奥利弗·圣约翰(不是长期国会里的圣约翰)给马尔伯勒的市长写了一封信,谴责这种慈善捐赠违背法律、理性和宗教,并指控国王违反了他的加冕誓言。星室法庭于 1615 年 4月 15 日审理此案。以柯克为首的法官们一致主张慈善捐赠的合法性,判处圣约翰 5000 英镑的罚款,还将随国王的意愿囚禁他。在这件事上,培根完全依照枢密院的指示行事,即使他倾向于控方,也没有证据,而且法官们的一致意见也必定会增强他的立场。

　　皮查姆案的性质不同,因为这个案子对培根的指责更严重。在事实和法律层面都有需要解决的问题,根据麦考利的说法,培根"起到的作用是通过收买法官解决法律问题,通过折磨囚犯解决事实问题"。萨默塞特郡教士皮查姆(Edmund Peacham)指控其教区主教,即巴斯和韦尔斯主教犯下诽谤罪,遂被送往兰贝斯接受高级专员公署(the High Commission)的审判,并于 1614 年 12 月 19 日被判处剥夺圣职。在判决之前,他的住所被搜查过,发现了一篇已经写好的布道辞,其内容被枢密院裁定为具有叛国性质。此外,人们还认为,这表明了皮查姆所在的乡下地区的不满情绪。由于他拒绝供出任何同谋,枢密院决定对他施以酷刑。没有任何证据表明培根参与了此案的任何事,除了作为总检察长,他是枢密院任命的高级专员公署成员之一,需要在审查囚犯时出席。很明显,根据普通法,使用酷刑获取证据是非法的,但同样明显的是,枢密院使用酷刑是为了发现证据,而不是为了取得证据,也就是说,不是迫使囚犯自证其罪,而是为了从他那里获得需要取证的信息。尽管我们可能认为这不对,但那并不是培根的错。从他的通信可知,他卷入这一诉讼极不情愿,而且采取这个措施也与他的建议相悖。多大程度上能够证明对他的另一项指控——干预法官——不实,取决于他是否清楚地知道他的干预达到了什么程度,但这并不容易获悉。由于刑讯逼供完全无法从皮查姆那里得到任何证据证明阴谋存在,能否以叛国罪起诉他就成问题了。就这一法律问题,国王迫切希望得到王座法庭法官们的意见。不可否认的是,国王有权就这类问题征求法官们的意见,但似乎并没有像在本案中那样分别征求法官意见的惯例。毫无疑问,布道辞确实是皮查姆写的,是他的字迹。法官们考虑的要点是:第一,如果这篇布道辞发表出^{xxxvi}来,能否支持对他的叛国罪指控;第二,是否可以仅仅根据创作布道辞这一事实就让叛国罪成立。与法官单独磋商的想法起源于国王。我们无从得知,他这样做是不是希望其他人在柯克不在场或不受其权威影响的情况下给出更真实的意见,还是出于其他动机。没有证据表明,培根与提出这个方案有任何关系。他所做的就是,执行国王的指令,并将案件提交给首席大法官,听取他的意见。柯克反对的,并不是征询法官们的意见,而是分别征询他们的意见。王座法庭里没有一个法官必须审理此案,因此很难弄清楚有什么理由可以指控培根的行为是为了取得死刑判决而干预法官。皮查姆最终于1615年8月7日在汤顿被判叛国罪,但死刑根本没有执行,因为,正如审判报告所说,"许多法官认为他没有犯叛国罪"。所谓的他的案子引起了举国震怒,只不过是坎贝尔勋爵的捏造。

1616 年 5 月 24 日和 25 日,培根作为总检察长参加了对萨默塞特伯爵和伯爵夫人谋杀奥弗伯里爵士(Sir Thomas Overbury)的审判。对这桩秘密罪行中的下级行为主体的起诉与他毫无关系。这一年年初,大法官(埃尔斯米尔)的健康状况每况愈下,培根是向国王请愿获得这个似乎很可能出缺的职位的人员之一。6 月 9 日,他被任命为枢密院议长,他在议会中代表的剑桥大学正式向他表示祝贺。[①] 他自 1613 年 11 月 10 日起就担任剑桥大学的法律顾 xxxvii 问,并在 1614—1616 年在三一学院受聘担任同样的职务。直到 1617 年 3 月 3 日,大法官才交出国玺。同月 7 日,国玺经国王交到培根手中。"我们的新掌玺大臣,"张伯伦说,"走起路来神气十足,有一大群人跟着他,虽然以前跟着他的人就已经够多了。"在新庭期的第一天(5 月 7 日),他带着 200 名侍从,排场盛大地骑行到达威斯敏斯特,在大法官法庭发表就职演说,宣布国王交给他国玺时赋予的职责,以及他为自己制定的行为准则。在新职位上他的精力异常充沛,一个月内就扫清了之前拖欠未完之事,并于 6 月 8 日向白金汉公爵汇报,自己没有漏掉任何一桩案子。在他被任命一周后,国王动身前往苏格兰,留下培根在他不在时主导枢密院处理国事。同年,我们发现他利用自己对国王的影响力劝国王放弃与西班牙联姻,劝白金汉公爵阻止他的兄弟维利尔斯爵士(Sir John Villiers)与柯克爵士之女的婚约。事实证明,他在两件事上的建议都很明智,但国王和白金汉公爵都很讨厌他的干涉。当然,柯克的敌意并没有因此而减少。但目前为止,培根的职业盛景还尚未被遏制。1618 年 1 月 4 日,他成为大法官,同年 7 月 11 日,被封

---

① 他于是放弃了法律实务,不过保留了总检察长的职位,并利用其就任后的第一次空闲,向国王提出了一项关于编纂和修改英国法律的建议。

为韦鲁勒姆男爵(Baron Verulam)①。在其掌玺大臣就职演说中，他宣布打算把"三个长休庭期的时间"都留给学习、艺术和科学，因为就本性而言，那才是他最钟爱的。1620 年 10 月，他向国王呈献了他生命中的伟大作品《新工具》(Novum Organum)。他说，《新工具》的目的是"扩展理性的边界，赋予人类遗产新的价值"。他承认那只是一个片段，但却不是仓促写成的，因为他已经写了将近三十年。但他觉得自己的生命即将结束，希望能留下至少一部分作品。如今，大限已近。1621 年 1 月 27 日，他成为圣奥尔本子爵。他的幸运已经顺利地延续了将近四年，现在又将他送到人生巅峰，似乎是要把最后的灾难衬托得更具戏剧性、更骇人听闻。议会于 30 日首开。大法官在对新议长讲话时表达了一个观点，从后来的事件看，这个观点似乎具有预言性："毫无疑问，最好的政府，乃至最优秀的人，都像最好的宝石，比之于那些大体脏污和腐化的石头，其中的每一个瑕疵、细缝或纹路都更清晰可见、引人注目。"柯克已经多年没有进入下议院了，此次作为利斯克德的议员重返。2 月 5 日，他提议成立委员会调查公众的不满。一个委员会遂被任命，调查高等法院并提交报告。培根没有觉察到任何恶意，表现出显然没有意识到自己有任何重大过失的样子。2 月 17 日，萨克维尔爵士(Sir E. Sackville)向议院报告，大法官欣然同意任何人都可以自由谈论他的法庭。3 月 15 日，菲利普斯爵士(Sir Robert Phillips)向下议院提交了关于高等法院的委员会报告。报告如晴天霹雳。大法官被指控在行使职权时贪污，有两个例子为证。19 日，上议院收到一条来自下议院的消息，请求召开一次会议，讨论某些知名人士滥用职权的问题。培根因病缺席。他于 3 月 17 日星期

---

① [译注]与本书《培根生平及作品年表》中培根被封为韦鲁勒姆男爵的时间(第264 页)不一致。原书如此。关于培根到底在哪一天受封，也有不同说法。大多数文献并未提及具体日期，如《牛津国家人物传记大辞典》《不列颠百科全书》、斯佩丁的《弗朗西斯·培根的生平与书信》等。

xxxviii

六最后一次出席上议院。第二天,国王委任首席大法官利爵士 (Sir James Ley)替代培根行使职权。星期一,下议院申请的会议获准召开,财政大臣于 20 日向上议院报告说,大法官被指控犯有受 贿和贪污罪,且有两个案件为证支撑这一指控。培根认为自己病得快要死了,还饱受其遗传病的折磨,感到敌人已经逼近了他。他知道敌人"采取了怎样的手段来搜集怨言"对付他,他只请求一场公平的听证会,让他给他们一个坦率的回复。他在给白金汉公爵的信中写道:"我知道我有干净的手和干净的心,我希望我的朋友或国仆们有干净的住所。但是约伯本人,或者任何一个极正义的法官,被如此搜寻对付他的各种材料,就像对付我时一样,或许都会一时看来非常肮脏,尤其是在这个以伟大为斑点、以控告为游戏的时代。"他还对同一个人说道:"我为此赞美上帝,我从未因从事任何圣职或神职生计而拿过一分钱;我从未因解除任何以国玺阻止之事而拿过一分钱;我从未拿过一分钱回扣或类似的东西;我从未与任何国仆分享任何次等或低级利益。"他对国王说:"关于我收受过任何贿赂或礼物的指控,我希望当我的心灵之书被打开时,不会发现有从腐败的心流出的混乱之泉,不会发现有拿钱阻止正义的卑鄙习性;不管我多么脆弱,沾染了怎样的时代弊病。"我们考察他后来的供词时,也必须把这些声明考虑进去。两院于 3 月 27 日至 4 月 17 日休会。两院重开前一天,培根面见了国王。第二天,财政大臣向上议院报告,大法官请求陛下两件事:一是,对于那些指控他的事,他可以合理且明确回应的东西,他坚持自己的清白。二是,那些他无法合理且明确回应的东西,他希望能允许酌情减轻对他的指控;对于证据充分不可否认的东西,他会坦率地承认,把自己交给上议院处置。几天后(4 月 22 日),培根私下查明 了指控细节,写信给上议院:"我发现情况非常清楚,足以使我放弃辩护,也足以让各位大人判决并谴责我。"他为何如此躲避审讯,是至今未解之谜。他希望,主动请辞掌玺大臣能为自己争取到些许宽宥:"诸位大人也不要忘记,这世上既有人类之罪,也有时代之罪。改革伊始的力量与贝塞斯达之池相反,因为后者的力量是医治那先被投进去的人,前者的力量则是伤害那先被投进去的人。至于我,我希望就留在那儿,不再往前。"他的供词被认为不充分,于是法庭下令将对他的指控——现在已经增加到了 23 条——呈给他看。4 月 30 日,他的全部供词和对各条指控的详细回答,都在上议院宣读了。"我明确且坦白地承认,"他说,"我犯了贪污罪,且放弃一切辩护。"在经历了苛刻的自我反省之后,他发现自己并非无可指责,宽恕自己会与他自己的记忆相悖。但是,在承认他犯有贪污罪时,我们也必须考虑到他所使用的语言。没有人敢断言,培根收受贿赂的目的是颠覆司法正义。他担任大法官期间颁布了成千上万条法令,没有一条被废除。他所有的判决没有一条被推翻。甚至那些最初指控他收受钱财的人也承认,他决心反对他们。我们可以从他作品的诸多段落获知他本人对司法贿赂的看法,如果他公然做出自己曾公开谴责的事,定会有人出来指责他是最虚伪的人。1617 年 5 月 3 日,他在高等民事法院对哈顿法官(Justice Hutton)讲话时告诫他:"你的双手,以及你的双手的手(我指的是你身边人的手)要干净,不要受赠礼物,不要接受头衔,也不要接受任何交易,无论大还是小。"在 1612 年首次出版、1625 年再版的《论高位》("Of Great Place")一文中,他说:"关于贪污,不仅要约束自己的手和仆役的手,不接纳贿赂,还要约束有所请求的人们的手,别让他们呈献贿赂。"因此,承认自己犯贪污罪,是否就等于承认他一生的全部实践都偏离了他自己的原则? 我们来看看。对于他被指控的 22 起受贿案,我们可以肯定地说,全部都是他的敌人针对他的恶谋。这些案件里只有 4 起,他承认自己在整个案件结束之前以某种方式接受了礼物;甚至在这 4 起案子里,虽然严格说来是在诉讼期间收受了礼物,但也没有迹象表明他的决定因此受到了影响。在他担任大法官的四年里,他每年下的命令、颁布的法令多达两千项,正如他自己呈写给上议院的文中所述,对他提出的指控几乎没有一项不是两年以前的。其中最重要的证人,包括大法官法庭一名叫作丘吉尔的注册官,已经因欺诈而被解雇;还有黑斯廷斯,其证词如此自相矛盾以致毫无价值。但我们更关心的是培根的认罪,而非支持有罪的那些证据。在他当时起草的一篇文章的备忘录里——蒙塔古先生已将其付印(Bacon's *Works*, xvi. p' I. p. cccxlv)——他写道:"在我看来,给予法官的礼物或报酬有三种程度或情况。第一种是在诉讼过程中发生的交易、契约或回报承诺。我的心告诉我,在这方面我是清白的;当我宣布任何判决或命令时,我的眼睛或思想里都没有贿赂或报酬。第二种是法官自己忽略了提醒自己关注案件是否已经完全结束,究竟何时收到礼物,而想当然认为这是当事人因为一切都尘埃落定后送给他的,不然就是忽略了询问。第三种是在案件完全结束后收到的不含任何诡计的礼物,在百姓们看来这没有任何不当之处。"在 xlii 另一份手稿中,他补充了如下评论:"对于第一种,我认为自己的心与在圣婴节出生的人一样清白无辜。对于第二种,我怀疑在某些细节上我可能犯了错。至于最后一种,我认为那并不是什么过错。"

这就是培根对自己供状的解释,我们注定会接受它,因为它由 22 条证据支撑的指控所证实。对于第 23 条指控,他纵容仆人勒索别人,"他承认自己没有看好仆从,犯了非常大的错"。有了这一告解,我们就可以将他的名字和记忆,如他在遗嘱中写的那样,"留在人们宽厚的言辞中,留给外族,留给后世"。评判几乎只能由他自己宣布:"我是这五十年来英国最公正的法官,而这是这两百年来国会最公正的谴责。"上议院于 5 月 3 日宣布了这项正式谴责,要求他支付 4 万英镑的罚款,并根据国王的意愿决定是否将他囚禁在伦敦塔里;此后他不能在国家中担任任何职务,也不能出席议会,连法庭的边缘地区也不准涉足。5 月 1 日,他把国玺交还给国王。投票结果是多数人以两票的优势决定不剥夺他的头衔。但是显然令他非常吃惊的是，监禁的判决只部分执行了。5月31日，他被带进伦敦塔，并立即给白金汉公爵写了一封充满感情的信："仁慈的大人，今天请为我申请释放证。"命令一定立刻就下达了。6月4日，他因被释放而写信感谢国王和白金汉公爵。7日，他从沃恩爵士（Sir John Vaughan）位于帕森绿地的寓所给威尔士亲王写了一封标明日期的信。9日，张伯伦写信给卡尔顿说，大法官大人被获准离开回到自己的家，人们谈及他时还当他是枢密院议长。23日，他报告说大法官已经从富勒姆搬到了他位于戈勒姆伯里的家。他在这里一直住到年底。退休后，他写信给白金汉公爵（9月5日）："我非常喜欢私人生活，但我要好好利用我的时间，以免削弱我的各项实用能力。"在不得不接受的闲暇时间里，他专心撰写《亨利七世史》，手稿于10月完成。国王于9月21日下令免除了国会判处的罚金，但将钱交给了受托人，以保护培根免受债主纠缠。他现在一无所有，只有国王最近给他的每年1200镑的退休金，以及他的私人财产。在被任命为掌玺大臣后，他不仅辞去了总检察长这个利润丰厚的职位，而且辞去了星室法庭的职务。他在倒台时已有的损失是每年6000英镑。10月17日，一份有国王印玺的赦免令签发出来，但似乎被新任掌玺大臣扣留了。禁止他踏入法院12英里内的禁令在次年3月松动了，他被允许进入海格特。白金汉公爵对他拒绝放弃约克府感到恼火，反对他回到伦敦。然而，限制在这一年解除了，由于自己的宅邸已经上交，他在贝德福德府住了下来。《亨利七世史》在春天的出版，把《学问的进展》翻译成拉丁文，这些工作填满了他的时间。后一项工作据说有赫伯特（George Herbert）协助。在给安德鲁斯主教的信中，他提到了那篇关于圣战的对话的献词，这也是同一年的作品，他说："再提一次，我的《学问的进展》可能是更好地开启《伟大的复兴》的准备或钥匙，因为它展示了新旧观念的混合。《伟大的复兴》仅仅展现新

观念,没有为了初尝新观念而对旧观念做些微批评。我曾想,最好 xliv
把那本书译成通用语言,还做了大量补充和扩增,尤其是第二卷论
述了科学分类的部分。如此,我认为此作就可以成为《伟大的复
兴》的第一部分,兑现开始写这个作品的承诺。"

1623 年 4 月,伊顿公学校长职位出缺,培根遂谋求此职以"退
到离伦敦这么近的研究场地",但没有成功。拉丁文版的《学问的
进展》于该年出版,书名为《崇学论》(*De Augmentis Scientiarum*),共
九卷,第一卷与英文版非常一致。在生命的最后两三年里,他忙于
口述《木林集》,为《论说文集》里的文章做最后一次修订,并督促
这些文章的拉丁文译文,其最终形式与其他作品一起于 1625 年 3
月出版,冠名为《道德全集》(*Opera Moralia*)①。《格言集》(*Apo-
phthegms*)仅用了一个上午就完成了。国会的判决似乎从未完全
撤销。圣奥尔本勋爵的名字确实出现在查理一世第一届国会召见
的贵族名单中,但出于某种原因,他没有出席下议院。1626 年元
旦,他写信给梅爵士(Sir Humphry May)说:"目前的情况迫使我请
求大人(白金汉公爵)替我提请国王赦免对我的全部判决。此前
我已经两次收到过传我入国会的文书,也没有得到任何不准使用
它的明确限制。"他长期虚弱的身体状况却不允许他出席,但他可
以指定代理人。死神终于来了,这个已经冰冷地直视了他五年的
朋友终于把他从所有烦恼中解脱了出来。他在测试雪的保存性能
时受了风寒,最终有轻微发烧。一星期后,他于 1626 年 4 月 9 日
复活节的清晨安详地离开。他在阿伦德尔伯爵位于海格特的屋子
里去世,葬于圣奥尔本的圣迈克尔教堂。他的专职教士罗利博士 xlv
在为老主人写的传记里有一个恰如其分的总结:"就算他的肉体终
有一死,但毫无疑问,他的记忆和他的作品将永存,而且很可能与

①　[译注]此作如今能找到的版本仅有初版于 1665 年的《传世作品全集之哲学、道德、
政治和历史著作》(*Opera omnia quae extant*, *philosophica*, *moralia*, *politica*, *historica*)。

世长存。"带着这样的期待,我们将弗朗西斯·培根留给时间来
评判。

W. A. W.

第一卷

献给国王陛下

（1）卓越的国王陛下，律法规定了日常献祭和自愿供奉两种方式，①前者基于普遍惯例，后者发自虔诚的欣喜；臣民向国王尽职纳贡和敬献致爱礼物也是同样的道理。对于前者，我希望在有生之年，遵照我最谦卑的职责和陛下您眷顾的指派，我之恪尽职守能永不欠缺；对于后者，我想得更多的是选择什么敬献之物，能更彰显您的个人德行和卓越，而不仅仅是您的王冠和国家事务。

（2）因此，臣多次回忆觐见陛下之时，并非好奇或放肆地想发现《圣经》所言之神秘莫测，②而是肩负职责、带着钦慕观察，触动我、让我惊叹的，不只是您所拥有的美德和天命，更是您的——哲学家们称之为才智的各种禀赋和才能，您广博的才能、精确的记 忆、迅捷的理解力、透彻的判断力、演说天赋与条理次序。臣常念及，在臣认识的所有现存之人里，陛下是最能体现柏拉图理想之人③的典范，即所有知识不过是回忆，人之头脑生来即全知，只需再度

---

① 参见《旧约·利未记》22：18；《旧约·民数记》28：2，3。
② 《旧约·箴言》25：3。
③ Plato, *Phaedo*, i. 72; *Meno*, ii. 81; *Theaetetus*, i. 166, 191; Aristotle, *De Memoria*, 2; *Prior Analytics*, ii. 21; Cicero, *Tusculanae Disputationes*, i. 24. 57.

恢复和还原他自己与生俱来的原初理念(只因对这寄居肉体的生疏和无知而被禁锢)。臣在陛下您那里看到了这种天性之光,只需极小的机会或其他人最小的知识火花,就能点燃您智慧的光彩与烈焰。如同经文中所讲的最贤明的君王,"其心如海中沙"①,其形之大矣,然其各诸之精微矣。上帝曾赐福陛下同样令人敬仰的领悟力,既能囊括和理解最重大的事务,也能感受和领会最细微的事物。然而,要在大自然中找出大小事项同样都适合的工具似乎不太可能。至于陛下的演讲天赋,臣以为塔西佗对恺撒(Augustus Caesar)的评价可以借鉴:"奥古斯都言辞畅达,尽显王者风范。"②仔细观察可知,世上有言辞费劲困难的演说,有充满矫揉造作的技术和格言的演说,有模仿某些演讲范式框架却又不到位的演说,所有这些都未免流露奴性,带有臣服意味。然而,陛下的演讲风格却有真正的王者之气,有如源泉涌出,谨自然之序润入支流细河,蕴含天赋,措辞精妙,既非仿效任何人,也无法被任何人仿效。至于政治事务方面,陛下的美德与天命竞相辉映、势均力敌;您禀赋纯良且受过完美的教育;过去,您正直地期待更伟大的命运垂青,吉时及至,您便可坐拥繁荣;③您贤良地遵守联姻法则,婚姻蒙福,子嗣充足;④您秉美德,承正教,渴望和平,⑤是以邻国君主皆与您意气相投。在智识事

3

① 《旧约·列王纪上》4:29。
② Tacitus, *Annals*, xiii. 3.
③ [译注]詹姆斯·斯图亚特出生于1566年6月,是苏格兰女王玛丽·斯图亚特与第二任丈夫达恩利勋爵亨利·斯图亚特唯一的儿子。1567年7月,玛丽被苏格兰贵族废黜,詹姆斯被立为新的苏格兰王,称詹姆斯六世,国政由几个大贵族把持。1583年詹姆斯六世亲政。1587年,玛丽因卷入暗杀英格兰女王伊丽莎白一世的阴谋而被处死。1603年,伊丽莎白一世指定詹姆斯为王位继承人,随后驾崩。詹姆斯即位为英格兰国王,自封为大不列颠王国国王,称詹姆斯一世。
④ [K]詹姆斯一世和安妮王后在此书成时共有六子,最近出生的是1605年4月诞生的玛丽。另外五个是亨利(1594—1612)、伊丽莎白(1596—1662)、玛格丽特(1598,出生后很快夭折)、查尔斯(1600—1649)、罗伯特(1601,出生后很快夭折)。后来1607年出生的第七个孩子索菲亚也在出生日夭折。此后詹姆斯一世和安妮一直分居,安妮未再生育。
⑤ [K]詹姆斯一世于1603年3月19日对议会发表的演讲曾强调他对和平的渴望。

务上,陛下的卓越天赋与学问的全面和完善也显得不分伯仲。臣非常确信,下述言辞绝无夸大,而是中肯慎重地陈述事实:自基督诞生以来,没有任何国王或现世君主,在所有文学和学问——不管是属神的还是属人的学问上,如您一般博学。① 人们大可以慎重勤勉地反复推敲、仔细考察古罗马帝国历任皇帝——(基督降生前统治的)独裁者恺撒(Caesar the Dictator)和安东尼(Antoninus)是其中最博学的,以及希腊历任君主,抑或西方诸王,或是法兰西、西班牙、英格兰、苏格兰和其他国家的历任统治者,如此就可发现我所言不虚。因为君主只要能稍微利用一下其他人的智慧和劳作,或是只要认可且喜爱学问和学者,就能掌控学问的所有肤浅装饰和做派,让自己显得有学问。然而,要真正地亲自品饮学问之甘泉,乃至让自己,一个王者,天生的王者,成为学问之源泉,则几乎是奇迹。更其,无论是神圣经典文学还是世俗凡人文集,陛下都融会贯通,实属罕见。因之,陛下被赋予了人们崇敬的远古的赫尔墨斯②所具有之三德:王者的威权与天命、祭司的知识与启示、哲人的学问与广博。陛下之天生禀赋与个人特质,不仅值得如今以声名与敬仰传颂,后世以史著书写、传统铭记,而且应以可靠的著作、牢固的纪念物和不朽的丰碑来镌刻您的王者威权、您的不同寻常与完美品质。

(3)因此,以臣愚见,臣能供奉给陛下的最好之物不过是实现以上目的的作品。此作将分为两卷,第一卷论及学问和知识之卓越,以及提升和传播学问知识的卓越功绩和切实荣耀;第二卷谈论

---

① [K]詹姆斯一世编撰过关于《圣经》的"沉思录",包括《新约·启示录》20:7—10 和《旧约·历代志上》25—29,还有一项关于巫术的研究。另外他还出过诗集。其政治类作品包括《自由君主的根本大法》(*The true lawe of free monarchù*)(Edinburgh, 1598;London, 1603)和《国王的天赋能力》(*Basilikon doron*)(Edinburgh, 1599;London, 1603)以及一部收录他各种演讲稿的《文集》(*Works*, 1616)。
② [译注]至尊赫尔墨斯,埃及神透特(Thoth)的希腊称号。透特是埃及神话中的月亮神、智慧之神。众神书史,是知识和艺术的保护神,是象形文字的发明者;虽为人形,却有朱鹭的头,手拿钢笔和划线尺。

为了发展学问曾采取过哪些具体行动,从事过哪些研究。最终,虽然臣无法为陛下提供果断明确的建议,或细节完备的意见,但或许可以激发您的王者之思,探访您心灵中的卓越宝藏,以萃取实现此目的的详案,乃契合您的慷慨和智慧。

5   I.（1）在第一卷的开端,为了清除障碍,即为了让人保持肃静,以更好地倾听有关学问尊严的真实论证,避免被各种心照不宣的异议干扰,我认为最好从学问一直遭到的败坏和玷污说起,这些都起于无知,被各种伪装掩盖的无知。无知,有时表现为宗教狂热与猜忌,有时表现为政治严苛与傲慢,有时表现为学者本人的错误与缺失。

　　（2）我听说,前一种人认为:接受知识需要设限,要非常小心;追求太多知识是一种原始诱惑,是原罪,会导致人的堕落;知识中潜藏着毒蛇,一入人心,便生骄妄;scientia inflat［知识使人膨胀］。① 所罗门严责:"著书没有尽头,读书太多劳神伤身。"②他还说:"无垠的知识里多有悲苦,知识越多,焦虑越多。"③圣保罗警告道:"不要被虚妄的哲学败坏。"④经验证实,学者多异端,学问丰盈之时往往倾向无神论,沉思第二因⑤会贬损对第一因即上帝的信任。

　　（3）那么,为了揭示这些观点的愚昧与错误,以及其误解的根本性缘由,需要充分表明这些人并没有观察或思考。人之所以堕
6 落,并不是因为具有关于自然和宇宙的纯粹知识——在伊甸园里,当其他生物被带到人面前时,人依其各自特性为其命名所凭靠的那种知识,⑥而是因为那傲慢的分辨善恶的知识,即人企图不再依

---

①　《新约·哥多林前书》8:1。
②　［K］"所罗门"英文原文为 Salomon,是培根的习惯写法。此句出自《旧约·传道书》12:12。
③　《旧约·传道书》1:18。
④　《新约·歌罗西书》2:8。
⑤　［译注］第二因指物理原则和自然法则,区别于创造自然的第一因。
⑥　《旧约·创世记》2:19—20。

靠上帝的律令而为自身立法的那种知识,这才是人受诱惑的形式。① 不管知识的量有多大,都不会使人的心灵膨胀。因为除了上帝和对上帝的沉思,没有什么能填满人的灵魂,更不要说使人的灵魂膨胀。因此,所罗门提到两种探究外物的感官——眼睛和耳朵时断言,目之所见与耳之所闻,无法穷尽。② 如果永远填不满,那意味着容器大于所容之物。他还说,知识与人的头脑就是这种关系,因为感官不过是传递信息的媒介。这些话被放在他制定的历法或星历表的后面,那是他为了各种活动安排和目的、根据时间和季节差异变化所制的。③ 最后,他总结道:"上帝造万物之美,或将其得体地安排在四时回转之中。他将这世界放入人心,然而人无法发现这件由始至终仅他完成之事。"④此话明确宣称,上帝造人之头脑如镜子或玻璃,能映照宇宙世界并因获得其影像而欣喜,如同眼睛感光而喜,不仅因观察到万物之繁杂多样和四时之变迁兴衰而喜,而且也因发现和辨别出神的指示和谕旨而得到提升,正是因为有神的指示和谕旨,人才能准确无误地观察到所有那些变化。虽然所罗门也暗示,人不可能发现自然的最高法则或总体法则(他称之为"由始至终仅他[上帝]完成之事"),但那并不降低人心灵的能力,而可以被视为人在其境遇中会受到的种种阻碍,就如同生命的短暂、各项劳作的不契合,或者知识传递过程中的不良行为习惯,以及诸多其他麻烦。世间任何事物都无法拒绝人的探寻和创造,人的确在别处可以支配万物,如所罗门所说,"人的灵是上帝之灯,上帝用这灯找寻所有奥秘的本质"⑤。如果人的心灵有如此的

7

① [K]"诱惑"参见《旧约·创世记》3。
② 《旧约·传道书》1:8。
③ [K]《旧约·创世记》3:1。
④ 《旧约·传道书》3:11。
⑤ [译注]对照《旧约·箴言》20:27,和合本原文为"人的灵是耶和华的灯,鉴察人的心腹"。显然,经文中的说法与培根的说法完全不同。经文中是指上帝用人的灵魂之灯鉴察人的心腹,而培根的引文意即上帝用人的灵魂鉴察万物。

容量和接受力,不管学习的是哪部分知识或学了多少,显然都不会有任何危害,心灵都不会因知识而膨胀或越界。知识量的多少并无关系,知识的质才是关键,如果学到的不是真正正确的知识,而是本质中隐含着某些毒液或邪恶的知识,那毒液起效后就会使人膨胀。解毒的香药是仁爱,它是能使知识至高无上的合剂,圣徒立刻将其补充在前一句上,①他说:"知识令人膨胀,仁爱则能造就人。"②这有点像他在另一处所讲:"如果我以众生与天使之声说话,却不带仁爱之心,那就是只会叮当响的铙钹。"③这并不是说以众生与天使之声说话不是绝妙之事,而是说如果缺乏仁爱之心,不涉人与人类的善好,那些话语就只是空有其声、毫无价值的虚荣,而不是价值充沛、内涵丰富的美德。至于所罗门对过多著作和阅读以及随着知识增多而产生的精神倦怠的警示,还有圣保罗"不要被虚妄的哲学败坏"④的告诫,我们需要恰当地领会那些说法。它们的确提出了人类知识受到条件限制的各种边界和局限,却没有那种要缩小或压缩知识的意思,没有说人的心灵无法领悟万物的普遍本质。这些限制主要有三:第一,我们不可将幸福过多寄予在知识上,而忘记了自己有死的属性;第二,我们要运用知识使自己安宁满足,不要让自己厌恶不满;第三,不要妄图通过沉思自然去窥探神的奥秘。所罗门在同一卷的另一处确乎谈到了第一条限制,他说:"我清楚地看到,知识与愚昧的距离有如光亮与黑暗的距离,智者在头脑里睁大眼睛保持警戒,蠢货却在黑暗里瞎转悠。"⑤至于第二个限制,当然并没有什么苦恼或焦虑源于知识,它只是偶尔会带来烦恼,所有知识与好奇(求知的种子)自身就是愉

①　[译注]"前一句"指《新约·哥林多前书》8:1 的前半句:"论到祭偶像之物,我们晓得我们都有知识。"
②　《新约·哥林多前书》8:1。
③　《新约·哥林多前书》13:1。
④　《新约·歌罗西书》2:8。
⑤　《旧约·传道书》2:13—14。

悦的印象。当人们堕落,企图从知识中构想出什么结论,将其运用到个体身上以帮助自己,因而产生了虚弱的恐惧或无边的欲望时,就会生出所谓的心灵劳苦和烦忧。这时,知识就不再是 Lumen sic-cum[干燥的光],如博学的赫拉克利特所说,Lumen siccum optima anima[最好的灵魂是干燥的光],①而是被情欲的汁液浸泡灌注,变成了 Lumen madidum,或 maceratum[潮湿或湿透的光]。第三个限制值得稍微多讨论一下,不能轻易放过。如果任何人认为,通过观察和探究这些可感知的物质的东西来获得智慧之光,就可以靠他自己揭示上帝的本性或意志,就的确是被虚妄的哲学败坏了。　9 知识产生于对上帝造物和杰作的沉思(就那些被造物和杰作而言)。然而关于上帝,我们没有完备的知识,只有惊叹,只有破碎的知识。因此,柏拉图学园的某位学者②所言极其准确:"人类的感官与太阳相似:太阳为我们掀开并揭示大地上的一切,却模糊并隐藏群星和天体;感官发现自然万物,却模糊并隐藏神迹。"因此,他接着说,之前许多博学之人变成了异教徒,正是因为他们想用感官这对蜡翅飞至神圣的秘境。③ 现在来说说太多知识会把人引向无神论、对第二因的无知能让人更虔诚地信任上帝这第一因等妄言。首先,最好追问一下约伯问其友的问题:"你们会为了上帝说谎吗,就像为了取悦他人而说谎?"④的确,上帝在自然里的所有杰作,都通过第二因起作用。如果他们为了取悦上帝而要相信其他说法,那就只能是欺骗,是把谎言这不洁的祭品献给真理之主。更甚,以下是确切的真理,也是基于经验的总结,即只知一点点肤浅的哲学知识可能会把人的心灵引向无神论,但继续深入学习就会将其带

---

① [K]出自普鲁塔克《希腊罗马名人传》第二章《罗慕路斯》的页边注,赫拉克利特关于灵魂的说法。
② [译注]指犹太人斐洛(Philo Judaeus, 约前30—约45),古希腊后期哲学家,犹太神学家。
③ [译注]指希腊神话中代达罗斯的儿子伊卡洛斯。在与代达罗斯使用蜡和羽毛造的翼逃离克里特岛时,他飞得太高,双翼上的蜡被太阳熔化,因此跌落水中丧生。
④ 《旧约·约伯记》13:7,9。

回虔敬。因为,在哲学入门时学习的,确实是紧跟各种感官的第二
10　因,如果一直停留在此处,可能有些人会忘却最高的第一因。然
而,如果沿路前行,发现各种因素之所依,发现各种恩典杰作,那
么,如诗人的比喻所讲,我们将很容易发现,自然必然之链的最高
链环必然系在朱庇特的椅脚下。① 因此,总之我们不要误解了清
醒,错用了节制思维,担心人有能力在探寻之路上走得太远,有能
力过于深入地研究上帝圣言之书,或神圣造物之书,或神学或哲
学。相反,人们应该致力于在神学和哲学的探究之路上一直前行,
永不止步。只是要注意:二者都要用于仁爱而不可用于自负;只可
运用,不可卖弄。再说一次,不可愚蠢地将两种知识混淆或混用。

II.(1)至于政治让学问蒙受了各种羞辱的说法不外乎如下
性质:学问使人的心灵柔软,使其更不适合操练武器以获得荣誉。
学问破坏并阻碍了人承担统治与政策事务方面的性情,广泛的阅
读使他们好奇心太重,太优柔寡断,或严守规则和公理使他们太专
横独断,或效仿榜样的伟大使他们毫无节制、过于自负,或诸多榜
样的异质性使他们自相矛盾、前后不一。又或,学问至少让人不事
劳作和实务,喜爱闲暇和独处。学问使国家纪律松懈,人人都更倾
11　向于争辩而非遵守和执行。哲学家卡涅阿德斯②作为使者出访罗
马,罗马青年人聚集在他左右,折服于他的雄辩和学识的甜美壮
丽。外号“监察官”的加图③,有史以来最智慧的人之一,正是因为
持上述想法,在元老院的公开会议上建议,应该尽快驱逐此人,以
免他毒害、迷惑青年人的头脑和情感,不知不觉使国家礼仪和习俗

---

① [K]Homer, *Iliad*, VIII.19-27.最高链环象征自然的等级秩序和联系。
② [译注]卡涅阿德斯(Carneades,前217—前132),学园派代表人物之一,怀疑论者。
　公元前156年,卡涅阿德斯作为哲学家跟随外交使团来到罗马。他来到罗马后便
　公开授课,很多青年因崇尚希腊文化而来听他讲课,他因此获得了极大的赞赏。
③ [K]加图(Marcus Porcius Cato,前234—前149),罗马政治家、伦理学家,反对外国
　影响,崇尚罗马早期简朴正直的伦理理想。

发生改变。也是出于同样的幻想或古怪念头,维吉尔的写作转向维护国家利益、批评自己职业的不是,在他著名的诗行里说,"罗马人,你要记住,以政权统治万民,这是你的技艺"①,这是把政治和统治与艺术和科学对立,认为并建议罗马人专于前者,而让希腊人屈从于后者。控告苏格拉底的安尼图斯(Anytus)②,也把这作为谴责和控告的理由,说苏格拉底利用其谈话和辩证的类型变化与影响力,使青年人失去了对国家法律和习俗应有的尊重,说他教授了一门危险、有害的科学,让恶显得好,以雄辩和演讲强行碾压真理。

(2)但是,诸如此类的责难只是貌似严肃,却缺乏正当理由:因为不同人在不同时代的经验都证实,学问与武器可以兼容并存,在同一批人同一个时代共同繁荣,达致卓越。就个人来说,没有比下面这对更好、更重量级的例子,即亚历山大大帝(Alexander the Great)和独裁官恺撒。③ 前者在哲学方面是亚里士多德派学者,后者在修辞上堪比西塞罗。如果有人更需要曾是伟大将军的学者,而非曾是伟大学者的将军,那就看看底比斯人埃帕米侬达斯④或者雅典人色诺芬⑤,前者是挫败斯巴达势力的第一人,后者率先铺平了颠覆波斯帝国的道路。这种共存在时代中比在个人身上表现得更明显,正如一个时代比一个个体更容易观察一样。埃及、亚述、波斯、希腊和罗马都曾在某个时代以军事而闻名青史。同样,在那

12

---

① Vergil, *Aeneid*, vi. 851–852.
② [K]参见柏拉图《苏格拉底的申辩》24b—26c,起诉者其实是梅勒图斯,培根是针对面前的普鲁塔克的作品说的。普鲁塔克在《希腊罗马名人传》的《加图传》一章中表述了对苏格拉底的错误观念(即前文所引关于加图的内容)。
③ [译注]普鲁塔克在《希腊罗马名人传》里正是将这二者作为其平行时空出现的两位名人并列记录。
④ [译注]埃帕米侬达斯(Epaminondas the Theban,前418—前362),底比斯名将,著名军事家。公元前371年在留克特拉战役中首创斜线式战术,战胜斯巴达,让底比斯和维奥蒂亚地区摆脱了斯巴达的军事控制,获得独立和自由。公元前362年在曼蒂尼亚战役中迎战希腊诸城邦联军,负伤阵亡。
⑤ [译注]色诺芬(Xenophon the Athenian,约前430—前355),雅典史家、将军,苏格拉底著名弟子,为协助小居鲁士加入雅典军队。居鲁士和希腊将领阵亡后,他带领部队历经艰辛成功返回希腊,并将其经历记录在其史著《上行记》(*Anabasis*)里。

某个特定时代,这些国家也因学问出众而备受仰慕,最伟大的著者和哲学家、最伟大的军官和统治者都曾生活在同一个时代。情况也只能如此,正如人的身体力量和心智差不多在同一年纪成熟,只是身体力量的成熟稍微早一点点一样。① 国家里军事和学问的发展,前者相当于人的身体,后者相当于人的灵魂,也共生共存,即便不同时也前后相承。②

　　(3) 至于说学问带给政治和政府更多的是伤害,而不是赋予能力,这不太可能。我们知道,把自然身体交给只凭经验行医的医生是错误,那种医生通常只知道几种合意的处方,就据此对自己有信心,敢冒险。然而,他们既不懂各种疾病的诱因,不了解病人的特征,也不明白可能发生的意外事故的危害,不懂真正的临床治疗方法。与之相同的错误是,信赖只有实践经验、缺乏理论基础的代诉人或律师,当案件超出这些人的经验范围时,他们便容13 易惊慌失措,侵害代理人的权益。基于同样的原因,把国家事务交给只具有经验的政客,不让有学问基础的人参与国家决策,无疑也会得到同样的结果。反之,几乎找不出相反的例子,即有哪个政府在有学问的统治者手中受到过严重伤害。无论如何,常见的情况是,政治人以卖弄学问的名义削弱或妨碍博学者;而各个时代的记录却显示,在很多个案中,未成年君主管理的政府(尽管那种国家有无数不利因素)往往胜过成年君主管理的政府,其原因在于那种情况下往往是学究主政。而政治家们诋毁学者正是出于这个原因。罗马帝国建立后的最初五年,那时尼禄尚未成年,由所谓的学

---

①　亚里士多德在《修辞学》第二卷第十四章中谈到,身体力量的峰值大概出现在30—35岁,心智峰值大概在49岁。
②　[译注]可比较培根在《论变易兴亡》一文中的说法:"在一个国家底少年时代,武事是最盛的;在它底壮年时代,学术是发达的;然后有一个时代武事与学术同时发达;在一个国家衰颓的时代,工艺与商业是发达的。"(培根:《培根论说文集》,水天同译,商务印书馆1958年版,第206页)

究塞涅卡①主政,那是尼禄得到最大赞誉的五年。同样,在小戈尔
狄亚努斯②尚未成年的十多年里,学者米西特乌斯③主政,政务令
人满意,获得极高赞誉。在那之前,亚历山大·塞维鲁④年少,女人
们掌权,教师和指导者们辅佐,也国泰民乐。还不满意的话,就看
看罗马教宗们的统治,我们时代的教宗庇护五世⑤和教宗塞克图斯
五世⑥,刚刚上任的时候虽受人敬仰却被认为是学究味儿浓厚的修
士。然而,这种教宗比那些在国家事务和皇室宫廷中接受教育和
训练而登上教宗宝座的人做出了更伟大的事业,按照更正确的国
家原则行事。虽然饱受学问滋养的人可能在随机应变和权宜行事
方面,即意大利人所谓的 ragioni di stato[国家理由]方面,稍有逊
色,但庇护五世却听不了这种话,认为这些所谓的国家理由是为了　14
反对宗教与道德德性而捏造出来的。另一方面,作为补偿,如果他
们在虔诚、正义、荣誉和道德德性等同样明显的理由方面尽善尽

---

① ［K］塞涅卡(Lucius Annaeus Seneca,约前5或前4—65),公元49年被任命为尼禄的
　家庭教师,在17岁的尼禄于公元54年登基后,他作为顾问继续辅佐皇帝。尼禄最
　暴戾的行为都发生在塞涅卡荣休之后。

② ［译注］小戈尔狄亚努斯(Gordianus the younger,也称戈尔狄亚努斯三世),罗马皇帝
　(治期238—244),13岁登基,19岁逝世。

③ ［译注］米西特乌斯(Misitheus)是戈尔狄亚努斯三世的修辞学老师,皇帝迎娶其女
　萨比尼娅(Sabinia Tranquiliina)后,提升岳父出任首席大臣。米西特乌斯在皇室中
　实施了许多重要的改革,尤其是废除了在皇宫中施行已久的太监制。

④ ［译注］塞维鲁(Marcus Aurelius Severus Alexander,208—235),罗马帝国塞维鲁王朝
　最后一个皇帝(治期222—235)。亚历山大登基后,最初由其祖母玛伊莎和母亲莫
　米娅共同执政,同时还挑选了一个由16名有威望的元老组成的顾问团。玛伊莎于
　224年逝世,此后莫米娅实际上成为单独统治者。

⑤ ［译注］教宗庇护五世(Pius Quintus),原名吉斯莱乌里(Antonio Ghislieri),1566—
　1572年为教宗。14岁入多明我会为修士,后任教审判官。以对异端分子严酷著
　称。他在任期内执行塔兰托会议通谕;1570年4月颁布《开除教籍诏书》,宣布伊
　丽莎白一世为异端;1571年发动十字军在雷班托海战打败土耳其,次年死去。1712
　年被追封为圣徒。

⑥ ［译注］教宗塞克图斯五世(Sextus Quintus),原名佩雷蒂(Felice Peretti di Montalto,
　1520—1590),方济各会士,1585—1590年为教宗,以严厉执法及对异教的不宽容和
　重建罗马而著称。后世的教会管理体系很大程度上是塞克图斯五世建立的。他限
　制枢机主教团的数量为70人;将教区数量加倍,并扩大了其职权,让他们在商业交
　易中发挥主导作用。

美,充分了解这些德性并谨慎地追求,就几乎无须那些国家理由,就像健康或饮食节制的身体无须医治一样。一个人的生活经验无法为他一生中要遇到的所有事情提供范本和先例。有时候孙辈或其他后辈比子辈更好地铭记先祖,所以很多时候,当代可能更多追溯远古范例,而非近代或当代的范例。最后,一个人的智慧无法与累积的学问相比,正如一个人的财富无法与公共财富相比。

(4)至于说学问暗含的这种诱惑,即喜爱它的心灵会厌恶施政和国家统治,同样需要记住的是,即便存在那种情况,学问对其各个方面的治疗和改进功效都大于其导致的不适或缺陷。如果说学问通过隐秘的机制致人迷惑或踌躇,另一方面它以明晰的准则教人什么时候、以什么为依据解决问题,以及如何在不造成损失的情况下暂时悬置问题,以待解决之机。学问使人积极、行事有规律,它教人明白什么是自然显示之物,什么是出于人的推测,以及各种不同与例外之物有何用途,原理与规则有何限度。如果说学问因其各种例子的不均衡或异质性而产生了误导作用,那么它也同时教育人们懂得情境的力量,学会各种比较的错误,以及对学问应有的谨慎态度。因而,在所有这些方面,它都能更有效地起矫正作用而非造成歪曲。各种范例能令人迅速透彻地明白事物,更有效地改善人的心智。圭恰迪尼曾在克雷芒七世①手下效力,他生动地描述了后者曾犯下的错误;西塞罗在其"给阿提库斯的信"里自述曾犯过的错;读了这些东西,便能迅速明了,不再犹豫。读过福吉翁②犯的错误,便会对像他那样顽固僵化抱有警惕之心。读过伊

---

① [译注]教宗克雷芒七世(Clement VII, 1478—1534),原名朱利奥(Giulio di Giuliano de' Medici),1513—1523年任枢机主教,1523—1534年为教宗。克雷芒七世1527年宣布与法兰西结盟,导致神圣罗马帝国皇帝查理五世派兵洗劫罗马。

② [K]福吉翁(Phocion),公元前4世纪雅典名将。据普鲁塔克记录,福吉翁拒绝相信尼坎诺(Nicanor)的叛国罪(谋划占领比雷埃夫斯港),导致他自己因叛国罪而被处以极刑。

克西翁①的寓言,便不会执着于空想或想象。读过加图二世②的错误,便永不会明明站在世界的这一端,却非要去踩踏世界的另一端。

(5)至于说学问会使人倾向于喜爱闲暇和私人性,致人怠惰,此说法很奇怪,这是在说习惯了不停运转的不安分心灵会被引向怠惰;相反,以下情形倒是确定的,即没有人像学者那样因自己的职业本身而热爱它。因为,其他人喜爱工作是为了能从中获利,就像雇员为了工资而工作,或是为了能从中获得荣誉,提升自己在其他人眼中的地位,更新他们不提升便会逐渐淡化的名誉,或是因为工作能让他们随时记得自己的幸运,让他们有机会品尝欢愉与不悦,或是让他们有机会练习让自己引以为傲的能力,让他们保持心情,满意于自负之感,或是促进了他们其他什么目的。正如虚妄的勇气——某些人的勇气只存在于旁观者的眼中,某些人的勤奋也是为了做给别人看,至少他们自己计划如此。只有学者因视其事 16业为合乎天性的行动而热爱它,这种行动合意于精神的健康,正如体育锻炼合意于身体的健康。他们从事这种行动是因其本身而获得快乐,不是为了行动的结果。因此,如果有什么工作占据或吸引了学者的头脑,他们便是所有人里最不知疲倦的人。

---

① [译注]希腊神话中,伊克西翁(Ixion)原是色萨利国王。他听说邻邦公主十分美丽,就要求国王狄奥尼斯(Deioneus)将女儿嫁给他。狄奥尼斯迫于他的强大,不敢不答应,但向伊克西翁索要一大笔聘金。伊克西翁假意邀请狄奥尼斯参加宴会,设计将后者推入火坑烧死。伊克西翁的罪行甚至激怒自己国家的人,他走投无路下逃到宙斯那里,宙斯宽恕了他,让他进入天堂。不料他在天堂竭力追求天后赫拉。宙斯愤怒至极,罚他下地狱,将他缚在一个永远燃烧和转动的轮子上。

② [译注]加图二世(Cato II),全名 Marcus Porcius Cato Uticensis(前95—前46),也称小加图,以区别于其曾祖父老加图。他是活跃于罗马共和国晚期的政治家、斯多葛派哲学家、著名演说家,以其道德操守、不受贿赂,以及固执和坚韧(尤其是在他与恺撒的长期冲突中)而闻名。他极其渴望恢复古制,崇尚罗马早期的简朴,外出总是步行,且常常赤足。罗马人大多不能理解也不喜欢他的行径。最后因与庞培一道对抗恺撒失败而自杀。加图二世的行为可算是一种时代错误,作为政治人,他推行政治主张时完全不顾现实条件,所以培根说他如同站在世界的这一端,却幻想踏到另一端。

（6）如果有人勤于阅读和研究,却懒于工作和行动,那是源于某种身体的虚弱或精神的怠惰;如塞涅卡所讲:人若久居幽暗之地,忽至光明之所,反而不知所措。① 这不是学问的原因,更可能是人的那种天性可以使他献身学问,而不是学问在他的天性中培养了那种特点。

（7）关于学问占据了太多时间或闲暇的问题,我的回答是,（无疑）从来都是最积极或最忙的人能空出很多闲暇时间来预估工作的张弛往复（除非他特别啰唆,不会速战速决,或是轻率且无自知之明地企图干涉别人做得更好的事）。那么问题就只能是,如何打发或度过那些闲暇的时间和空间,是用来娱乐还是做研究?就像耽于享乐的埃斯基涅斯②讥讽德摩斯梯尼"你的讲辞中染满了灯油味儿",而后者回应其对手道:"是的,你我手中皆有油灯,所做之事却完全不同。"所以,人们不必担心学问会挤占工作时间,它反而能让人头脑清醒,保持自制,抵御懒惰和陷入享乐,否则一旦不知不觉陷入享乐,可能既耽误求学也耽误工作。

17 （8）还有关于学问会有损对法律和国家统治的敬畏这种怪论,无疑纯粹是污蔑和诽谤,完全没有任何真实性。如果说习惯了盲目遵从的人,比他学会并理解了责任后能更坚定地尽职尽责,无异于说由向导引导的盲人比由光引导的明眼人走得更自信沉着。毫无争议,学问使人的思想文雅、宽厚、应付自如、顺从统治,而无知却使人粗野、蛮横、参与反叛。时间清晰地证明了这一判断,那些最残暴、野蛮和没文化的时代都是深陷骚乱、狂暴和巨变的时代。

（9）监察官加图因为亵渎学问而被判决受罚,惩罚的方式是

---

① Seneca, *Epistulae*, iii. 6.
② ［译注］埃斯基涅斯（Aeschines,前389—前314）,雅典演说家,德摩斯梯尼的政敌。

让他专研他攻击过的学问。① 年过六旬之后，他热切地渴望返回学校学习希腊文，以能够精深地研读希腊文文本。这充分显示出他之前对希腊学问的责难只是假装严肃，并非出于自己内心的真实想法。维吉尔的诗作虽向全世界介绍罗马人有帝国之术，却把臣民之技指给了其他国家，虽然这让作者高兴，但有一点非常清楚——罗马人只有当其他文艺方面到达了相当高的程度后，才企及帝国之位。在最初两位恺撒②的治期，其统治技艺臻于完善，根据人们可追的记忆，那时涌现出最优秀的诗人维吉尔、最伟大的史家李维、最杰出的古物研究者瓦罗③、最好的或次好的演说家西塞罗④。至于说对苏格拉底的审判，必须记住那发生在三十僭主时期，即被最卑劣、最血腥、最邪恶的人统治的时期。那个革命时期一结束，曾被判有罪的苏格拉底便被尊为英雄。在人们的记忆里，他兼具神性和人性荣耀。他那些曾被污为败坏风俗的言论，之后得到认可，成为医治心灵和习俗的灵丹妙药，直至今日仍是如此。政治家们时而可笑地严厉，时而假装严肃，贸然诋毁学问，那就让上述事实作为对他们的回应吧。不过这些批驳现在也没必要了（若我的辛劳之作能延至后世，那还是有必要的），因为两位如此博学的君主，伊丽莎白女王和陛下您，身体力行地热爱并尊重学问，如同双子座的 α 和 β 双星⑤，lucida sidera［最明亮之星］，闪耀着最慈爱的吉光，让我国所有地方和权力机构里的所有人都敬爱学问。

18

① ［K］即前文提到的他对希腊哲学的责难。普鲁塔克在《加图传》页边注提道："加图在年老时学习了希腊语。"
② ［K］指尤利乌斯·恺撒（Julius Caesar）和屋大维·恺撒（Octavius Caesar）。
③ ［译注］瓦罗（Marcus Terentius Varro，前116—前27），古罗马语文学家、古物研究家、政治家。从政多年，担任过高级官职。瓦罗博学多闻，在语言、历史、文艺、农业和数学方面做过广泛的研究，著作甚丰，但今仅有两部残篇传世，《论拉丁语》（*De Lingua Latina*）和《论农事》（*De re rustica*）。
④ ［K］所谓次好，指仅次于德摩斯梯尼，因为普鲁塔克在《希腊罗马名人传》中将德摩斯梯尼和西塞罗做平行记录。
⑤ ［译注］双子座的两颗星，根据希腊传说中同母异父的兄弟卡斯托尔（Castor）与波吕克斯（Pollux）而定名。

III.（1）现在我们来看看学问受到的第三种诋毁或名誉贬损，这种误解普遍根深蒂固，且大多源于学者自身，或是其运气使然，或是因其举止礼仪，或是因其从事的研究的性质。第一个因素不在学者的能力掌控范围内，第二个是偶然因素，只有第三个因素值得处理，但由于我们并非要追求实际处理措施，而只是回应一下流行的看法和谬论，稍微说一说前两种因素也不失为过。因机运或学者的境况而起的对学问的诋毁，要么是因为贫困，要么是由于学者生活的私人性和职位低卑。

（2）说到贫困，是因为学者通常出身贫寒，不像其他人那样把主要精力放在追求财富积累和增收上，因而无法迅速致富。最好还是把称颂贫穷的老生常谈留给修士们，马基雅维里曾对他们大为颂扬，他说："如果不是人们尊重修士们贫穷的声誉补救了主教们和高级教士们过分奢侈荒淫的丑闻，僧侣王国早就走到了尽头。"① 人们可以说，如果不是学者的贫穷维护了生命的端庄和尊严，王公大人们的欢愉和精致生活早就沦为粗鄙和野蛮。② 但即使那些优势一个都没有，就算在罗马这个并无悖论修辞的国家，也值得注意的是，好些时代里财富贫乏都是值得尊敬和荣耀的特点。我们看到，李维在其《罗马史》导言里说：

> 如果不是对正在从事的工作的热爱蒙蔽了我，如果不是我找不到更好、更丰富的例证，那么我可以说，从来没有哪个国家（比罗马）更伟大，没有哪个国家更少受到贪婪和奢侈的侵害，清贫和节俭在那里如此持久地受到如此大的推崇。③

---

① Machiavelli, *Discorsi*, iii. 1.
② ［译注］对比《论花园》中的说法："当某些时代进于文明风雅的时候，人们多是先想到堂皇的建筑而后想到精美的园亭。"（培根：《培根论说文集》，水天同译，商务印书馆 1958 年版，第 166 页）
③ ［K］Livy, *Ab urbe condita*, "praefatio"（Loeb）.

　　同样,我们看到,那之后罗马国已不是它本来的样子,而是不断沉沦。当恺撒获胜后要重建国家时,一人自荐做他的顾问并提出,①所有事务中最重要的是,消除人们看重财富的思想。他说:"其实,如果人们不再看重财富,官职和人们重视的其他荣誉也无法用金钱买到,各种罪恶就会消失绝迹。"这个观点可以总结为:确 20 实可以说,"脸红是德性的颜色",虽然有时脸红是因为有罪。所以更恰当地说应是"贫穷是德性的财富",虽然有时贫穷源于治国无方或意外事件。所罗门在批评和教诲中都曾提到过这一点。在批评中,他说:"急于发财者,心必不洁。"②在教诲中,他说:"真理可买不可卖,智慧和知识亦然。"③其意或为,人应当以财富为手段追求学问,而不是以学问为手段追求财富。至于说专注于沉思之人,其生活颇具私人性和模糊性(普通人的看法可能都是这样),人们普遍倾向于称赞这种私密生活,认为这种生活远离了感官之乐和怠惰懒散,在安全性、愉悦性、尊严或至少免受侮辱方面都优于公共生活;类似称颂,无人不会,无句不妙。人们不仅一致表露出对私密生活的那种幻想,而且一致接纳它。我只想多说一点,被国家忘记、不生活在人们眼皮子底下的学者们,就像在尤尼亚④葬礼上没有如其他人那样陈列出来的卡西乌斯和布鲁图斯的徽章,用塔西佗的话讲,"因其不显而光彩过人"⑤。

　　(3)学者们最被诋毁污蔑的一点就是其职位低卑,这是因为他们被指派的工作通常是管理青年人。青年时代是最没有权威的

---

① [译注]指罗马史家撒路斯提乌斯(前86—前34),曾当选公元前52年的保民官。因追随恺撒而与西塞罗积怨。恺撒与庞培进行大决战时,他随恺撒前往北非,直接参加了消灭庞培余党的战斗,之后被恺撒任命为努米底亚总督。恺撒被刺以后,他归隐林园,潜心著述。
② 《旧约·箴言》28:20。
③ 《旧约·箴言》23:23。
④ [译注]尤尼亚(Junia)是卡西乌斯之妻,也是布鲁图斯的胞妹,正是二人刺杀了恺撒。根据罗马传统,葬礼上要把逝者亲戚们的徽章都陈列出来。
⑤ 重述的塔西佗《年代志》iii.76中的话。

时代,青年们的职业以及从事关于青年的职业都最不受尊重,这就
进而转化为对学者的贬低。然而,(如果不从流行观点而从理性角
度衡量)就能明白这种诋毁有多么不公正。我们知道,人们对刚刚
21　放进容器的新事物比已经在容器里的事物更好奇,会更用心给幼
小植物而非已经长成的植物塑性,因为所有事物在处于最脆弱的
状态时往往得到最好的关心和帮助。没听希伯来拉比们说"青年
人见异象,老年人做异梦"①吗?他们的意思难道不是,青年期是
更宝贵的时期,异象比异梦更接近上帝的圣显?值得注意的是,不
管人们在戏台上如何讽刺学者卖弄学问,讽刺其生活境况,视其为
僭主的玩猴,不管人们现在选择学校教师和私人教师时如何随意
或疏忽,但即便是生在最好时代的古代大哲们也曾公正地抱怨,国
家太过执着于律法而太忽视教育。古代教育的这个优良部分,某
种程度上在近期耶稣会的各个学院得到恢复,②他们虽然或许有点
迷信,让我生出"越精巧越堕落"的感觉,但在这方面,以及其他关
于人类学问和道德事务方面,我想说的话可以用阿格西劳斯对他
的敌人法纳巴祖斯说的话来表达:"君虽良人,惜非吾辈。"③关于
对学者地位的诋毁话题,到此为止了。

　　(4)学者的行为举止是个人问题、个性问题,他们中间有各色
人等,就像在其他行业从业者中也有各色人等。然而,这样说并不
违背事实,Abeunt studia in mores[学深则修礼],④学习与研究对皈

---

① 《旧约·约珥书》2:28。
② [K]在培根著此作期间,英国的耶稣会学院正处于复兴时期,有超过250所耶稣会
机构(大部分是中学),包括于1592年在法兰西圣奥默专门为英国青年开办的一所
学院。耶稣会的课程重视古典文本和用拉丁文辩论。1605年爆发了著名的火药阴
谋,即一群亡命的英格兰乡下天主教极端分子试图炸掉英国国会大厦,杀掉正在其
中进行国会开幕典礼的英王詹姆斯一世和他的家人及大部分新教贵族,计划未遂。
在这种氛围下,培根的赞美非常令人吃惊,尽管接下去他也对其有讥讽。而且,下
文培根还会提到耶稣会士的博学。
③ Plutarch, *Parallel Lives*, "Life of Agesilaus", xii. 5. [K]阿格西劳斯(Agesilaus)是斯巴
达国王(前444—前360),与波斯总督法纳巴祖斯(Pharnabazus)相遇于公元前395年。
④ Ovid, *Heroides*, xv. 83.

依它的人的行为举止的确有影响和作用。

（5）通过不偏不倚的仔细观察，我本人无法找出任何能因为学者的行为举止而贬低学问的理由。那些行为并非因为他们博学才在其身上扎根。除非这也算是一种错（德摩斯梯尼、西塞罗、加图二世、塞涅卡和很多人据说都犯过这样的错），即他们阅读到的时代普遍好过自己生活的时代，典籍教给他们的责任优于现实中实践的责任，他们解决问题的方式有时或许过于理想化，想以过于高标准的正直律令或正直典范来纠正习俗的败坏。就算这是错，他们自己的职业也给了他们足够的警告。有人问梭伦①给他的邦民们制定的是不是最好的法律，他明智地回答说："是的，是按照他们应得的而制定。"②柏拉图发现，依其本心无法苟同自己祖国败坏的习俗，因而拒绝担任官职，他说："人对待自己的祖国应与对待自己的父母一样，即只能谦卑地劝说，不能与其抗争。"③恺撒的顾问也曾给予同样的警告："古代的上佳习俗已行久式微，莫强追留。"④西塞罗在给其友阿提库斯的信中直接指出了加图二世所犯的这种错误："加图想得太完美了，但有时候却伤害了国家，他说话时仿佛不是身处罗慕路斯的渣滓间，而是在柏拉图的理想国里。"⑤但西塞罗也宽恕了哲学家们过于强求其道德规定之过，并阐明了原因："这些道德指导者和教师提出的标准似乎过高，超出了自然之所愿，其实不过是想鼓舞人们奋争到极限，最终即便无法达到他们定的目的，也达到了恰当目标。"⑥然而，好像他自己也曾

22

---

①　[K]梭伦(Solon)，雅典诗人、政治家。培根将他归于重要"立法者"即"国家的第二奠基者"之列，因为即便这些人去世后，国家仍然按照他们创建的秩序管理。培根甚至说他是1616年那次英国法律综合改革的先驱。

②　Plutarch, *Parallel Lives*, "Life of Solon", 15.

③　[K]Plato, *Crito*, 51b–c.

④　[K]Sallust, *Epistulae ad Caesarem*, i.5, in *De republica ordinanda*.

⑤　Cicero, *Epistulae ad Atticum*, ii.1.

⑥　[K]Cicero, *Pro Murena*, xxxxi.65(Loeb).

说过,"我之为也无法企及我所愿"①。看来他自己也有这毛病,只是程度上没有那么严重罢了。

（6）学者们容易犯的另一个相似的同类毛病是,维护自己的国家和掌舵者、珍视其福祉和荣誉高于自己的命运安危。德摩斯梯尼对雅典人说:"请你们注意,我对你们提出劝告并非想显示我在你们之上,或使你们在希腊人中掉了身价,而是虽然有时由我来说那些劝告对我本人不利,但对你们来说,听取它们却永远是为你们自己好。"②同样,在尼禄治期的最初五年里,③塞涅卡曾引导尼禄成为博学的统治者以追求永恒荣耀。当尼禄和他的统治极其堕落后,塞涅卡仍坚持自己的正直和忠诚,不加约束地谏忠言。在这方面他们也只能如此,因为学问让他们的心灵真实地认识到人性的弱点、命运的偶然性,理解其灵魂与职业的尊严,所以他们不可能把自身命运的好坏视为他们存在和命定的真正目标或值得追求的目标,他们的目标只能是热切地侍奉上帝,侍奉他们位于上帝之下的主人(他们为之服务的国王和国家)。他们说,"我为您谋求利益",而不是"我为自己谋求利益"。④而更堕落的纯粹政客,其思虑的基点不是对职责的爱和对学问的钦慕,也从不放眼观察普适性,考虑一切事情都从自己的利益出发,将自己视为世界的中心,仿佛一切都以他们及其财富为目的,在所有的风暴中从来不关心国家之船的未来,只考虑如何保住自己小划艇上的私人财富。而能够体会到职责重担的人懂得爱自己的局限性,虽然身处危机,也尽量履行他们的职位应担负的职责。如果他们身处乱世巨变中,受到敌对双方尊重的往往正是这种正直,而不是他们自己具有的什么圆滑世故的优势。不过,学问的确使他们的心灵一方面温

---

① Ovid, *Ars Amatoria*, ii. 548.

② ［K］Demosthenes, *De Chersoneso*, 71（Wright）.

③ ［K］即公元 54—59 年,他一共统治了 13 年。

④ 参见《新约·马太福音》25:20。

良理性,另一方面固守职责,不管命运如何苛责,不管诸多身陷堕落深渊的人如何鄙视这心灵,它都会得到公开接纳,因而无须太多反驳或借口。

(7)另一种学者们普遍容易犯的毛病是,他们有时不善于应对某些特殊的人。我们可以为这一毛病辩护,但不能完全否认它。这种应对人情不周的毛病有两种原因,第一种原因是他们心思粗犷,几乎无法精细地观察或审视个人的本质和习惯。所谓"我俩足够广博,可互为观众"①是适用于恋人而非智者之词。然而我还是得承认,学者无法如扩散和放大其眼界那般聚凝其心灵之眼,确实是一项重要能力的缺失。第二种原因是他们不愿意而不是没有能力做选择、下判断。因为,一个人对另一个人的观察,应该以诚实和公正为限,充分了解对方即可,不逾越更远的界限,如此方能不冒犯他人,或以此提供中肯的建议,或是就个人的自我来说能坚持合理的防卫与警戒。意在获知如何利用他人、使唤他人或统治他人而去揣摩他人心思的人,往往心口不一、两面三刀,而非全心全意、坦白直率。这种人对朋友缺乏真诚,对君主或上司缺乏责任。黎凡特地区②有一项风俗,臣民不能凝视或盯着君主看。表面上看这是蛮横的礼节,然而其道德内涵却很好。因为人们不应该以狡猾的、不正派的观察为手段,窥探并悉知君主的内心,《圣经》已有公告:君王之心不可测。③ 25

(8)(作为此部分的结尾)学者还有一种错误常常被提及,即他们的行为举止常常不得体,有欠周全,在细微寻常的行动中犯

---

①　[K]Seneca, *Epistulae*, vii.11,据说是伊壁鸠鲁刻画其朋友时所言。
②　[译注]黎凡特(阿拉伯语المشرق,希腊语Λεβάντες,英语Levant),意即"日出之地"。所指之地不精确,大概指地中海东端的地理文化区域,涵盖叙利亚、以色列、黎巴嫩、约旦、巴勒斯坦、塞浦路斯和土耳其南部部分地区。在有记载的历史中,该地区一直是文化和精神中心,孕育了犹太教、基督教和伊斯兰教。但也正因如此,此地曾卷入无数战争和冲突,因为不同的国家都试图控制这片土地。
③　《旧约·箴言》25:3。

错。所以，凡夫俗子们往往因为发现他们在小事儿上欠缺斟酌，就认为他们也不能胜任大事儿。这种推论的确常常蒙蔽人，因此我一定得给他们推荐忒米斯托克勒斯说过的话。有人请忒米斯托克勒斯抚琴时，他说："此人不会弹琴，但是此人能让小城变成大国。"①这话从他本人口中说出，显得傲慢无礼，但却中肯恰当地契合我们正在讨论的问题的普遍状况。很多人很可能在统治和政略方面相当擅长，却在微不足道的小事方面相形见绌。柏拉图就如此形容他的老师苏格拉底，将他比作药剂师的药罐，外面绘着猿猴、猫头鹰等各种古代图案，里面装的却是最上等珍贵的琼浆蜜液。②言下之意，外人认为老师看起来肤浅丑陋，但老师内心却富含卓越的德性和能量。对学者举止的讨论就到此为止。

（9）不过同时，我也并不想容忍某些卑劣的、亵渎学者身份的事情和行为，形形色色的学问传授者也曾犯错且无法被原谅。例如，罗马帝国晚期住在权贵家里的那些食客哲学家，③与庄严的寄生虫没什么两样。路吉阿诺斯④对这类人的描述很诙谐：一位贵妇带着哲学家乘马车出门，贵妇让哲学家牵着她的小狗，后者非常殷勤却手忙脚乱，贵妇的小侍卫嘲笑道："我怀疑这个斯多葛派哲学家要变成犬儒派的了。"⑤比起其他缺点，正是这种令人恶心、明目张胆的谄媚，让很多并非不学无术的人辱没并滥用了他们的智慧

---

① Plutarch, *Parallel Lives*, "Life of Themistocles", ii. 4.
② ［译注］在柏拉图的《会饮》中，阿尔喀比亚德将苏格拉底的言辞比作塞壬的歌声、马尔苏亚的箫声，将他本人比作萨图尔，外表是色情的西勒诺斯相，可内里非常节制，如神一般美（215e—217a）。
③ ［译注］原文是 trencher philosophers。trencher 原意为木质大盘子，trencher philosophers 即指为了温饱问题才去搞哲学的人。
④ ［译注］路吉阿诺斯（Lucian，约120—190），亦译"琉善"，讽刺作家、著名的无神论者。公元165年定居雅典，开始致力于哲学和文学创作，作品涉及社会生活、哲学流派、宗教信仰、伦理道德等各方面。
⑤ Lucian, *De mercede conductis*, 33, 34.［K］此趣闻源于哲人第欧根尼（约前400—前325）及其追随者的绰号。犬儒派哲人得名于他们如狗一般的生活方式——辛辣讽刺所有人，公开占有妇女，完全不储备生活必需品等。

和文采,(如杜巴塔斯①)把赫库芭说成海伦娜,②把福斯蒂娜说成卢克丽提亚,③这是最贬低学问的价值和尊严的行为。将著作和作品题献给资助者的现代做法也不应推荐,因为著作的资助者只能是真理和理性(那才配得上"著作"这一称谓)。古代的习惯是著作只题献给个人或心性相当的朋友,或者以他们的名字来命名,或是题献给君主和伟人,因为这些人的身份与作品的内容才相称相合。这类事情,我们只应指责,不应为其辩护。

(10) 对于学者们谄媚富人,供其所用,我也不愿苛难指责。

----

① [K]杜巴塔斯(Guillaume de Salluste, Lord Du Bartas, 1544—1590),诗人,狂热的加尔文主义者。1585年进入纳瓦尔的亨利(后来的法王亨利四世)议院,多次作为外交大使被外派,尤其是1587年被派往詹姆斯六世统治下的苏格兰。培根作为跟随外交大使保莱特爵士的随从,很有可能亲见过杜巴塔斯。杜巴塔斯诗句的译文如下:

> 那些博学的才子们,错用了他们的才智,
> 凭借其迷人诗歌的魅惑之力,
> 竟能将年老、丑陋、疯狂的赫库芭,
> 变成奇妙、年轻、美丽、聪慧的海伦娜;
> 将放荡的福斯蒂娜,那位荒淫的皇后,
> 描绘成贞洁的憎恶淫乱的卢克丽提亚。

此诗与培根的家族和国王詹姆斯有重要关系。杜巴塔斯在其《第二个七日》(La seconde semaine,1584)中曾称赞尼古拉斯·培根爵士的口才和政治敏锐性(也盛赞伊丽莎白女王、托马斯·莫尔爵士和菲利普·锡德尼爵士)。

② [译注]赫库芭(Hecuba),即赫卡柏,古希腊神话中著名的女性人物之一,是特洛伊国王普里阿摩斯之妻,两人共育有19位子女,包括赫克托尔和帕里斯。海伦娜(Helena),即海伦,墨涅拉俄斯之妻,被帕里斯拐走而引起特洛伊战争。

③ [译注]公元2世纪的罗马有两位非常著名的福斯蒂娜。大福斯蒂娜(Annia Galeria Faustina the Elder, 100—140),也称福斯蒂娜一世,罗马皇帝安东尼·庇护(Antonius Pius)之妻。马可·奥里利乌斯皇帝是她的侄子,后来和卢修斯·维鲁斯皇帝一起成为她的养子。她在庇护治期早期去世,作为皇后,她身后也扮演了一个重要的象征性角色。小福斯蒂娜(Annia Galeria Faustina the Younger,约130—175)是庇护与大福斯蒂娜之女,公元145年嫁给罗马皇帝马可·奥里利乌斯,育有包括后来成为罗马皇帝的康茂德等十余人,被士兵们和她的丈夫尊称为奥古斯塔和圣母。她在随丈夫去东方的途中亡故,身后被授予神圣荣誉。卢克丽提亚(Lucretia)是古罗马传说中的著名贞妇。本是贵族卢基乌斯(Lucius Tarquinius Collatinus)之妻,被王子塔克文(Sextus Tarquinius)强奸后自杀,使得显赫贵族们集体叛乱,将庞大的塔克文皇族逐出罗马,由此推翻了罗马帝制,导致了罗马向共和国时期的过渡。

第欧根尼①曾被人嘲弄地问道:"为什么是哲学家跟着富人跑,而不是富人跟着哲学家转?"对此他严肃但尖锐地回答道:"因为前者知道自己需要什么,而后者不知道。"这个回答是我不愿苛责学者的原因。同样,亚里斯提卜意欲向狄俄尼索斯②进谏,后者不听,他便匍匐在其脚下,狄俄尼索斯于是停下来听他说话并同意了他的请求。之后有人因为怜惜哲学而指责他的做法,说他为了一己之需而匍匐在僭主的脚下,使哲学家这一职业受到如此侮辱。对此亚里斯提卜回答道:"那不是我的错,错的是狄俄尼索斯,他的耳朵长在脚上。"另一位学者③的做法也不应被归为怯懦,而应视为审慎,他与哈德里亚努斯大帝④辩论,却没有全力以赴,对此他的借口是:"向指挥三十个军团的人屈服合理合情。"诸如此类的做法,屈从于必要或权宜的目的,并非不能容忍。虽然学者们这样,外表看来很卑贱,但是这种决断其实不是服从个人,而是屈从环境。

IV. (1) 现在我们来讨论学者们在研究过程中出现的错误和虚妄,这才契合我们这个论证的主旨。我的目的并不是要为这些错误开脱,而是通过斥责和区分这些错误,说明其中哪些是好的、合理的,将其从别人的诽谤中剥离出来。因为我们知道,人们常常以堕落腐败为借口来诋毁和污蔑维持着国家与德性的好人,正如

---

① ［译注］即下文的亚里斯提卜(Aristippus,约前435—前360),古希腊哲学家,昔勒尼学派的创始人。

② ［K］狄俄尼索斯二世(Dionysius,前367—前345),叙拉古僭主,喜爱并创作诗歌和哲学作品,曾热情邀请包括柏拉图、克塞诺克拉底(Xenocrates)、亚里斯提卜等思想家到宫廷做客。

③ ［译注］指法沃里努斯(Favorinus,约85—155),著名智术师,被称为"希腊化的高卢人"。

④ ［译注］即古罗马帝哈德良(Publius Aelius Traianus Hadrianus,76—138),公元117—138年在位。其姓Hadrianus的拉丁文写法为'Adrianus,有送气音,为了发音准确写为Hadrianus。

远古时期不信教的人用异教徒的过错和堕落来玷污和败坏基督徒
的名誉。尽管如此,此时我却也无意精准地批判学问的错误及其
造成的妨碍,对于俗众来说这些东西是距离他们甚远的秘密,我只
想从大众目之所及的观察点出发来讨论。

(2)研究中主要有三种虚妄最能导致学问被诋毁。我们认为　28
的虚妄之物,要么是错误的,要么没什么价值,即要么不是真理,要
么毫无用处。我们认为的虚妄之人,要么轻信他人,要么甚是好
奇。好奇心不仅针对事务,也针对言辞,因而不管是从推理还是经
验方面可以归纳出以下三种学问的瘟病(我自己的叫法):首先是
空想的学问,其次是好争辩的学问,最后是娇弱的学问。或可分别
称为虚的想象、虚妄的争论和虚妄的矫情。我从最后一个开始
谈起。无疑,马丁·路德的行为蒙受了更高的神恩,发现自己肩负
着通过理性论说反抗罗马教宗和教廷腐败习俗的神圣职权。他非
常孤独,他的时代的各种观点都不支持他,他不得不从古代遗产和
之前的时代里寻求支撑,与其结盟来对抗现时代。① 因此,神学和
人文学科的古代作品,在图书馆里沉睡了许久之后,又全都得到广
泛阅读和反复讨论。其结果是,需要花费精力更加准确地研究原
作者写作时使用的语言,以更好地理解那些作品,更好地利用和应
用那些文字。因此,人们开始乐于欣赏古籍的文体和措辞,开始倾
慕那种写作。崇尚古风的人提出的却似乎是全新的观念,他们反对
的其实是经院哲学家。② 经院哲学家总体上与古人正好相反,写作

① [译注]培根认为,路德与罗马教廷的辩论在很大程度上促进了人文主义文艺复兴,
且为言论自由做出了巨大贡献。
② [译注]经院哲学家,活跃于9—14世纪,其作品中常常使用逻辑区分和三段论式推
理,好引用权威论述(尤其是亚里士多德的论述)。该派哲学家的著名人物包括隆
巴都斯(Petrus Lombardus,约1095—1160)、大阿尔伯特(Albertus Magnus,约1200—
1280)、阿奎那(Thomas Aquinas,约1225—1274)、司各脱(Duns Scotus,约1265—约
1308)和奥卡姆(William of Ockham,出生年不详,约逝于1349年)等。与大多数同
时代人一样,培根总体上更倾向于将他们视为独立的个体思想者。他讽刺他们从
事的是"堕落的学问",依赖辩驳,阅读面狭窄,等等。

29　风格和体例完全不同,喜欢自由随性地创建文艺新术语①以表达自己的意思,不喜欢言辞迂回婉转,不考虑遣词用句的纯粹性、愉悦性和合法性(或许可以这么说)。对他们的敌意和反对更加推进和加重了这种崇古倾向。并且,由于需要花大力气去赢得并说服一般人(法利赛人常常会说他们"是一群不懂法律的可恶庸众"),就有了议价、索请、雄辩和各式论说等主要需求。相对于俗众的接受能力来讲,这些是打动他们最适合、最有力的手段。因此,这四种原因——对古代作者的钦慕、对经院哲学家的憎恨、对语言的精确研究以及说教的功效——同时汇聚,确实导致了对演说术充满激情的研究,模仿名篇讲辞风靡一时。这种倾向很快走向极端。人们开始更重视用词而非内容,更追求措辞优美、句子结构的工整纯净、子句结尾的悦耳性、以各种比喻与修辞增加其作品的变化性和例证,而不是内容的衡量、主题的价值、论证的合理性、构思的生动性以及判断的深刻性等问题。之后,葡萄牙主教奥索里奥②流畅虚浮的腔调受到追捧。斯特姆③除了写关于句法和模仿的原创著作外,还在演说家西塞罗和修辞学家赫尔莫吉涅斯④的作品上耗费

---

①　[译注]"创建文艺新术语"指经院哲学派作者为了追求其辩证法中的术语精确性,生造了不少词,例如根据词语的所谓内在形式造出了 haeccitas、thisness、quidditas、thatness、formaliter、formally 等词汇。人文主义者们反对这类新造出来的所谓的技术性拉丁词汇,培根支持人文主义者的观点。

②　[译注]奥索里奥(Jerónimo Osorio da Fonseca, 1506—1580),锡尔维什大主教,被誉为"葡萄牙的西塞罗",因反宗教改革和文艺复兴时期的人文主义观点而闻名。他以拉丁语写作,其主要作品包括《论世俗与基督教的荣耀与高贵》(De gloria et nobilitate civile et Christiana, 1542,英译本名为 The Five Books of Civil and Christian Nobility, 1576)、《论正义》(De juslitia, 1552)、《论君主的培养与训导》(De regis institutione et disciplina, 1571)、《葡萄牙国王曼努埃尔的大事记》(De rebus Emmanuelis regis Lustaniae, 1571)、《作品集》(Opera, 1592)等等。

③　[译注]斯特姆(Johannes Sturm, 1507—1589),教育家和新教改革家,对日耳曼式文科中学体系的设计有重要影响。

④　[译注]赫尔莫吉涅斯可能是指古雅典哲学家、修辞学家。根据柏拉图和色诺芬的记录,他是苏格拉底的好友。

了无尽的不同寻常的苦心。剑桥的卡尔①和阿谢姆②在其演讲和作品中几乎把西塞罗和德摩斯梯尼奉若神明,并诱导所有勤奋好学的青年人致力于那种雅致优美的学问。然后,伊拉斯谟③找到机会做了一个嘲弄回声句:Decem annos consumpsi in legendo Cicerone[我已经研究了西塞罗十年]。这个回声用希腊语回应正是,One, Asine[驴,你这驴]。④ 因此,经院哲学家的学问被彻底贬低为粗鄙的学问。总之,那些时期的整体倾向和偏爱是模仿,而不是言之有物。

(3)因此,这种偏爱辞藻不重内容的倾向是学问的第一瘟病。关于这病,我虽然举的是近期的例子,然而它却是所有时代或多或少都有的病。这如何能让俗众不质疑学问呢? 即便能力平平的人也能发现,学者的作品就像专利证或限量版书上的第一个字母,看上去印得大且浮夸,然而也只不过是一个字母而已。在我看来,皮格马利翁的疯病⑤是这种浮华的极好表现或写照。因为语词只是内容的影像,除非它们具有理性和创造的生命力,否则爱上它们无异于爱上画片。

(4)尽管如此,以合理可靠的雄辩术包裹和装饰晦涩性,甚至装饰哲学本身的做法,也不该草率地被谴责。很多伟大人物的作品都是很好的范例,色诺芬、西塞罗、塞涅卡、普鲁塔克,某种程度

---

① [K]卡尔(Nicholas Car, 1524—1568),剑桥三一学院创院之初的董事,于1547年接替契克爵士(Sir John Cheke)成为希腊语钦定讲座教授,讲授德摩斯梯尼、柏拉图和索福克勒斯。
② [K]阿谢姆(Roger Ascham, 1515—1568),剑桥大学圣约翰学院董事,玛丽女王和伊丽莎白女王的拉丁语教师。他建议将德摩斯梯尼和西塞罗的演讲作为模范对象,倡导学生用"双翻译"方法来模仿范文的文风。
③ [译注]伊拉斯谟(Desiderius Erasmus,约1466—1536),荷兰神学家、人文主义教育家,北方文艺复兴的代表人物,阿谢姆称其为"我们时代的学问之荣耀"。
④ [译注]希腊语的ὄνε意即ass[驴],与拉丁语Cicerone的最后三个字母构成尾韵,即这两个词的结尾发音都是onay。asine来自拉丁语asina,意即ass[驴]。
⑤ [译注]据奥维德的《变形记》描述,皮格马利翁疯狂地爱上了自己雕刻的象牙女子,维纳斯赋予了雕像生命,并让她生下一女。

上还包括柏拉图。在严苛地探寻真理和深入发展哲学时,这种手法无疑也有大用;它之所以会产生某些阻碍作用,是因为它过早满足了人们的心智,以致在得到恰当结论前,进一步探求的欲望就被掐灭了。如果有人要在公共事务场合,即在协商、建议、劝服、论说或类似场合,运用那种知识,他会发现那些作者已经为他做好了准备,他们的作品采用的正是那种手法。但过度运用这种手法也着实卑劣,如赫拉克勒斯在神殿里见到维纳斯之宠灵阿多尼斯的影像时,对其轻蔑地说:Nil sacri es[你不是神]。① 所以,学问领域里的赫拉克勒斯追随者——非常苛求、不辞辛劳追求真理的学者——无一不鄙薄那种矫揉造作和装模作样,那种类型的确没什么神性。学问的第一个弊病或瘟病的讨论就到此为止。

（5）接下来的第二个瘟病在本质上比前一个还要严重,正如作品的言之有物比辞藻华美更重要,反之言之无物比言辞贫乏也更糟糕。就此而言,圣保罗曾经的谴责之词不但适用于那些时代,对其后的时代也具警示性,不仅适用于谈神学,也可延伸至所有知识。他说:"避免世俗的空谈,反对虚假的知识。"② 他指出了可疑和虚假的学问的两种记号和标识:其一是术语新颖奇怪;其二是立论严格,这当然就会引发反驳、质疑和争辩。正如自然界里的很多固态物质会腐烂、变成虫子,良善合理的知识的性质也会腐烂,分解为诸多零碎、无聊、无益健康、(如果我可以这样形容)蠕虫般的问题,这些问题虽然还具有某种敏锐性和鲜活之气,但却缺乏扎实

---

① [译注]根据奥维德在《变形记》中所述,维纳斯和其子丘比特玩耍时胸部被丘比特的弓箭所伤,疗伤时维纳斯遇到了阿多尼斯,并一见钟情。维纳斯爱上阿多尼斯后对其他任何事物都不感兴趣,便离开了奥林匹斯山的住所,来到林中,装扮成一个女猎手,让阿多尼斯整日陪伴左右,一起度过了一段美好时光。虽然她多次劝他不要捕杀像狮子和狼这样的野兽,但年轻人只是嘲笑她的想法。一天,当维纳斯返回奥林匹斯山时,阿多尼斯射中了一头野猪。但是野猪没死,转而攻击阿多尼斯并致其死亡。维纳斯返回后也无法将他从地府拉回。维纳斯祈求宙斯并与哈得斯商讨后,阿多尼斯每年被允许到阳间与维纳斯相聚半年,但剩下的六个月必须返回冥府。

② 《新约·提摩太前书》6:20。

的内容或者优良品质。这种堕化的学问确实在经院哲学派中盛行,他们敏锐且富有智慧,有大量的闲暇,阅读种类不多,但他们的智慧被禁闭在少数几个作者的牢笼中(主要是其权威王者亚里士多德),正如同他们的身体被幽闭在修道院和学院的小房间里一样,他们缺乏历史知识,缺乏自然和时代的知识,他们的作品明显体现出其靠着无尽的智慧火花辛勤编织的学问之网,却缺乏丰富的实质内容。因为人的智慧和心灵以质料为思维对象,即是对上帝造物的沉思,以事物为依据并受其限制;如果智慧与心灵仅靠自身运作,如同蜘蛛在其织网上不断吐丝,那的确会生产出学问的蛛网,网丝与工艺都精美绝伦令人钦佩,却内容空洞,毫无用处。 32

(6) 同样毫无用处的精巧或玄奇有两类:要么是他们处理的主题本身是不会产出什么成果的臆测或论争(神学和哲学里都有不少主题属于这类),要么是处理一门知识的方式或方法不妥,其中包括——在陈述每个特殊立场或观点时都要先拟定一些反对意见,并针对那些反对意见想出一些回应,那些回应大多不是辩驳,而只是区分两种意见的不同。然而,所有科学的力量,都如同老人的柴捆,捆起来才有力量。一门科学的各个部分彼此支撑才能整体和谐,那和谐是也应该是所有更小种类的反对意见彼此辩驳、抑制所形成。但是,另一方面,如果单独抽出一条公理,可以尽情反驳,如同抽出柴捆里的一根木条,尽可将其掰弯折断。因此,如果说塞涅卡那"言辞的精巧削弱了他论说事理的分量"[1],也完全可以说经院哲学家们的"琐碎问题削弱了科学的可靠性"。因为,在宽敞的房间里,点一盏强光灯或有多个分枝灯座的烛台,不比举着一小支手持蜡烛在各个角落晃悠更方便吗? 他们的方法就是如此,更多的不是倚赖有各种论证、权威、比拟、例证支撑的真凭实据,而是主要针对每个琐碎问题、小质疑和反对意见的个别辩驳和 33

---

[1] Quintilian, *De Institutio Oratoria*, x. i. 130.

回应。如此,常常刚刚解决完一个问题,另一个新问题又出现了。就像前面使用的比喻,手持蜡烛照亮一个角落的时候,其余地方仍旧黑暗。斯库拉的寓言故事似乎生动地表现了这种哲学或知识,上半身变成了美丽的少女,下半身露出来却布满了狂吠的野兽。[①] 所以,经院哲学家们的泛泛而论乍一看合理均衡,但如果深入探究其所做的各种区别和决断,便知它们不是对人类生活有用和有益的富饶源泉,而是怪物式争辩和狂犬式质疑。因此,最有可能发生的是,这种品质的知识一定会遭到普遍轻视。人们看到这种辩论和争执时容易蔑视真理,认为这种真理与他们的实际生活毫无关系。他们看到对琐碎问题,对毫无用处、无足轻重的事情的那种争执时,很容易做出与叙拉古的狄俄尼索斯同样的判断——那些知识是"老年人无用的絮叨"。

(7)尽管如此,如果经院哲学家们在其对真理的极度渴求和不懈努力的智慧之上,加入种类繁多且广泛的阅读和沉思,他们定然可以成就卓越之光,点亮并推进所有学问和知识。但如今他们只是固守着已经去世之人,对幽闭的黑暗充满狂热。在探寻神圣真理时,他们的骄傲往往使他们背离上帝的神谕,迷失在自己的各种虚构图景中。在研究自然万物时,他们一直不顾上帝造物的神谕,喜欢具有欺骗性的变形影像,而这些影像,要么是他们自身不规则心灵之镜的投射,要么是几个被认可的作者或原理的表征。学问的第二种病症就说到这里。

(8)学问的第三个缺点或病症涉及欺骗或谎言,这是所有余下缺点中最邪恶的。因为知识本是对真理的表征,而它摧毁了知识的基本形式。存在(being)的真理和知(knowing)的真理是合一的,二者的差异只不过如同直射光线与反射光线的差异而已。因此,这个缺点可分为两类,行骗之乐和受骗之易,即欺骗与轻信。

----

① Vigil, *Eclogues*, vi. 75.

虽然二者显现出不同的本质,前者似乎出于狡诈,后者则出于头脑简单,但显然二者往往同时发生。有诗曾云:"好问之人饶舌,应避之。"①好打听者多是说话藏头露尾之人。同样的道理,轻信者往往是行骗者。以传闻为例,那些轻信谣言之人,往往会自行添油加醋一番,再继续传播。塔西佗曾有慧言:"造谣者亦是轻信者。"②作伪与轻信的密切关系可知有多大。

（9）人们轻信与赞同或接受没有多少权威或正当性的东西的特点,依照其主题可分为两类。一类是相信历史,或者用律师们的话说,相信事实;另一类是相信技艺和意见。我们在基督教史中可以看到前一种错误导致的体验和困扰。基督教史里含有一些殉道者、隐士或沙漠僧侣以及其他圣人炮制的各种神谕报告和叙事,包括这些人的圣物、圣地、圣堂和肖像,被过于轻易地接受和登记下来。由于人们无知,由于一些人迷信的愚昧与另一些人精打细算的宽容,这些东西被当成神圣诗篇保留下来。可能在一段时间内它们能蒙蔽大众,但随着时间的推移,当迷雾散开时,它们便只能被视为老妇人的谣传、僧侣的欺骗、鬼神的幻象和敌基督者的标志,带给宗教巨大的诽谤和伤害。

（10）我们发现,自然历史里并没有应有的选择和判断。老普利尼③、卡尔达诺④、大阿尔伯特⑤的著作和诸多阿拉伯人的作品

① Horace, *Epistles*, i. 18. 69.
② Tacitus, *Annal*, v. 10.
③ ［译注］老普利尼（Gaius Plinius Secundus, 23/24—79）,著百科全书式的《自然史》（*Naturalis historia*）,取源逾2000部作品,据说其中多处真实性存疑。
④ ［译注］卡尔达诺（Girolamo Cardano, 1501—1576）,意大利医生、数学家,古典概率论创始人。他是历史上第一个对斑疹伤寒做出临床描述的人。其《论运动、重量等的数字比例》（*Opus novum de proportionibus*）建立了二项定理,确定了二项系数。其《论赌博游戏》（*De ludo aleae*）被认为是第一部概率论著作。其《大术》（*Artis magnae sive de regulis algebraicis liber unus*）第一次提出三次代数方程一般解法,称卡尔达诺公式。另还有《论事物之精巧》（*De subtilitate rerum*, 1550）和《论事物的变种》（*De varietate rerum*, 1557）。据说他一生共著述200多部作品,内容涵盖医药、数学、物理、哲学、宗教和音乐等领域。
⑤ ［译注］大阿尔伯特（约1200—1280）,日耳曼多明我会主教、哲学家,1223年（转下页）

35

里,充满了很多虚构之物。其中大部分不仅未经检验验证,而且众所周知不实。自然历史本应蕴含着严肃冷静的智慧,这是对其可信度的重大损毁。其中,亚里士多德的智慧和正直值得一提。他勤勉细致地撰写了一部动物志,没有在其中混杂什么虚假或捏造之物,另一方面,他却把所有他认为值得记录的奇妙故事写成另外一本书,①卓越地将这些与显而易见的事实真理区分开。观察与规则应以后者为基础,可疑材料不应与其混杂在一起削弱其可信度。不过,那些看似难以置信的稀奇古怪之事也不应该被隐瞒或被人们的记忆否认。

（11）对技艺和意见的轻信也可以分为两类,要么是过于相信技艺本身,要么是过于相信某门技艺的创造者。有三门科学——占星术、自然魔法②和炼金术,其本身更多涉及人的想象力,与理性的关系没那么密切。然而,这些科学指向的目标或自我标榜的目标却很高贵。占星术宣称要发现居上位的球体与其下位球体之间的往来联系或相互关联;自然魔法宣称能启用自然哲学,让其从各类推测下降到能完成各种重要工作;炼金术宣称能把容纳混合了各种本质的物体的各个不同部分分开。但是,这些目标的起源和实施,不管在理论上还是在实践时,都充满了错误和虚假。那些伟大传授

36

（接上页）在帕多瓦学习并加入天主教多明我会,在巴黎大学开始接触亚里士多德著作新译本以及阿威罗伊的注释,1248 年他在科隆建立第一个日耳曼多明我会研究院,当时的主要门徒是托马斯·阿奎那。大阿尔伯特知识广博,极其多产,其研究对逻辑学、形而上学、伦理学、植物学、动物学、化学、气象学、心理学、矿物学等多有贡献。主要著作包括《作品全集》(*Opera Omnia*)、《论独特理智——阿威罗伊主义者》(*De unitate intellectus contra Averroistas*)、《神学大全——论奇妙学识》(*Summa theologiae de mirabilis scientia*)、《论宇宙的成因及进程》(*De causis et processu universitatis*)、《论矿物》(*De mineralibus*)、《论植物》(*De vegetabilibus*)、《论动物》(*De animalibus*)、《论人》(*Liber de homine*)、《形而上学》(*Metaphysique*)等等。

①　[K]伪作《论奇迹》(*De mirabilibus auscultationibus*)在文艺复兴时期被收入亚里士多德的作品集。

②　[译注]文艺复兴时期,人们试图了解并控制各种自然现象的隐含起源,这方面的研究被归入自然巫术。如德拉·波尔塔(Giovanni Battista della Porta)所著的《自然魔法二十卷》(*Magiae naturalis libri viginti*,1558)就是这类作品,其中作者激烈地为自然魔法辩护。培根在后文也详细探讨了堕落的自然魔法和真正的自然魔法。

者们用晦涩难懂的作品来遮蔽和掩盖这一点,声称自己是从听来的传统或诸如此类的其他方式得知这些东西,以免被人指责为欺诈。但是,炼金术的要求却无疑是恰当的。可以将其与《伊索寓言》里的农夫相比,农夫死前告诉他的儿子,他在葡萄园的地下为他们埋了很多金子。儿子们把葡萄园的地锄了个遍也没有找到一点金子。然而,由于他们翻松挖锄了葡萄藤根周围的土壤,第二年迎来了葡萄大丰收。同样,炼金术士寻求炼金,激发了炼金之术,也引发了诸多有益且有效的发明和实验,为揭示自然之奥秘和供人类生活之实用做出了贡献。

(12)还有一种错误是太过信任各门科学的创造者,甚至视其为每句话都必须遵守的独裁官,而不是提供建议的执政官。各门科学因此受到了无穷伤害,主要原因是,那让这些科学停滞不前,没有生长或进步。自古以来,在各种机械技艺里,最早的发明往往存在时间最短,随着时间推移,技艺日臻完善。然而,在各门科学里,最初的创造者却历时最久远,随着时间流逝,科学每况愈下。所以我们看到,火炮术、航海术、印刷术等技艺,[①]最初人们只掌握了大概,随着时间推移,这些技艺得到改良;相反,亚里士多德、柏拉图、德谟克利特、希波克拉底、欧几里得、阿基米德等人的哲学和科学,最初焕发出勃勃生机,却随着时间流逝而日益堕落并被贬损。个中缘由,不外乎在技艺里,许多人的智慧和努力都致力于完成一件事;而在科学中,许多人的智慧和努力都耗费在某一个人的智慧上。对那个被研究的人来说,后辈这么做很多时候不是阐明了他的智慧,而是败坏了他的学问。水从泉眼奔涌而下,却永远不会再上升到泉眼的高度,同样,得自亚里士多德的知识,如果不能自由追问考察,也永远无法超越亚里士多德的知识。因此,虽说"学习时须笃信"[②]的观点不错,然而还必须同时说"学习后须判断"。因为弟子

37

---

① ［译注］这三种现代早期的成就被许多人提及,如卡尔达诺、博丹、康帕内拉、勒华等。
② Aristotle, *Sophisticis elenchis*, i. 2. 165b.

们只需要在未受到导师充分教导时,暂时笃信导师,暂时怀疑自己
的判断,而无须绝对顺从和被永久禁锢。因此,总结此论点只需说
这一点,让伟大的创建者们保持他们应有的荣耀,因为时间是创作
者们的创作者,它能逐渐且长远地让真相水落石出,所以它的荣耀
也不应被剥夺。我已经讨论完学问的三种缺点。除了已经成型的
缺点,还有一些其他相当有害的过错,没有那么隐秘,也不是固有
38 疾病,但是普通人看到这些过错还是会诋毁学问,因此不能略过。

V. (1) 这类错误的第一个是太喜欢走两个极端:要么极端好
古,要么极端崇今。在这方面似乎时间之子的确效仿了其父的天
性和恶意。当他吞噬他的孩子们时,其中一个孩子也企图吞噬和
压制另一个。①好古之人嫉妒增加的新物,崇今之人不满足于只添
加新物,而是必须摧毁旧貌。当然,先知的教诲就此事做了正确的
指导:"先站在古道上看清楚哪条路正确且高贵,再择而行
之。"②古代的确值得尊敬,人应该以其为依据发现最好的道路。
但是若已经发现了正确的路,那就应该勇敢前行了。实话实说,古
代是世界的幼年期。古代之为古代,乃因为世界的古老性,而非从
我们自己的时代 ordine retrogrado[倒数回去],反向来看那些时代
是古代。

(2) 上一个错误引发的另一个错误是不相信现在能发现新事
物,理由是世界存在已久,不会遗漏或忽略任何东西了。路吉阿诺
斯也曾对朱庇特和其他异教神做出过同样的反驳。他好奇的是,
他们在古时生了那么多孩子,为何在他的时代却一个也没生。他
问道,是否他们已年过七旬,或是因为反对老年人婚姻的帕匹亚法

---

① [译注]指神话中克洛诺斯(Kronos,意即"时间")为了避免预言中自己会被儿子推
翻的结局,等所有的孩子一出生就将他们吞下。结果瑞亚迫使他把孩子们都吐出
来,从而促使预言成真。

② 《旧约·耶利米书》6:16。

（Papia）①限制了他们。似乎人们担心的正是生育孩子和后代的时间已过。与之相反,我们却常常发现人们做判断轻率且易变。在事情还未做时,人们担心这事儿如何能做,事情做完了,人们又感叹为何没有早做。亚历山大远征进入亚洲就是如此,最初人们预判那是一项宏大到不可能完成的事业;远征成功后,李维只是淡淡地评论道:"他之所以冒险远征,只是厌恶了无聊的卖弄。"②同样的事也发生在哥伦布西航之时。③ 在智识事务上,这种情况更普遍,例如欧几里得的大部分命题,在未经证明前,我们都认为它们奇怪得难以接受,然而被证实后,我们的头脑通过一种(律师们所谓的)关联④方式立刻接受了它们,就像早就已经知道似的。

（3）另一种错误也与之前提到的有关系,即认为以前的意见或流派既然已经历尽变迁和考验而仍然能盛行并且战胜其他对手,就必然是最好的。因此,人们觉得如果着手新的探寻,必然可能碰到曾经被前人否定的东西,正是因为前人的否定,那些东西才被湮没和遗忘。这就好像认为民众或者民众中最聪明的代言人并不愿意传播流行肤浅的东西,而更愿意传播实质性的深奥的知识似的。但事实是,时间的本质似乎与河流相同,带给我们轻薄漂浮之物,将重要且实在之物下沉淹没。

（4）还有一种错误,与所有前面错误的性质不同,是过早武断地把知识降格为各种技艺和方法,致使各门科学普遍没有多大发展。年轻人的体格发展完善后的确很少再长高,但是知识却能在谚语和见闻中继续生长。然而,它一旦被分门别类地理解为各种

① ［K］公元9世纪颁布的帕比亚法出台多项措施鼓励年轻人结婚,加重了对独身人士的惩罚,不鼓励老年男性娶年轻女孩。然而这些措施也未能如愿地提高家庭结成比例和生育率。
② Livy, *Ab urbe conditaix*, ix. 17.
③ ［译注］哥伦布此次西航最终导致了1492年美洲大陆的发现。
④ ［K］指法律上的一种推定,即为了法学目的,若两个时间点或两件事被一起认定,则推定二者为同一件。

确切的方法,或许可能得到改良,变得更清晰,适用于各种用途和实践,但在分量和实质上却不会再增长。

(5)另一种错误紧跟着上个错误而来,即把某门特殊的技艺和科学分解后,人们便放弃了其普遍性,或称 philosophia prima[第一哲学],如此只能让所有进步停滞并终结。因为在一个平面或一个水平上无法有完美的发现;仅仅凭靠一种科学,也不可能发现任何科学里更遥远、更深层次的部分,不可能上升到更高层次的科学。①

(6)有一种错误源于尊崇过度,对人的心智和理解力过分崇拜。这种错误使人过于回退到自身,不再沉思自然,不再观察经验,只在自己的推理和妄想中翻滚起沉。虽然这些唯智主义者一般被视为最崇高、最神圣的哲学家,赫拉克利特却公正地指责他们是"在自己的小世界里而不去伟大的普遍世界中寻找真理的人"。他们不屑于从拼写开始,逐渐提升到阅读上帝造物这本大书,而是通过不断冥想、搅动智慧,急促地唤醒自己的精神朝向神圣,并以此给出各种预言,结果只是活该受骗。

(7)另一种病态与前一个有些关联,人们常常把他们最欣赏
41　的幻想或用得最多的科学加上自己的思想、意见和信条,以给其他所有事物都打上一层相应的底色。这完全不真实,也不妥当。柏拉图就这样在自己的哲学里加入了神学,亚里士多德加入了逻辑学,新柏拉图主义者们,即普罗克洛斯和其他人加入了数学,对于他们每个人,这些学科就像具有某种长子身份一样。② 如此,炼金师也通过几种火炉实验创造出一种哲学;我们的乡人吉尔伯特③也

---

① [译注]培根的知识体系为金字塔形,参见本书第 135 页。
② [译注]即他们的长子拥有全部财产的继承权。
③ [K]吉尔伯特(William Gilbert, 1540—1603),剑桥大学圣约翰学院董事,伊丽莎白女王和詹姆斯一世的御医,医师学会会长。其著作《磁学》(De magnete, 1600)共六卷,包含了无数探索磁力特点的实验。培根对他的讽刺可能特指吉尔伯特此书的序言标题"Ad lectorem candidum, et magneticae philosophiae studiosum"(致磁哲学忠实而勤勉的读者)。

通过观察野外的磁石创造出一种哲学。西塞罗在详述几种灵魂天性的观点时，发现一个音乐家提出，灵魂不过是一支和弦。对此西塞罗愉快地说："此人倒是没有背离他的技艺。"①针对这些幻想，亚里士多德严肃而明智地说："只研究极少数事物的人喜欢轻率地发表意见。"②

（8）另一个错误是遇到疑惑时缺乏耐心，急于下定论，没有在做最终判断前暂时恰当地将其悬置一段时间。两条沉思之路与古人们常常提及的两种行动方式并没有什么不同：一种在开始时平坦顺畅，末了却无法通行；另一种在入口处崎岖坎坷，之后就顺畅平滑。所以，在思考时，如果从各种确定条件出发，下结论时会疑虑重重，而如果甘愿从各种疑虑入手，下结论时便会确定无疑。

（9）另一个错误涉及对传统和知识传承的态度，大多数都很专断蛮横，而非坦率忠实。这种方式可能多少让人能很快相信，却不容易让人做考察检验。的确，也不是不允许为了练习而做的简要论述形式，但是人们在切实处理知识时，一方面既不应该落入伊壁鸠鲁派的维莱乌斯（Velleius）的误区，"一门心思只怕别人看出自己对所有事物都持怀疑态度"③，另一方面也不应该像苏格拉底那样反讽地质疑所有事情，而是应该真诚地提出参考建议，根据自己的判断，证实了多少就郑重地声言多少。 42

（10）还有一种错误涉及人们投入精力和努力的研究领域。任何一门科学里，更持之以恒、专注奉献的研究从业者应该致力于增加其投身的科学的内涵，但如今一些人却费力追求某些次一等的奖赏，或是做知识渊博的阐释者或评论人，或是做敏锐的斗争者

---

① ［译注］西塞罗在《图斯库路姆论辩集》第一卷第十章里讲到音乐理论家阿里斯托克塞诺斯（Aristoxenus）时所言。阿里斯托克塞诺斯是亚里士多德的学生，撰写了一些关于和声学与节奏元素方面的文章。
② Aristotle, *De generatione. et corruptione*, i. 2.
③ Cicero, *De natura deorum*, I. viii. 18.

或辩护人,或是颇有方法地混合或删减他人作品。如此,知识遗产
有时的确得到改良,但却极少有增加。

　　(11)但最大的错误是误解或错置了知识最深刻、最终极的目
的。人们渴望学问和知识,有的是为了赋予其心智多样性让其愉
悦,有的是为了门面装点和名声,有的是为了让自己在智力和辩驳
上胜过他人,更多人是为了钱财和职业,而真诚地想要把自己的理
性天赋献给人类福祉之用的人却凤毛麟角。似乎人们想在知识中
寻求一张沙发,以安放自己不停追寻、焦躁不安的灵魂,或一方阳
台,能让自己徘徊多变的心灵走来走去、鸟瞰美景,或一座高塔,能
让自己骄傲的心灵得到自我提升,或一处为冲突和争论而准备的
要塞或指挥地,或一间为了盈利或促销的铺子,或一处彰显造物主
荣耀和缓解人类状况的并不宽敞的仓库。但是能真正给知识尊荣
和地位的是,将思考和行动比以往任何时候都更加密切精确地结
合、交织在一起;这就好像两颗最高等级的恒星——司管休息和沉
思的土星与司管公共生活和公共行动的金星①——的相合一样。
尽管我提到了功效和行动,但我的意思并不是指之前提到的,知识
应用的目的是钱财和职业。因为我不是不知道,这种目的在多大
程度上使知识的发展和进步偏离正轨、中断停滞,就像扔到阿塔兰
忒(Atalanta)面前的金球,一旦她偏离正轨蹲下捡球,就妨碍了自
己的比赛进程,"捡走滚滚金球,丢掉人生竞赛"②。我提到苏格拉
底,也不是要把先哲从天上拉入与之相对的凡尘,即抛开自然哲
学,只把知识应用于各种规矩和政策。但是,天堂与尘世确实协同
共谋以增进人类的福祉,所以目的应该是从两种哲学中剔除、摒弃
那些无用的猜测,以及一切空洞无效之物,保留并增扩所有切实可
靠、富有成效的东西。如此,知识才可以不像高级交际花,只带来

43

① ［译注］语出马克罗比乌斯(Ambrosius Theodosius Macrobius,盛年期为399—422)的
　　《西庇阿之梦》(*Somnium Scipionis*)i.12。
② Ovid, *Metamorphoses*, x.667.

欢愉和虚荣,不像婢女,只供其主人所得所获,而是像伴侣,带来后代、成果和慰藉。

(12)我已经通过一种详细剖析的方式描述解释了那些(其中最主要的)堕落病态,它们不仅阻碍了学问的进步,也因此授人以诽谤学问的理由。因此,如果我说得太直白,那就请谨记:"友人给予伤痕出自忠诚,仇人的假意亲吻是欺骗。"①不过我认为,在我如此直抒胸臆地批评了学问之后,人们应该会更相信我将要给予的赞词。但我也无意单纯地颂扬学问,或是向缪斯女神高唱赞歌(虽然我知道那些仪式早已没有按期举行)。我的目的是,既不虚饰也不夸大,通过与其他事物相比较的方式来公正地衡量知识的尊严,以神学和世俗的证据和论证求得其真正的价值。 **44**

VI.(1)首先,让我们在原型或第一平台中,即在上帝向人类揭示、人类能节制地观察到的品性和行为里,寻找知识的尊严。但我们不可以将其称作学问(learning)来探寻,因为所有学问都是习得的知识,而所有上帝的知识都是原初就有的,所以我们只能以别的名称,例如《圣经》里所称的智慧(wisdom)或贤明(sapience)来命名并探寻。②

(2)我们在创世工程里看到上帝圣显出两种美德。其一更恰当地指向权能,其二是智慧。权能表现在制作质料之存在上,智慧表现在安排形式之美上。有了这种假设,可以观察到,在创世过程中出现的一切,天与地生成时的一切混乱物质,都是一下子被制作而成,排序并归置这团混沌或混乱物质则是剩下六天的工作。③从中可以看出上帝乐于区分权能之作与智慧之作。对于前者,上帝

---

① 《旧约·箴言》27:6。
② [译注]《旧约·诗篇》104:24,《旧约·箴言》4:7,《旧约·约伯记》28:12 都提到过智慧和贤明。
③ 参见《旧约·创世记》1。

并没有说"让天与地生成",这话却被用于创造智慧之作。事实
上,上帝制作了天与地。权能之作带有生产风格,智慧之作则蕴含
律法、法令或议事。

（3）继续探讨仅次于上帝的其他神灵。我们发现,雅典元老
狄奥尼修斯曾给天神排序,如果他可信,那么位列第一的是爱的天
使,被称为撒拉弗(Seraphim,也称炽天使),第二位是光之使,名为
基路伯(Cherubim,也称智天使),第三及以下分别给予座天使、权
天使及其他所有有权力和职分的天使。如此,知识和启示性质的
天使被置于管理和控制性质的天使之前。

（4）从神灵和各种纯智慧形式降至可感知的物质形式,首先
被创造出来的形式是光,它能在自然和有形之物与精神和无形之
物的知识之间建立联系和交汇。

（5）我们发现,上帝在分配各天的工作时,的确留了一天来休
息,①并思考他自己的作品,那一天比上帝实际工作和完成创造的
所有日子受到的赐福都更大。

（6）创世完成后,人被放置在伊甸园里工作,而指派给他的工
作只是沉思。也就是说,工作的目的仅仅是练习和尝试,不是为了
挣取生活必需品。因为那时所有被造物都没有被勉强,也没有辛
勤原则,人劳作必然只是因为体验尝试的乐趣,而不是为了获得劳
动带来的效益。人在伊甸园里的第一个行为正好也构成了知识的
两个主要部分:观察被造物并给万物冠名。② 至于造成堕落的知
识,如我们之前曾提到的,并不是关于万物的自然知识,而是关于
善恶的道德知识。因为人之前的假设是,上帝的诚命或禁令不是
善恶的起源,善恶另有源头,人类渴望知之,结果因此彻底叛离了
上帝,只能完全依靠自己。

---

① 《旧约·创世记》2:2—3。
② 《旧约·创世记》2:19—20。

(7) 后来,在人类堕落后发生的第一件事(《圣经》中有诸多秘事,但完全不影响这个故事的真实性)中,我们看到两种生活状态的影像。① 其一是沉思状态,其二是行动状态,分别体现在亚伯和该隐两个人物身上,两种最简单、最原始的生活行当中。一个是牧羊人(由于他有闲暇,便常在一个地方休息,躺下望天,这是沉思生活的生动影像),一个是农夫。再一次,我们看到,上帝宠爱和选择的是牧羊人,而不是锄地者。

(8) 神圣经典中关于大洪水之前时代的记录很少,但在被记录和登记的记载里,却被准允特意提到并表扬音乐和金属工种的发明者。② 大洪水之后的时代,上帝对人类野心的第一次大审判是,让人们之间语言不通造成混乱,③如此极大地阻遏了学问和知识的公共交流和沟通。

(9) 到立法者摩西,即上帝的第一个羊圈出现,《圣经》中对他的润饰很多,其中额外称赞道:"他表现出具有埃及人的所有学问。"④我们知道埃及人是世界上最古老的学校之一,柏拉图把埃及祭司的话带给梭伦:"你们希腊人永远是小孩,你们没有关于古代的知识,你们的知识也没有古代。"⑤看看摩西立法中关于仪式的内容会发现,除了基督降临的预兆、上帝子民的标志或不同之处、服从典礼和印记,以及其他神圣功能和相应的效果等内容,还有一些最博学的拉比游历后的记录。他们卓有成效地深入观察,有些从自然层面,有些从道德层面观察,或观察各种仪式和礼法的减缩。例如,针对麻风病人,法典说:"如果全身变白,病人就洁净了,可以自由外出,但是如果身上还有一点完整皮肉,那就表明病

47

① 《旧约·创世记》4:2。
② 《旧约·创世记》4:21—22。
③ 《旧约·创世记》11:9。
④ 《新约·使徒行传》7:22。
⑤ Plato, *Timaeus*, 22b.

人还不洁净,要继续隔离。"①其中一条提到了自然法则,即事物在完全腐烂前比之后传染性更大。另一条提出了一种道德哲学立场,说半好半恶的人比怙恶不悛的人更败坏社会风尚。在这里以及在法典里其他很多地方都能发现,法典除了神学内涵,还包括很多零碎的哲学知识。

(10)同样,对卓越的《约伯记》加以认真研读,即能发现其中蕴含着丰富的自然哲学。例如,宇宙学方面,它说世界是球体,"神将北极铺在空中,将大地悬在虚空"②。这是说地球悬垂,北面有极点,天国的界限或凸面明显可触。还有天文学方面的内容:"借他的灵使天有妆饰;他助生的手刺杀盘曲的游蛇。"③另一处还提道:"你能集中闪耀的昴宿星吗? 你能消散大角星团吗?"④在这优雅的论述里,有恒星的位置固定、距离相等不变等实质内涵。另一处又说:"他建造了昴宿星座、猎户星、毕星团和南方各宫。"⑤这里他再次提到南极凹陷的知识,将其称作南方的秘密,因为在那片风土上看不到南方诸星宿。繁衍事宜也被提及:"你不是把我像牛奶一样倒出来,让我凝结成奶酪吗?"⑥那一章里还提到了矿物,"银自脉石,金自炼土,铁从地出,熔石得铜"⑦,还有很多类似的知识。

(11)在关于所罗门王的个人记录里,我们可以看到,不管是所罗门的祈求⑧还是上帝对他的认可,智慧和学问的天资或禀赋都比所有其他尘世的暂时之物得到更多重视。因为上帝的授予或恩赐,所罗门不仅能够写出神学和道德哲学的精美寓言或警句,还编

---

① 《旧约·利未记》13:13—14。
② 《旧约·约伯记》26:7。
③ 《旧约·约伯记》26:13。
④ 《旧约·约伯记》38:31。
⑤ 《旧约·约伯记》9:9。
⑥ 《旧约·约伯记》10:10。
⑦ 《旧约·约伯记》28:1—2。
⑧ 《旧约·列王纪上》3:9。

撰了一部关于所有草木的自然史,从山上的雪松到墙角的苔藓(介于腐烂物与草本之间的一种原型物),以及所有能呼吸或活动的生物。① 而且,所罗门王虽然拥有最多的金银财宝和最豪华的宫殿、最好的船只和航海技艺,仆从侍卫优良,声名远扬卓越,但他引以为荣的并不是那些荣耀,而是因探究真理而带来的荣耀。他如此说:"上帝的荣耀是使事物隐秘,而王的荣耀是将其揭示。"②这好像在说,就像孩童的纯真游戏,神圣的主乐于将自己的作品隐藏,以期它们最后被发现。而王在这个游戏里能够获得的最高荣誉就是成为上帝的玩伴。鉴于智慧与手段的伟大诫命,也没有什么需要向王们隐藏的。

(12)我们的救世主降临后,上帝的这种恩赐也未改变。我们的救世主,在通过神迹显示他征服自然的权能之前,确实是先通过与神父们和法学博士们会谈,③显示他征服无知的权能。这一圣灵降临的主要象征和体现是,各地人们都被赋予了说同一种语言的能力,④那正是 vehicula scientiae[知识的载体]。

(13)说到上帝选择他心仪的传播信仰的工具,尽管最初他的确使用了完全没有学问的人,并且没有以启示的方式,而是让这些人更直白地宣扬他的即时之作,以让所有人类智慧或知识相形见绌,⑤然而他的建议一旦得到实施,在接下去的兴衰承继里,他便把他的神圣真理送到尘世,并让其他学问如仆从和侍女一般伴侍同行。所以我看到,十二圣徒中只有保罗最博学,书写了《圣经》中《新约》的大部分。

(14)我们发现,很多古代教会的主教和神父都精深地阅读和

①　《旧约·列王纪上》4:33。
②　《旧约·箴言》25:2。
③　《新约·路加福音》2:46。
④　《新约·使徒行传》2:1—4。
⑤　[K]Augustine, *De civitate*, xiv. 38.

研究过异教徒的所有学问。人们认为,尤利安皇帝的那个法令①
(禁止基督徒进学校、发表演讲、研究学问),比他前任的所有残暴
迫害都更险恶,可以说是对基督教信仰造成最大伤害的手段和诡
计。罗马教宗格里高利一世②羡慕并效仿了这种做法,设计抹杀并
灭绝异教徒对古代传统和作者的记忆,但却无法获得虔诚或奉献
的美名,相反却被指责为狂妄、恶毒、胆怯,甚至圣人们中也有人这
50　样评论他。反之,当另一边的斯基泰人从西北边、萨拉森人(Sara-
cens)从东面如潮水般涌入时,③天主教会却把异教徒学问的宝贵
遗骸拥入圣怀保护起来,否则这些东西早就消失不见了,如同从未
存在过一样。

　　(15) 我们亲眼看到,在我们自己和父辈的年代,上帝要罗马
天主教会就其堕落的行径、仪式和诸多令人反感的教义——这些
教义是刻意构建起来以维护其弊政的——接受问责,这让上帝愉
悦;神圣天命同时也安排了其他一切知识领域的复兴与新生。另
一方面,我们看到耶稣会士们,部分靠自己,部分靠效仿其典范并
与其竞争,极大地加速了学问的发展并强化了其地位。我们看到
(我的观点)他们为罗马宗座做出了何等显赫的贡献和修补。④

　　(16) 因此,作为这部分的总结,我们要看到,哲学和人类学问

---

①　[译注]尤利安(Flavius Claudius Julianus, 331—363),君士坦丁王朝的罗马皇帝(治
　　期 361—363)。尤利安即位后宣布实行宗教信仰自由。当时基督教教派繁多,一派
　　得势即宣布其他派为异端,并横加迫害。尤利安宣布各教派享有同等地位,包括异
　　教等多神信仰,他本人则大力扶持多神教与传统罗马信仰,意欲改变自君士坦丁大帝
　　以来基督教在罗马帝国的独尊地位。这便是 4 世纪异教在罗马的复兴运动。他本人
　　则是罗马帝国最后一位多神信仰的皇帝,有"叛教者尤利安"之称。他在亲率大军东
　　征波斯时战死。他在位期间,由于对学问的热爱,赢得了"哲学家"的称号。培根提
　　到的即尤利安为了破除基督教一家独大采取的一些政策,取材于罗马史家马尔塞林
　　努斯(Ammianus Marcellinus)《罗马史》中的《尤利安传》:xxii. 10. 7;xxv. 4. 20。
②　[译注]教宗格里高利一世,也称大格里高利,公元 590—604 年为教宗。
③　[K]斯基泰人或鞑靼人 4 世纪时的入侵和萨拉森人 7 世纪时的入侵。
④　[K]耶稣会除了按照传统宣誓保持贞洁、贫穷、遵从教会,还特意增加了第四项誓
　　言——忠遵教宗。

对于信仰和宗教除了装饰和展示作用外,主要还有两种责任和义务。其一,它们能有效刺激人们更加尊崇上帝的荣耀。《诗篇》和其他神圣经典常常敦促我们思考和赞美上帝宏伟美妙的作品,我们的感官首先触碰到的是上帝造物的外形,但如果我们止步于思考这些东西的外形,无异于伤害了上帝的威严,这就好比只凭店铺的临街陈设来判断分析这些卓越珠宝商的藏货。其二,学问能为人们对抗无信仰和错误提供非凡的帮助和保护。我们的救世主说:"你们犯错,因为不知经文,不知上帝的权能。"①要免于犯错,我们就得研究面前摆放着的两本书卷:一是揭示上帝意志的《圣经》,二是属于上帝权能的各种造物。后者是通往前者的关键,它不仅通过各种普遍理性观念和修辞规则开拓我们思考《圣经》真正含义的理解力,而且主要是开启了我们信仰,吸引我们恰当地沉思上帝的全知全能,这全知全能首先标记印刻在他的作品中。神圣证词和证据里有关学问的真正尊严和价值的内容,就说到这里。

51

　　VII.（1）至于属人的证据,领域如此之广,在这种性质的简短论述中只适合选取我们需要的一部分,而不太适合包罗万象地讨论。首先,异教徒把人类最高等级的荣誉视为获得如上帝一样的尊敬和崇拜。对于基督教徒来说这是禁果。我们现在来分别讨论属人的证据,希腊人所谓的 apotheosis[册封为神],亦是拉丁人口中的 relatio inter divos[与神为亲],是人能够赋予人的最高荣誉,尤其是如果这授予不是通过一国的正式法令或国家行为(像罗马皇帝曾做过的那样),②而是出自人们内心的认可和信念。不过这种荣誉实在太高,所以其中有分级和中间项。在属人的荣誉之上,加了英雄的荣誉和神的荣誉。我们发现古人在授予和分配这些荣

---

① 《新约·马太福音》22:29。
② [译注]屋大维率先开启了在皇帝头衔上冠以 divi fulius[神之子]和 augustus[尊者]的做法。

52　誉时做了区分：一方面，国家和城邦的创建者和统一者、立法者、诛
　　暴君者、人民之父以及其他在公共领域有卓越功勋的人，被尊为圣
　　王或半神，例如赫拉克勒斯、忒修斯、米诺斯、罗慕路斯①等等；另
　　一方面，有益于人类生活的新技艺、新才能、新物品的发明者或
　　创作者，一直都被奉若神明，例如克瑞斯、巴库斯、墨丘利、阿波
　　罗②等等。这很公正，前一类的功绩仅局限于一个时代或一个国
　　家，就像充沛的雨水，虽然带来了丰收和善好，然而也只造福于
　　那一个季节，润养所覆盖的那一片大地；后一类功绩却像来自天
　　国的福祉，永久且普遍。前一类功绩还同时伴有冲突和不安宁，
　　后一类却具有真正的神显特点，如清风徐来，没有一丝喧闹和
　　扰乱。

　　　　（2）学问的另一个价值，当然不比前一个逊色多少，即它能抑
　　制人与人之间产生的各种麻烦，缓解因天性而生的不可避免之物。
　　古人关于俄耳甫斯戏剧的那个虚构故事生动地阐明过学问的这一
　　价值：所有兽鸟集合在一起看剧，忘却了它们各自的欲望——有些
　　是猎手，有些是猎物，有些有争端——全都和谐地站在一起倾听竖
　　琴奏出的曲调和声，而一旦乐声停止，或是被更大的噪声掩盖，每
　　只野兽又恢复了其本来的天性。这一场景用来描述人的天性和境
　　况也很恰当，人类充满了野蛮未开化的各种欲望，追求利益、肉欲、
53　复仇，然而一旦他们聆听诫律、遵守法律、信仰宗教，被书籍、布道
　　辞、论文里的修辞和劝导温柔地触动，社会与和平就能维持。但如
　　果这些调解工具沉默，或是暴动和骚乱掩盖了它们的声音，一切都
　　会被无序和混乱消解。

---

①　[译注]赫拉克勒斯，希腊神话中的大力神，阿尔克墨涅与宙斯之子，将忒拜从僭政
　　中解放出来，建立了十二项伟大功绩。忒修斯、米诺斯、罗慕路斯分别是雅典、克里
　　特和罗马的创建者。
②　[译注]克瑞斯，罗马神话中的谷物女神；巴库斯，酒神；墨丘利，众神的使者，以及畜
　　牧、小偷、商业、交通、旅游和体育之神；阿波罗，音乐神。

（3）如果国王本人，或者王座下的掌权者以及其他负责联邦和大众资产的管理者都有学问，这种情况就会更加明显。（柏拉图曾说）"让王为哲人，或哲人为王，对人民和国家都是福祉"①，人们可能会认为说这话的人在偏袒自己的职业。然而经验证明，博学的君主和官员统治的时代从来都是最好的时代。不管国王在其情欲与习俗方面有什么瑕疵，只要受到学问的启迪，具有宗教、政策和道德的理念，就能够自我保存，限制自己犯下毁灭性的专横的错误和荒诞行为；即使顾问和国家公务员沉默不语，学问也会一直在他们耳边轻言。同样，有学问的参议员或顾问，比起只有实际经验的顾问，会参照更安全可靠的原则行事。前者一直远离各种危险，后者直到危险近在咫尺才能发现，只能凭借反应迅速的机智来防护和躲避。

（4）从皇帝多米提安去世开始一直到康茂德皇帝治期，②确实出现了博学君主们统治下的幸福时代（继续遵循简洁原则，我们只选取最突出、最好的例子）。连续出现了六位君主，③都是很有学问，或是特别喜欢并愿意推进学问发展的君主。从尘世的角度评价，那一时代是罗马帝国曾享有过的最幸福、最繁荣的时代（那时它也成为世界的典范）——这是多米提安被杀前一晚做的梦已经透露和预示之事：④他梦到自己双肩后长出了金色的脖子和头，果然他身后便出现了那段黄金时期。我们愿意赞颂那一时期的君主，虽然都是俗众之事，有人可能认为这些东西更适合出现在颂辩辞而非这种论文中，但这些东西却非常切题——"阿波罗也并非总

54

---

① Plato, *Republic*, 473d.
② ［K］多米提安（Titus Flavius Domitianus）于公元96年被刺身亡。康茂德（Lucius Aelius Aurelius Commodus）从公元180年开启其治期。
③ ［K］这六位分别是：涅尔瓦（Marcus Cocceius Nerva），治期公元96—98年；图拉真（Marcus Ulpius Trajanus），治期公元98—117年；哈德良，治期公元117—138年；安东尼·庇护，治期公元138—161年；康茂德（Lucius Commodus Verus），公元161—169年与奥勒留（Marcus Aurelius）共治；奥勒留，治期公元161—180年。
④ Suetonius, "Life of Domitianus", 23.

是张弓满弦"①——只提一提名字未免太苍白草率,所以我还是多少说一点。先说说涅尔瓦,他的卓越统治可用塔西佗的一句话来说明:"那时,神样的涅尔瓦调和了本不相容之物,即统治与自由。"②他短暂统治期里做的最后一件事是留给其养子图拉真一封信,其中他用荷马的一句诗来表述内心对那时人们忘恩负义的不满,"福玻斯,以汝之箭,为吾之泪雪恨"③,这可证实他的博学。

　　(5) 继任的图拉真本人并不博学,但是如果聆听我们救世主所言,"以先知之名待先知者,必得先知之赏赐"④,那么他就有资格跻身最博学君主之列。因为,历史上从来没有哪一位君王像他那样钦慕或资助学问,建立那么多著名的图书馆,持之以恒地提升学者为官,与教授和教师们亲密交谈,这些人那时因深得宫廷认可而留名。⑤ 另一方面,要明白图拉真的个人美德和统治得到多少仰慕,多有声望,最为生动地提供了庄严的证据和可靠的历史记载的,当然要数教宗格里高利一世的传奇故事。格里高利因表露出对异教功绩的极端憎恨而闻名。然而,据说他由于太热爱和敬重图拉真的美德,狂热挚诚地向上帝祈祷,将图拉真的灵魂放出冥界。上帝应允了他,同时警告他不可再做类似请求。得到图拉真提拔的杰出学者老普利尼⑥证实,也是在图拉真治期,对基督教徒的迫害暂停了。

　　(6) 图拉真的继任者阿德里安,是好奇心最重、最喜探求万物

---

① Horace, *Odes*, II. x. 19.
② Tacitus, *Agricola*, iii.
③ Dio Cassius, lxviii. 3. 4.
④ 《新约·马太福音》10:41。
⑤ [K]除了这些功绩,图拉真还建立了"乌尔皮亚图书馆"(Bibliotheca Ulpia),并资助小普利尼。
⑥ [K]老普利尼被图拉真任命为比提尼亚(Bithynia)总督,他制定的关于自己省内对待基督徒的政策和图拉真的回复记录在其《书信集》(*Epistles*) x. 96—97 中,在其《颂歌》(*Panegyricus*)里他生于图拉真治期,诋毁多米提安的统治。

的人,以至于据说他的心灵中有一个错误:渴望理解万事万物,而
不是把自己的精力留给最有价值之事。① 这类似很久之前马其顿
国王菲利普②的性情,在一个关于音乐的论辩中,他一定要否定并
驳倒一位出色的音乐家,后者巧妙地回应他:"大人,如果这些事情
你比我还要明白,对你来说就太不幸了,我希望此事不要发
生。"③上帝也利用这位君主的好奇心,诱导他在那时保障教会的
平安。因为阿德里安虽然敬重基督,却并不认为他是上帝或救世
主,而只是对他感到好奇,认为他是新奇人物,把他的画像与阿波
罗的画像并列挂在其长廊里(他自以为是地想象二者有共同之
处)。④ 不过这也足以减轻对基督徒之名的激烈仇恨,因此教会那
一段时间都比较平安。国务管理方面,他虽然不如图拉真那么军
务卓越、法务完善,但在服务于人民福祉方面,他却超过了后者。 56
图拉真修建了许多著名纪念碑和建筑,以至与其竞争的君士坦丁
大帝⑤惯于称他为 Parietaria,即"墙上花",⑥因为他的名字出现在
那么多建筑的墙上。而他修建的建筑和工事却更多的是为了荣耀
和胜利,并非出于实用和必需的目的。但是,阿德里安的整个治
期都是和平时期。他在任期内一直巡视调查整个帝国,所到之
处,下皇令,做分配,重建损毁的城市、村庄和堡垒,开河凿渠,造
桥铺路,颁布新法令和新章程督治城市和社群,授予新的公民权
和结社权。所以,他的整个治期都在重塑过去时代的偏差,重整

---

① Dio Cassius, lxix, 3. 11.
② [K]马其顿国王菲利普,治期公元前 350—前 336 年,亚历山大大帝之父。
③ [K]Plutarch, *Morals* (trans. 1603), 2MI^v.
④ 不是哈德良,而是塞维鲁(治期 222—235)。他把被封神的皇帝们的画像与阿波
罗、基督、亚伯拉罕和俄耳甫斯的画像挂在一起(Aelius Lampridius, " Alexander
Severus", xxix, *Scriptores Historae Augustae*)。
⑤ [译注]君士坦丁大帝,公元 306—314 年与人共治,公元 324—337 年罗马皇帝。他
将帝国首府迁至拜占庭,重建后在公元 330 年将其改名为君士坦丁堡,并立基督教
为帝国的国教。
⑥ Aurelius Victor, *Epitome de Caesaribus*, xli. 13.

过去的衰落。

（7）下一任皇帝是安东尼·庇护①,他也是卓越的博学王者,具有学者的耐心和敏锐智慧,在通用语(常常都比较粗俗)里人们称他为 Cymini Sector,即"切茴香种子的人",②茴香是种子最小的植物之一。他极其耐心,具有专研最细微、最精确事物的原因差异的精神,这无疑是因其心灵具有超凡的定力和宁静才能达到的境界,无论是恐惧、悔恨还是任何顾虑都无法干扰或妨碍那种定力和宁静。在所有统治者甚至人类里,他以至纯至善而著称,没有一丝虚伪或造作,这一切使他的心灵永远自在整全。他还更进一步接近基督教,达到如阿格里帕(Agrippa)形容圣保罗的那种境界——"半基督徒"③,对他们的宗教和律法都心怀良善,不仅停止迫害,而且让基督教发展。④

57　　　　（8）他的继任者是最早的 Divi fratres[神圣两兄弟],两兄弟都是养子。一位是埃利乌斯·维茹斯(Aelius Verus)之子卢基乌斯·康茂德·维茹斯(Lucius Commodus Verus),埃利乌斯喜欢雅柔一点的学问,一直把诗人马尔蒂尼称作他的维吉尔;另一位是马尔库斯·奥勒略·安东尼(Marcus Aurelius Antoninus),他的功绩超过了前者,也比前者活得更久,被称为"哲学家"。由于他的学问超过了其他所有君王,所以在王者德性的完善方面他也同样超越了其他人。皇帝尤利安曾著《历代皇帝录》(Caesares),以讽刺诗的形式嘲弄他所有前任,想象他们都受邀参加诸神的盛宴,小丑西勒诺斯坐在餐桌的下方末端,每个客人进来时他都要嘲弄一番,

---

① [译注]安东尼·庇护(86—161),公元 138—161 年在位,罗马帝国"五贤帝"中的第四位。在他的治期,罗马帝国达到全盛顶峰。"五贤帝"统治时期也因他的名字被称为"安东尼王朝"。安东尼秉承哈德良时期的政策,对外防御,对内调整各方面关系,与元老院保持良好合作,并且大力发展经济,加强对行省的监督和管理,促进了行省经济发展和帝国的繁荣。

② Dio Cassius, lxx. 3.

③ 《新约·使徒行传》26:28。

④ [K]Dio Cassius, lxix. 3.

然而当"哲人马尔库斯"进来时,西勒诺斯却困惑并局促不安起来,不知道挑他什么毛病,最后只能敷衍地说他对妻子太有耐心了。这位君王延续了他前任的美德,这美德使"安东尼"在这世上成了神圣的名字。虽然同样叫这名字,康茂德、卡拉卡拉、黑利阿迦巴鲁斯却极度玷污了它,[①]但当亚历山大·塞维鲁借口自己并不来自这个家族而拒绝使用此名时,元老院却鼓掌欢呼通过这一决议:Quomodo Augustus, sic et Antoninus[让安东尼与奥古斯都二名并存齐世]!那时这两位君主有如此的声望,受到如此的尊崇,以至元老院竟然将其作为所有君王的徽号。在这位君主治期内,大多数时候教会也很平安。我们看到,在这六位君主治理期间,学问给统治带来了何等赐福的影响,这一场景已经绘制在这最伟大的世界之案上。

(9)但在大不列颠这方小得多的画卷或画案里(不敢贸然提到陛下您),我认为最伟大的是伊丽莎白女王,即陛下最近的前任。如果普鲁塔克还在世,还在继续写他的平行列传,我想他将很难在女性中找到能与女王比肩之人。这位女王具有的学问——不管是现代的还是古代的,属神的还是属人的学问、语言、科学——在女性中自是独一无二,在男性君主中也实属罕见。直至生命的最后几年,她也一直习惯于每天安排固定的阅读时间,连大学里的青年学生也很难如她那样日日坚持、恪守不怠。国家治理方面,我相信(我就算断言也没有夸大),本岛上这部分土地从不曾享受过比那45年更美好的时光,这不是因为时局平和,而是因为她的统治智慧。说起来,一方面,她确立了宗教真理,[②]建立了持久的和平和安

58

---

① [译注]康茂德(Marcus Commodus Antoninus)治期公元180—192年,卡拉卡拉(Caracalla)治期公元211—217年,黑利阿迦巴鲁斯(Heliogabalus)治期公元218—222年。三位都被视为残暴的、道德败坏的皇帝。
② [译注]指1559年,伊丽莎白女王统治下的国会通过《至尊法案》(Act of Supremacy),宣布王权而非罗马教廷是英格兰教会的最高统治者,以及《划一法案》(Act of Uniformity),宣布教会运行应采取的形式、教徒应履行的义务,包括官方制定的祈祷书和仪式等。

定,司法管理良善,政令运用温和适度,既不松弛也不太严苛。学问的繁荣状态与如此卓越的学问资助人恰好相合。王室与臣民的财富和财产都适量实用,民众养成了忠顺习惯,各种不满得到缓和。但想想另一方面,其他地方还存在宗教分歧,邻国身陷各种麻烦,(吾国对面有)西班牙的野心和罗马的反对,而她孤身一人,①只靠着自己来面对。想到这些事实,我认为,对于当前的讨论要达到的目的来说,我无法找到更近、更恰当的例证,也无法选出更非凡或更突出的例证,以论证君主的学问与人民的福祉之间的密切关联。

59 　　(10)学问不仅对国家功德和道德德性、和平的技艺或氛围以及温良统治有影响和作用,而且在培养武德、军事德性和勇猛等方面产生的影响和效能也不小。亚历山大大帝和独裁者恺撒便是凸显这一点的绝佳例子。无须赘述他们在战争中展现的美德和行为,那早已举世震惊。他们对学问的喜爱和精通却值得多说说以切合主题。

　　(11)亚历山大受教于伟大的哲学家亚里士多德,亚里士多德把自己的很多哲学著作都题献给亚历山大。亚历山大的整个旅程和征战中,都带着卡利斯忒尼②和诸多其他学者,让他们在军营里与自己为伴。他对学问的重视和尊敬典型体现在这三件事中。其一,他嫉妒阿喀琉斯有荷马的诗歌为其颂扬;其二,在他判断或解答在大流士③的珠宝里发现的珍贵小匣子的价值时(有人问什么东西配得上放在这个匣子里,他的回答是,荷马的作品);其三,亚里士多德出版了其关于自然的作品后,他写信劝诫亚里士多德不

---

① 　[译注]指伊丽莎白女王终身未婚。
② 　[译注]卡利斯忒尼(Callisthenes),亚里士多德的侄子,修辞学家、史家,与亚历山大随行以记录其功绩。有人称他企图谋反,致其服刑。
③ 　[K]大流士(Darius III),波斯国王,(前336—前330),分别在公元前333年和公元前331年两次被亚历山大打败。当亚历山大试图再战波斯时,他被谋杀。这则轶事被普鲁塔克记录在《希腊罗马名人传》的《亚历山大传》里。

要以出版的方式公开哲学的秘密。① 他希望亚里士多德明白,他认为自己在学问和知识上超过其他人,比权力和帝国更重要。他对学问的应用已经显现,或者说已经闪耀在他所有的演讲和应答里。那些言辞里满含各种各样的科学和对科学的应用。

(12)重复讲述这些人尽皆知的事儿可能显得有点学究气,有点琐碎无聊。然而,既然我正在论证的东西引导我如此,我乐意让人们发现,我愿意奉承(如果他们要用这个词的话)已经离世几百年的亚历山大、恺撒、安东尼,就像我愿意奉承仍然在世的人一样。我提出的观点是学问带给君主们的荣耀,而不是想要空洞地慷慨激昂地颂扬任何人。细究一下亚历山大关于第欧根尼的言辞,看看是否可以直击道德哲学中的一个重大问题:什么是最大的幸福,是享受还是蔑视身外之物? 当看到第欧根尼完全满足于自己的几近一无所有时,亚历山大对那些嘲弄其状况的人说道:"我若不是亚历山大,我愿做第欧根尼。"但塞涅卡把这句话倒过来说:"第欧根尼拒绝了的东西比亚历山大能够给予或享受的东西还要多。"②

(13)再来看看他常说的话:"他主要在两件事——睡眠和欲望——上感受到他有死的属性。"如果这话不是摘取自具有自然哲学深度的讲辞,就更像出自亚里士多德或德谟克利特之口,而非出自亚历山大。

(14)再看看他那关于人性和诗歌的言辞。他受伤流血时,把一个常常歌颂他具有神圣荣誉的谄媚者叫来,对他说:"看看,这就是血,不是荷马说的从被狄俄墨得斯(Diomedes)刺伤的维纳斯手上流出的那种液体。"

---

① Plutarch, *Parallel Lives*, "Life of Alexander", 8. 1. [译注]培根提到的关于亚历山大的轶事,均出自普鲁塔克的描述。

② Seneca, *De beneficiis*, v. 4.

61　　（15）同样，从他对卡桑德①说的话里，可以看出他指出逻辑破绽时的机敏。有人起诉卡桑德的父亲安提帕特②，亚历山大随口说："你认为这些人如果不是真有悲痛之事，会愿意跑这么远来起诉吗？"卡桑德回答道："对，这就是问题所在，因为他们认为如此他们就不会被认为在作伪。"亚历山大笑道："看看，这就是亚里士多德式精妙，事情的 pro et contra［正反两面］他们都有了。"

　　（16）不过再提一下，亚历山大有时也用他谴责的技艺来达成自己的目的。他私下嫉恨卡利斯忒尼，因为后者反对他的新拜神仪式。一天夜宴时，卡利斯忒尼也在场。晚餐后有人提议，为了娱乐娱乐，善于雄辩的卡利斯忒尼可以自己选择一个主题演讲一番。卡利斯忒尼应允了，选择了赞扬马其顿人的国作为演讲主题。他风姿卓著的演讲让听众如痴如醉，亚历山大却并不高兴，说道："就一个好的主题能言善辩固然容易，换换风格吧，让我们听听你能说些什么反对我们的话。"卡利斯忒尼立刻照做，他生动的演讲刺痛了亚历山大，后者打断他："他之前的雄辩源于我们的美好事业，现在的雄辩却源于他自己的怨恨。"

　　（17）再说说亚历山大的转义修辞，他责骂安提帕特时对暗喻或转换的精妙运用。安提帕特本是一个专横暴虐的官员，其一位

①　［译注］卡桑德（Cassander，前350—前297），安提帕特的长子。公元前319年，在父亲将摄政权移交给波利伯孔后，卡桑德联合托勒密（托勒密王朝的建立者）及安提柯（安提柯王朝的建立者），向摄政王波利伯孔宣战。公元前309年，卡桑德毒杀亚历山大大帝的妻子罗克珊娜及儿子亚历山大四世，再收买波利伯孔毒杀亚历山大的私生子海格力斯。公元前305年，卡桑德在控制局势后建立了安提帕特王朝。约公元前301年，卡桑德与忒撒罗尼迦（Thessalonica，亚历山大大帝同父异母的妹妹）结婚，与托勒密和利西马科斯组成联盟对抗安提柯，并在安提柯败死于伊普苏斯战役后成为马其顿的最高统治者。

②　［译注］安提帕特（Antipater，约前397—前319），马其顿王国大臣。亚历山大东征时，委其"监国"重任。公元前330年，征讨斯巴达，维护马其顿对希腊的统治。亚历山大死后，又镇压雅典等城邦的反抗运动。公元前321年，任亚历山大帝国摄政王。公元前319年逝世前，他拒绝将权力交由儿子卡桑德，而是交给另一位亚历山大的将领波利伯孔。

朋友却向亚历山大称赞他施政温和,说他不像其他官员那样堕落
到沾染上波斯人的傲气以至身着紫色,而是坚持马其顿古风,身着 62
黑色。亚历山大回应道:"是的,但是安提帕特的内心却是紫色
的。"又一次,在阿尔贝拉平原上,帕门尼奥(Parmenio)过来指给他
看无以计数的敌人,尤其是在无数灯火下这些敌人显得像一方布
满群星的天幕,因此帕门尼奥建议晚上偷袭,而他却回答道:"我不
想偷取这场胜利。"

(18)在为人之道方面,可以衡量一下他做的那个重要区分,
所有时代都存在的那种区分。即他说他的两个朋友赫菲斯提昂
(Hephaestion)和克拉特罗斯(Craterus)"一个爱亚历山大,一个爱
国王",其实是对君主们最好的仆从做了重要区分,有些爱的是君
主这个人,有些则出于尽职而爱有王冠之人。

(19)再思考一下他如何绝妙地批评君主顾问们的常见错误。
这些人根据自己的思维模式和机运,而不是站在其主人的立场来
提供建议。一次,就大流士敬献的礼品,帕门尼奥说"我要是亚历
山大我就收下这些东西",亚历山大说"嗯,我要是帕门尼奥我也
会收下"。

(20)最后,他曾把大量礼品分发给他的朋友们和仆从们,有
人问他给自己留了什么,他毫不迟疑且十分敏锐地回答:"希望。"
我的意思是,想想他的思虑是否正确,因为希望正是胸怀大志之人
必须具备的条件之一。恺撒率先进入高卢时,正是心怀着希望把
财产全部慷慨赠出。① 这同样也是那位高贵的吉斯公爵亨利②的
特点,不管其野心有多大,人们常常说他是法兰西最大的债主,把 63

---

① [译注]培根关于恺撒的故事也出自普鲁塔克,参见《希腊罗马名人传》中的《恺
撒传》。

② [K]即第三任吉斯公爵,洛林的亨利(Henri de Lorraine, 1550—1588),据说他与美
第奇家族的卡特琳娜(当时的法兰西王太后)共同谋划刺杀当时的海军上将,从而
诱发了法兰西著名的圣巴托洛缪大屠杀(1572)。

全部财产都用来买人情了。

（21）因此，总结一下，就像某些批评家曾夸张描述的那样，"即使丢失了所有科学，也能在维吉尔的作品中找到"①。同样也可以说，在后人关于这位君主不多的言谈里，可以找到学问的印记和足迹。我如此敬佩他，以至为他花费了这么多笔墨，不是因为他是亚历山大大帝，而是因为他是一个亚里士多德式学者。

（22）尤利乌斯·恺撒的卓越学问，无须以他所受的教育、他的友伴或他的演讲来证明，他的著述和作品已经在更高程度上表明了这点。有些作品被保存至今且会永久流传，有些却不幸遗失了。首先，我们看到保存下来的有卓越的战争史，记录的都是他亲自指挥的战争，他将其命名为《备忘录》（Commentary）。② 所有后世之人都惊叹于这作品材料详实，故事真实，对人物刻画和活动场景描述生动，用词表达最为恰当得体，语言简明史无前例。这并不是他的天赋使然，而是学问和规范的结果，这在名为《论类比》（De Analogia）③那本文法基本原理书中得到极好展示。他竭力把 vox ad placitum［随意表述］变为 vox ad licitum［规范表述］，将惯俗表达归置为标准语，将其视为从理性生活得来的文字描述。

（23）我们还从他那里得到一部改良了的纪年法，④这不仅是他权力的丰碑，也是他学问的丰碑。这充分表明，他认为观察并获知天国的法则，与为地上的人们立法一样，都是伟大的荣耀。

64

① ［K］引自马克罗比乌斯的《农神节》（Saturnalia）I. 16. 12。马克罗比乌斯是活跃于公元 4 世纪前后的古罗马作家。《农神节》为七卷本对话，为致敬维吉尔而创作。
② ［K］即恺撒所著的《高卢战记》和《内战记》。
③ ［K］已遗失，西塞罗在其《布鲁图斯》中曾提到此作。
④ ［译注］即尤利乌斯纪年法（Julian calendar），或译儒略历。恺撒采纳数学家兼天文学家索西琴尼的计算后，于公元前 45 年 1 月 1 日执行的新历法。儒略历中，一年被划分为 12 个月，大小月交替；四年一闰，平年 365 日，闰年 366 日为在当年 2 月底增加一闰日，年平均长度为 365. 25 日。由于实际使用过程中累积的误差随着时间越来越大，1582 年教宗格里高利十三世颁布、推行了在儒略历基础之上改善而来的格里高利历法，即沿用至今的公历。

（24）同样,他那本《驳加图》(*Anti-Cato*)无疑表明,他与渴求战场取胜一样强烈地渴求智慧过人:渴望参与一场同当世最伟大的作家——演说家西塞罗的竞争。

（25）在他收集的《箴言集》(*Apophthegms*)里,我们发现,他认为让自己成为记录他人明智精辟言语的记录板,比让自己的每一句话成为格言或圣谕更有荣誉。后者是虚荣自负的君主,习惯了谄媚之言,装模作样干的事儿。如果列数一下他的各种言辞,就像我们在讨论亚历山大时做的那样,就能发现那些话的确如所罗门所讲,"智慧之人的语言,就如蜇刺和钉牢的钉子"①。我只讲三个例子,②那些话并不优雅怡人,但却气势如虹、直戳要害、令人惊叹。

（26）首先,说他是语言大师,是因为他用一个词就平息了军队的叛乱。罗马人的将军们对部下讲话时使用的称谓是 Milites[士兵们],职官们对人民宣讲时用的称谓是 Quirites[公民们]。士兵们发生骚乱,煽动性地要求解除他们的军职。其实那并不是他们的意图,而是想以此要挟恺撒答应其他条件。恺撒决定绝不让步,沉默了一会儿,他开始说话,"Ego Quirites"[公民们,我……],这个称谓意味着士兵们的军职已被解除。士兵们如此吃惊、愤怒和困惑,甚至不愿再听他继续讲话。然后,他们放弃了之前的要求,转而要恺撒再次称他们为"士兵们"。

（27）第二个例子,恺撒的确非常喜欢"王"(Rex)这一称谓,于是暗中安排人,在他路过时当众欢呼致敬他为王。然而,当他发现呼叫声微弱无几时,立刻以一种诙谐的方式将其叫停。他说,"Non Rex sum, sed Caesar"[我不是雷克斯,而是恺撒],好像是人们把他的姓氏叫错了。仔细琢磨这句话,其鲜活与意蕴难以言表。首先,这句话拒绝了王之名,但又不是严肃认真地拒绝;其次,此话

65

---

① 《旧约·传道书》12:11。
② [译注]前两个例子取自苏维托尼乌斯《罗马十二帝王传》中的《神圣的尤利乌斯传》,第三个例子取自普鲁塔克《希腊罗马名人传》中的《恺撒传》。

的确显示出无穷的自信和大度,似乎他认为"恺撒"是更伟大的称号,事实上正是因为他值得,这称号才传承至今。但主要是,这句话是实现他自己的目的的巨大诱导,仿佛整个国家与他争抢的只是一个被授予贫寒家族的姓氏。因为 Rex 是罗马人的姓氏,就像 King[王]在我国也是姓氏一样。

(28)我要提到的最后一例,那话是对梅特卢斯(Metellus)说的。恺撒宣战后就占据了罗马城,其间曾想进入内库取点钱财,护民官梅特卢斯不允许。恺撒对他说:"如果你不停止你的行为,我会让你就地横尸。"说完马上又自我责备,还继续讲:"年轻人啊,对我来讲,说比做要难啊。"此话所蕴含的震慑和仁慈都堪称登峰造极,也是人言所能达到的极致。

(29)回到主题,总结恺撒其人,显然他对自己长于学问有自知,并以此为傲。因为,当有人议论苏拉①辞去独裁官职务的决定令人费解时,恺撒用自己的长处笑话他:"苏拉不善文辞技巧,所以不知如何裁断。"②

(30)关于武德与学问兼具的例子本应到此为止(因为还有什么例子比亚历山大和恺撒更恰当、更有代表性呢?),然而,尽管情况实属罕见,我还找到另一个特别的例子,从被极度鄙视忽然转为令人叹为观止的例子。这就是哲学家色诺芬,他本是苏格拉底的弟子,因参加小居鲁士讨伐波斯王阿尔塔薛西斯③的远征而进入亚细亚。那时色诺芬非常年轻,从未见识过战争,更未指挥过军队,只是因为喜欢好友普罗克塞诺斯(Proxenus),想和他待在一起,便自

66

---

① [译注]苏拉(Lucius Cornelius Sylla,前137—前78),公元前82年进占罗马城,颁布"公敌宣言",残杀政敌,恢复元老院的特权地位,限制公民大会及保民官等行政长官的权力。次年被公民大会批准为独裁官,任期不限,史称"苏拉独裁"。但两年后辞职,"隐退"乡间,实际上对罗马国事仍有影响,次年病死。

② [译注]独裁官——dictator(拉丁文同形),裁断——dictate(dicto),恺撒在玩文字游戏以讥讽苏拉。

③ [K]阿尔塔薛西斯二世(Artaxerxes II,约前436—前352),大流士二世之子,公元前401年在库纳克萨(Cunaxa)击败小居鲁士。

愿从军了。居鲁士战死沙场后,剩下的少数军队被围困在波斯境内腹地,远离故土数百英里,除了数次渡河航行外无法不战而返。波斯王派信使法里努斯(Falinus)来到希腊人中间,要他们缴械投降,听候国王处置,色诺芬当时也在场。希腊军队还没有正式回复,就有诸多士兵与法里努斯亲密交谈。色诺芬从人群中起而回复:"法里努斯啊,我们现在仅剩两件东西,武器与美德;若是缴了我们的武器,我们拿什么实现我们的美德呢?"法里努斯笑答道:"如果我没看错的话,年轻的先生,你是雅典人,我想你定是哲学家,你所言也着实动听。然而,如果你认为你们的美德能抵挡得住我王的威力,你会受到奇耻大辱。"①这就是鄙视。而奇迹紧接着发生了。当所有将领在谈判中被背叛谋杀后,这个年轻的学者或哲学家,率领万余步兵,穿越波斯帝国所有腹内高地,突破了波斯王的军队,从巴比伦平安返回希腊,让整个世界为之惊叹。这也鼓舞了后世的希腊人不断对波斯诸王发动进攻,例如色萨利人雅森②策划过,斯巴达人阿格西劳斯③尝试过,而马其顿人亚历山大成功征服了波斯,所有这些都是因为那个年轻学者的壮举为他们奠定了基础。

VIII.(1)现在我们从帝业和武德转向道德和个人德性的讨论。首先,古诗有言,"汝当高贵,习精文艺;雅和举止,不尚野蛮"④,这是确定的真理。学问可消除人们心灵中的野蛮、暴虐和凶残之性。但重点需要放在诗里的 fideliter[精]一词,因为些微肤

① Xenophon, *Anabasis*, ii. 1. 12–14.
② [K]色萨利人雅森(Jason the Thessalian,约前380—前370在位),费莱(希腊色萨利区一座古城)僭主,在公元前370年调动大军,但还未出征就被谋杀。参见 Xenophon, *Anabasis*, vi. 1. 19。
③ [K]阿格西劳斯(Agesilaus the Spartan,前444—前340),斯巴达国王,在公元前396—前394年曾出兵,但很快撤军。Plutarch, *Parallel Lives*, "Life of Agesilaus".
④ Ovid, *Epistulae ex Ponto*, II. ix. 47–48.

浅的学问往往适得其反。学问可驱逐所有轻浮、鲁莽、傲慢，因为
它为一切疑惑和困难提供丰富的建议，让人们具有衡量正反两面
事由的思维方式，阻止人们有了一个念头或突发奇想就轻举妄动，
避免接受未经审视和试验之物。学问也让人免于虚妄地艳羡任何
事物，这是一切软弱的根源。人们羡慕之物无非有二，要么新，要
么伟大。全身心徜徉在学问或沉思里的人，无一不会发现并牢记
这句话，Nil novi super terram［大地之上，无物为新］。① 如果人们
能走到木偶戏表演的幕帘背后，充分了解其动作的奥秘，便不会再
对其感到惊奇。像亚历山大大帝那样的伟大人物，当他习惯了统
68 领大军，在亚细亚的广袤大地上东征西战后，在收到来自希腊之外
关于一些小战役、小股军队——通常不过是涉及一段河道、一个堡
垒，或最多是某些有墙围着的城镇——的战报时，他说："给我汇报
的这些似乎是古老传说中关于青蛙和老鼠的战斗。"②同样，一个
深入思考过自然普遍结构的人会发现，人类（灵魂神圣的人除外）
生活的地球也与蚂蚁山并无二致。有些蚂蚁扛着粮食，有些带着
幼崽，有些一无所有，全都来来回回，不过也就是一堆尘土。③ 学问
能消除或缓解我们对死亡或厄运的恐惧，那是德性的最大阻碍、行
为规矩的最大瑕疵。如果人的心灵深陷于对人的有死性和万物终
将消逝本质的考量，便很容易认同爱比克泰德④。爱比克泰德一天
出门的时候看到一位妇女对着她摔坏的陶罐子抹泪，第二天出门
时又看到另一位妇女在哀悼自己死去的儿子，他说："昨天我看到
一件脆弱之物碎了，今天又看到一个人死了。"因此，维吉尔出色而

----

① 参见《旧约·传道书》1:9。
② Plutarch, *Parallel Lives*, "Life of Agesilaus".
③ Seneca, *Naturales quaestiones*, I, praefatio.
④ ［译注］爱比克泰德（Epictetus, 60—140），斯多葛学派哲学家。出身于奴隶家庭，童
   年时被卖到罗马为奴，后师从斯多葛哲学家鲁佛斯（Musonius Rufus），并获自由；他
   在罗马建立了自己的斯多葛学园。代表作有《沉思录》和《爱比克泰德语录》（据说
   为其学生整理而成）。

深刻地把对原因的了解和对所有恐惧的征服结合在一起,二者
concomitantia[紧密相连]:

> 幸福,乃获知万物之因;
> 一切恐惧、无法更改的命运,
> 乃至阿刻戎贪婪的怒啸,
> 都屈服于获知者之足下。①

(2)把学问对心灵各种疾病的特殊治疗方式都说道一番,
需要太多时间。它有时净化不良情绪,有时清除心结,有时帮助
理解吸收,有时增强求知欲,有时疗伤清疡,等等。因此,我只能
以总结性话语来得出结论,即学问塑造我们的心灵结构,使其避
免落入各种缺陷无法挣脱,有能力并随时准备好成长和自我革
新。不事学问的人不知道自己从祖辈那里继承了什么,不知道
自己存在的理由,也享受不到"最甜蜜的生活是感受到自己每天
都在进步"的乐趣。他们愿意学习如何充分展示自己的长处,并
巧妙地利用那些长处,但却不愿进一步提升。他们会学习如何掩
藏和粉饰自己的错误,而不是设法弥补。像一个糟糕的割草人,一
味地割草,从不磨割草刀。而学者却不同,他们从不停歇地运用和
使用自己的大脑以让它处于不断修正和改善中。更进一步,总体
概括地讲,Veritas[真]与Bonitas[善]当然有区别,但就像印章和
印迹的区别一样,真印出善,而假之乌云只会带来激情和不安的
风暴。

(3)我们现在从学问对道德德性的作用转向它对权力和法令
的影响,思考是否有正当理由证实还有什么比知识更能有益于人
的自然性,更能让其日臻完善。法令的尊严有赖于被命令者的尊

① Virgil, *Georgics*, ii. 490-492.

严,牧人之于牧畜的命令并不高贵,教师之于孩童的命令也只有些微荣耀,对囚犯司发号令甚至被人轻视而非被视为荣耀。僭主的法令也好不到哪里去,他们统治的民众已经丧失了其心灵的高尚情操。因此,人们一直认为,自由君主国和共和国里的荣耀比僭主 70 制国家里的更甜美,因为其命令更多指向人们的意志,而非仅仅约束其行为,令其服务。所以,维吉尔提议把属人的最大荣耀归于奥古斯都·恺撒,他如此写道:

> 胜利者为有意愿的民族立法,
> 影响通往奥林匹斯山之路。①

可是,知识的命令比针对意志的命令更高,因为它指向人的理性、信念和理解力,这些是心灵中最高的部分,为意志立法的部分。大地之上,能够在人的精神和灵魂里,在人的认知、想象力、意见和信仰里自设王冠或王座的,只有知识和学问,别无他物。因此,我们看到,异教首领们、假先知们、骗子们一旦发现他们在人们的信仰和良心里已经掌握了优势,会非常可憎地感到极其愉快,万分激动。这乐趣如此巨大,一旦浅尝,哪怕遇到再大的折磨或迫害都很难让他们放弃或终止其追求。这就是《启示录》作者所谓的"撒旦深奥之理"②,所以通过对立面论证,通过得到经过正确阐释的真理的力量,正义且合法地管控人们的认识,能达到最接近神圣统治的高度。

(4)至于机运和进步,学问的善行还不仅仅局限于给国家和联邦带来机运,也同样会给个人带来机运。很久之前人们就明白, 71 尽管苏拉、恺撒或奥古斯都等人非常慷慨,常常馈人财物,并把土

---

① Virgil, *Georgics*, iv. 561–562.
② 《新约·启示录》2:24。

地分予如此多军团,但是荷马却给了更多人生计。当然,很难说武器和学问哪一个带来了更大量的增进。说到最高统治权,如果说靠武器或血统已经赢得了王国,但学问也已经抓牢了神职之位,帝国与神职之间存在某些永恒的竞争。

（5）知识和学问带来的快乐和喜悦,在本质上远超其他所有事物。因为,情感的愉悦远胜过感官的愉悦,就像实现愿望或获得胜利的快乐远超一首歌或一顿饭带来的快乐一样。难道智力或认识方面获得的愉悦不一样胜过情感的愉悦吗？我们发现,所有其他快乐都存在一种餍足状态(satiety),即当习惯了那种快乐后,最初的新鲜感就消失了。这充分表明它们都是虚假的快乐,不是真正的快乐,让人感到快乐的是新奇感而不是事物本身的性质。因此,我们发现,满足于感官的人最后变成了修士,雄心勃勃的君主最后陷入忧郁。但是,求知永不会有餍足状态,满足和求知欲永恒交替出现。因此,求知带来的愉悦本身即是好,不含任何幻象或意外。学问给人的心灵带来的愉悦,其功效和满足感也并不小,诗人卢克莱修优雅地描述过：“于海边伫立或漫步,看海上小船颠簸在风浪中,或于防御加固的高塔上,看双方交战于平原,都是令人愉悦的景象。然而,最无法比拟的愉悦却是,让人的心灵在确定的真理中安放、着陆、加固,并由此能觉察和看到其他人的错误、纷扰、辛劳和流浪沉浮。”[1]

（6）最后,抛开这些凡俗论据不谈,即好学的人胜过一般人正如一般人胜过兽一样,或人通过求学可升至肉体无法企及的天国并见其各种运动,诸如此类等等。我们来总结一下人性凭靠知识和学问最渴望获得的尊严与卓越,即人的不朽或延续。正是为了不朽或延续,人们照料后代、修房筑家,人们建大厦、筑地基、修纪念碑,人们渴望回忆、名声和颂扬,实际上这也正是驱动人类所有

72

---

[1] Lucretius, *De rerum natura*, ii. 1–10.

其他欲望的力量。我们看到,智慧和学问的丰碑要比权力或工匠竖立的纪念碑屹立得久远得多。难道荷马的诗篇不是传承了2500多年,甚至还会传承更久,一个音节一个字母都没有丢失吗?在这期间,无数宫殿、庙宇、城邦、城市早已残败损毁。时过多年,已经很难得到居鲁士、亚历山大、恺撒或任何国王、要人的真实画像或雕塑,因为原作无法保存那么久,复制品只不过是失去了鲜活性和真实性的残渣。然而,人的智慧和知识的影像却能在著作中永存,免受时间的错待,有能力时时革新。称其为影像其实不太合适,因为它还有产出,它将种子撒播在其他人的心灵里,引发或导致后世诸代无穷尽的行动和评价。因此,如果发明船舶被尊为高贵之举,因为船舶让财富和货物能在各地运转,让最偏远的地区都

73 能彼此交流互通有无,那么发明文字之举该得到何等赞誉?文字,如船舶般穿越浩瀚的时间之海,让如此遥远的各个时代彼此分享智慧、启示和发明。我们看到,有些最远离神性、完全沉浸在感官里的哲学家,通常否认灵魂的不朽,但在这一点上,他们也承认,那些不需要身体器官参与的、人类纯粹的精神活动,可能在身体逝去后仍然存在,那些活动并不包括情感活动,只有智力活动。那么,知识对他们来说也是不朽和不会腐烂之物。但是,通过神圣启示我们知道,知识不仅净化了认识,也净化了情感,不仅改变了精神,也改变了肉体,这些被净化的和被改变的都会被提升至不朽,所以我们决不认可他们这些感官的初级原理。然而也必须记住,在本部分最后一点以及其他需要的地方,为了考察知识或学问的尊贵,我一开始就区分了属神的证据和属人的证据,我一直秉持这种方法,将二者分开讨论。

(7)然而,我不会假装推翻了其他人的看法。我知道我不可能这么做,也恳请自己别这么做。《伊索寓言》里的鸡更喜欢麦粒而非宝石,弥达斯被选中作为掌管缪斯女神的阿波罗和掌管畜牧

的潘的裁判时,选择了丰润之音;①帕里斯选择了美人和爱,放弃了
智慧和权力;②阿格里皮娜(Agrippina)愿意接受一切令人憎恶的
条件,让儿子成为统治者,儿子却为了统治杀死自己的母亲;尤利
西斯(Ulysses)为了一个老妪舍弃了永生,成为为了传统和习惯舍   74
弃一切卓越的典型;诸如此类的个人选择例子还有很多,我都不会
假装推翻了它们。因为这种事情如其所是会一直存在,但学问所
凭靠的东西也会一直存在,永不消逝,Justificata est sapientia a filiis
suis[智慧之子总以智慧为是]。③

---

① [K]奥维德《变形记》第十一卷里讲到,弥达斯拒绝裁定阿波罗的竖笛优于潘的长
   笛,被"赏赐"了两只驴耳朵。
② [K]赫拉、雅典娜和维纳斯争夺标志着"最美丽的女神"的黄金苹果,宙斯指示可由
   帕里斯做裁判。三位女神都希望帕里斯将苹果判给自己,分别许给他三种礼物,即
   三位女神分别代表的德性——权力、智慧和爱。帕里斯选择了维纳斯,因而得到了
   美丽的妻子海伦,最终海伦引发了特洛伊战争。
③ 《新约·马太福音》11:19。

75

第二卷

献给国王陛下

（1）伟大的陛下，那些子嗣充足且能预见到其后代可能不朽的人，应该同样更在意未来的福祉，他们知道不得不把自己最珍贵的信物全都传承并托付给后代。虽然不时会出现相反的情况，但似乎这样会有更大的效益。伊丽莎白女王终身未婚，所以在这世上她只是个过客，但对她的时代是件幸事。除了关于她本人的美好记忆，人们对她卓越统治的记忆，使她能够流芳百世。然而陛下您，上帝已经赐予您如此多皇嗣，他们值得永久地代表并延续您的功绩，他们年轻富饶的基床正值盛期，新产绵延。恰当适宜之事，是不仅熟知管理政务的情急之计，也掌握本质上永恒长久之法。

其中，最有价值之事莫过于赋予这个世界更富有成效的理性知识（如果我没有被自己的爱好带偏的话）。既然我们有陛下您这样光亮宜人的明星指引我们，使我们兴盛，为何只让几个已被认可的学者如赫拉克勒斯之柱①那样矗立，除了他们就没有任何其他航线或发现了吗？因此，回到我们的话题，需要考量的是，国王们和其他人为了提升和发展学问曾从事和实施了哪些方案？我打算不蔓不枝地主动谈论这个话题。

---

① 赫拉克勒斯之柱，位于西班牙和北非之间的直布罗陀海峡边上的两大块陡峭岩石，传说中由赫拉克勒斯所立，以标记世界的最西端。

（2）首先要奠定如下基础,完成所有工作一般都需要丰富的
酬劳、正确的方向和各方劳作的配合。第一个增加人们的工作积
极性,第二个防止出现错误,第三个弥补人的脆弱性。但其中最主
要的是方向,因为跛足之人沿着正确的道路前行,也能超过偏航的
善跑者。所罗门将这道理极好地表述为:"铁刃钝了,不磨就得多
费力气,但智慧却永远领先。"①意思是,方法创造或择取比任何执
行或苦干积累都更有效。我之所以这样说,不是要贬低任何致力
于学问的人的高贵动机,而是我确实观察到他们的工作和行为更
多只是华丽壮观、值得记忆,而不是为了进步和提升,更多只是通
过增加学者的数量而扩增了知识的量,却没有改良或提升各个
学科。

（3）促进学问的工作或行为关涉三个目的——研究学问的场
所、学术书籍和从事学术研究的人。就像水,不管是源自天上之水
还是地上的泉水,都是泼洒在大地上,如果不将其收集汇聚在某个
容器里,就无法保存。出于同样的原因,人们努力挖泉眼、修沟渠、
筑水箱、建水池,不仅让这些建筑具有实用性和必要性,还一直习
惯于美化、装饰它们,让其雄伟壮观,可以供人敬仰。同样,卓越的
知识之水,不管来自神圣启示还是人类理智,如果没有书籍、传统、
学术会议,以及特定的场所例如大学、学院、学校等来保存、接收、
支持它们,很快也会因遗忘而湮灭消失。

（4）关涉到学问保存场所的工作有四类——基础和房屋修
建、税收资助、特许和特权扶持、管理体制和法令——都是为了让
学者有安静、私密的生活,免除忧虑和烦恼。这很像维吉尔描述的
蜂房选址:"先寻找养蜂的处所和驻地,那地方得能避风。"②

（5）关于书籍的工作有两类——首先是藏书楼,那是保存和

①　《旧约·传道书》10:10。
②　Virgil, *Georgics*, iv. 8-9.

安放所有古代圣贤遗物的圣殿,满载没有任何谬见或欺诈的真正美德;其次是印发著作的新版本,印本要更精确,翻译更忠实,训诂更有用,注疏更细致,等等。

(6)涉及学术研究者的工作(除了总体上提升和支持他们以外)有两类——对于研究已经创造出来的现存各门科学的人,予以奖赏和委任;对于追求探索还没有得到充分研究和开拓的各种学问的作者和研究者,予以奖赏和委任。

(7)以上我归纳了很多优秀的君主和值得尊敬的赞助人为了促进学问所做的工作及其表现,这些大家都比较熟悉。至于某些特定的值得一提的东西,我记得西塞罗在致谢时曾说过的话,——列举太过困难,漏掉任何一位都不太礼貌。① 那么我们就根据《圣经》的指导,看向我们面前尚未踏足之路,而不回头顾盼已经走过的行程。②

(8)首先,我发现有一点很奇怪,欧洲那么多伟大的学院都致力于专业研究,却没有一所整体上专于研究技艺和科学的学府。如果人们认为学问应以实用为目的,那自然也不错,但这种判断却陷入了古老寓言描述的那种错误,即身体的其他部位认为胃懒散无用,它既不像四肢司管身体的动作,也不像头脑掌管理智,然而胃却主管消化并把能量分给身体其余部分。因此,如果有人认为研究哲学和普遍性无用,那他就没有考虑到哲学为所有专业服务,为其提供支撑。我认为这种看法是阻碍学问进步的一个大障碍,因为人们只是在顺便研究这些基础知识。想要果树比过去更高产,花力气整治树枝并没有用,只能翻土,在树根处放置新肥料肥沃它。同样不能忘记的是,把建筑与款项捐献都用于职业学问研究不仅对各门科学的成长产生了消极影响,而且有损国家和政府。

---

① Cicero, *Orationes. Post reditum in Senatu*, xii. 30.
② 《新约·腓立比书》3:13。

因为如果大学教育不自由，不能如其所愿地研究历史、现代语言、施政和公共演说作品，以及其他能服务于国家的学问，那么君主在需要能人为其服务的时候，就会发现孑然一身，无人可寻。

（9）创办大学的人好比在播种，组办讲座的人有如在浇灌。接下去要说到公共讲座中的缺陷，即在很多地方，付给教授们的薪水和报酬都小气吝啬，少得可怜，不管是人文学科讲座还是职业讲座。在科学发展的道路上，讲授科学的人应如受命发明和宣传科学的人一样，必须都是最有能力、资源最丰富的人，区别于为了暂时应用科学的人。要实现这一点，在生活条件和待遇方面，必须保证最有能力的人把他的全部精力和他的整个余生都投入到完成那一职责中，绝不缺席。因此必须划出一部分资金给普通人或有上升能力的学者专款专用，他们的收入应与一份专业工作或专业应用工作相当。想要科学繁荣发展，需要遵守大卫的军事法则，"照料马车的人应该与上阵的人赏罚相当"①，否则马车就得不到精心照料。科学研究者们就相当于科学仓库和供给品的守护者，给实际应用科学的人提供补给，因此理应获得与他们同等的报酬。否则如果科学父辈们变得最虚弱或者得不到供给，那么"父辈的瘦骨嶙峋预示着子孙们腹中空空"②。

（10）我注意到的另一个错误，需要借助炼金术士号召人民卖书修炼炉的例子来说明，这相当于把密涅瓦和缪斯视为不孕少女离弃掉，转而依靠伏尔甘③。的确，要深入、卓有成效且可操作地研究各门学科，尤其是自然哲学和物理学，书籍不是唯一所需之物，还必然需要其他人的共同善行。我们发现，天文学和宇宙结构学的研究，除了书籍，还需要天体仪、地球仪、星盘、地图等辅助设备。

① 对《旧约·撒母耳记上》30:24 经文的重述。
② Vergil, *Georgics*, iii. 128.
③ ［译注］伏尔甘，罗马神话中的火神，相当于希腊神话中的赫菲斯托斯，也是智慧之神。

同样，一些医学研究机构也有附带的花园种植各种药草，或存放供解剖研究的尸体。这些的确值得慎重对待，但却只有少数事务得到重视。总体来说，除非专门拨款用于实验花销，否则很难在揭秘自然上有任何重大进步。不管是做伏尔甘司管的实验，还是做代达罗斯①司管的实验，不管是炼炉实验还是机械实验，或是任何实验，都需要实际去做。因此，正如君主和国家的秘书与侦探会报送他们用于收集情报的账单，同样也必须允许窥探自然的侦探和情报员报送他们的账单，否则得不到正确的提示。

（11）亚里士多德致力于编纂一部自然史时，亚历山大拨付专款供他自由支配，用于支付给猎人、捕野禽者、渔夫等人的酬劳。如此，那些辛苦研究自然各学科的人值得获得更好的待遇。

81　　（12）我注意到的另一个缺陷是，各大学的管理者中断或忽略了咨询磋商事务，君主或高级官员中断或忽略了巡视事务；没有人考虑和斟酌，从古代就开始并一直延续下来的研究、练习和其他与学问相关的风俗是否建构得当，因而也发现不了需要修补或改良的不合时宜之处。陛下您自己最明智、最具王者之风的箴言之一就是："所有惯用法和判例，要首先考虑它们最初出现的时代。如果那时代微弱或无知，它就会逐渐失去权威，遭到贬损，被人怀疑。"②因此，涉及大学的大部分习惯做法和规定都源自鲜为人知的时代，须得重新审视。我将谈及一两个这方面最明显、最广为人知的例子来说明。第一个是，大学的学者们太快、在太不成熟的时候就接触到逻辑学和修辞学，这个做法虽然源自古代且比较普遍，

①　[译注]代达罗斯，希腊神话里的建筑师和雕刻家，曾为克里特国王米诺斯建造迷宫，后被米诺斯关入迷宫，想出由空中脱逃的方法。

②　[K]国王詹姆斯一世在其著作《强烈抨击烟草》(*A Counter-Blaste to Tobacoo*, 1604)中的原文如下："正如那些习俗，若其最初的确立是基于虔诚、必要或高尚的理由，并且是由某位值得尊敬、品德高尚的伟大人物引入，它们理所当然会受到所有明智、有德性且节制之人的高度尊重和重视。相反，那些源于卑劣腐败和野蛮行为的习俗，且最初传入一国是出于轻率和幼稚的猎奇心理，就必然蒙受极大的耻辱，烟草的最初发明和传入我国的情况正是如此。"

但我以为是一个错误。这两门学科更适合大学毕业后研习，而不太适合幼稚的人和初学者。严格地讲，这两门学科是科学中最重大的学科，技艺中的技艺。研习前者的目的是判断，研习后者的目的是修饰。① 这些东西是开启和安排事务的规则的方向。因此，头脑空空、对处理事务没有任何经验、没有累积任何西塞罗所谓的sylva[素材]和supellex[变化]的人，就开始学习这些学科（就像要让人学习如何权衡、测量或描绘风一样），其效果必然是，这些学科的智慧——如此重要且具有普遍性的智慧被弄得鄙下卑劣，被贬低为幼稚的诡辩和荒谬的装腔作势。甚至，由于过早学习这些学科，就不得不为了适合孩童的能力水平，教授和编写一些肤浅和不切实际的东西。我在大学里发现的另一个缺陷是，在练习中把创新和记忆分隔得太远。他们的演说要么是verbis conceptis[预先准备好的言辞]，没有多大创新空间，要么就是纯粹的临场发挥，很少需要记忆的参与。然而，在真实的生活和行动中，很少有场合只需要二者中的一个参与，大多数场合都要求预先准备与临时创造、记录与记忆相互结合。因此，那样的练习既不符合实际，也不是对真实生活的模拟。练习中有一条永远成立的真实法则，即要把练习设计得尽可能切合真实生活，否则会误导心灵的活动和功能，而不是让其做好准备。这一真相并不难看清，当学生们开始专业实践，或为其他公共生活领域的活动做准备时，即当他们开始做的时候，自己很快就能发现这一缺陷，其他人发现得更快。但这部分只谈论大学体系和规程的改善，我将用恺撒写给奥庇乌斯（Oppius）和巴尔贝斯（Balbes）的信中的一句话来总结："关于这一点如何能够实现，我已经有了一些想法，更多想法日后也会涌现。我希望你们也关注一下，考虑一下这些事情。"②

82

---

① [K]辩证法教人辨析、论证观点，修辞学教人如何有效地展示观点。
② Cicero, *Epistulae ad Atticum*, ix. 7.

（13）我注意到的另一个缺陷比前一个更严重一点。在同一
个国家和王国内,学问的进步在很大程度上有赖于大学的规程和
体系,但如果欧洲各个大学之间建立比现在更多的智识互通,那学
问将会取得更大的进步。我们看到,有很多修会和基金会,虽然分
83   属不同的主权者,位于不同的疆域,但它们相互之间建立了一种合
约、兄弟关系和彼此的联系,因此既具地方性,也有普遍性。就像自
然造就了家庭中的兄弟关系,手工技艺在社区里形成同业会,上帝
的涂油礼在国王和主教之间增加手足情谊一样,学问与启示之间同
样也不能缺少兄弟间的亲密,父权归于上帝,他是启示或光明之父。

（14）我要提到的最后一个缺陷是,有一些知识领域貌似是因
为我们的努力程度不够,因而没有什么收获,但却从来没有或极其
少有以公共指派的方式,让一些作者或研究者去从事这些领域。
这项工作可以诱导人们观察和审视,哪些学问已经在研究之中,哪
些被忽视了。有些领域,很多人认为已经研究得够多了,却往往是
它缺乏研究的原因所在,大量已出版的书籍显得这个领域的研究
过剩而非欠缺。但这种超额不能以不再出书来弥补,只能以出版
更好的书来纠正,就像摩西的蛇能毁灭巫师的蛇群一样。①

（15）消除上述列举的所有缺陷都是 opera basilica［皇家工
程］,除了最后一项,其实最后一项的主动部分(指派作者)也是。
这种工作里,个人的努力只是十字路口的指示牌,能够指路,却无
法代而行之。但最后一项(对学问的审视)的归纳工作可以通过
个人的辛劳开启。因此,我将尝试如实地全面巡查学问,探究哪些
84   领域还荒废着未被开垦,还未得到人类劳作的改进和转变,其目的
是绘制出全貌并记录下来留存,或许既能为公共指派提供一点参
考,也能激发人们的自愿研究。无论如何,现在我的目的只是标记
出那些被遗漏之处和不足之处,并不想驳斥任何错误或未竟之处。

---

① 参见《旧约·出埃及记》7:12,并非摩西的蛇,而是亚伦的蛇吞了巫师的蛇。

因为,阐明哪些是未施肥耕耘之地是一回事,纠正已开垦土地上的错误耕耘方式是另一回事。

在承担并处理这项任务时,我并没有忽略我想要推动和达到的目的到底是什么,也并非不知道自己要达成这个目标的能力微弱。但我的希望是,如果我对学问极致的爱使我越界,人们或许可以原谅我的感情用事,因为"人天生无法在爱时充满智慧"①。但我非常清楚,我能运用的判断的自由并不比其他人能用的多。就我而言,不管是我自己来完成,还是接受其他人完成这件事——为迷途的人谦逊地指路②是人性的职责,我都同样欣喜。我也预料得到,我会因此被指责:很多人会认为,在我将要探讨并视之为不足和遗漏的那些东西里,其中一些已经有人从事或已经存在,还有一些虽然可能有遗漏,但也不过只能满足人的好奇心,没什么大用,还有一些研究难度太大,几乎不可能筹划实施和完成。对于前两个指责,我将举特例说明。对于最后一个指责,即哪些研究不可能完成,我的看法是:那些事情虽然不是任何人都可能完成的,但有些人或许能够达成;虽然在一个人生命的沙漏之年内无法完成,但或许在后续诸代能够达成;虽然可能靠个人努力无法完成,但或许公共指派能够达成。但是,如果人们宁愿相信所罗门的话"懒人说:有狮子挡路"③,而非采信维吉尔之言"他们能是因为他们相信他们能"④,只把我的辛劳视为一种更美好的愿望,那我也满足了。就像提出一个并非不切题的问题需要一定的知识,许下一个并不荒谬的希望也需要一些理智。

I.（1）属人学问的各部分,对应人类思维能力的三部分,因为

---

① ［译注］Plutarch, *Parallel Lives*,"Life of Agesilaus",此言为阿格西劳斯所讲。
② Cicero, *De officiis*, i. 16.
③ 《旧约·箴言》22:13。
④ Vigil, *Aeneid*, v. 231.

思维能力是学问的基座。史学对应记忆,诗学对应想象,哲学对应理性。属神学问也是同样的划分方式,因为人的灵魂是相同的,虽然神谕启示和理性有所不同。所以,神学也包含教会史、寓言即神圣诗学,以及神圣教义或训诫。至于那看似额外的预言部分,似乎不能归于这三类,但其实它就是神圣历史,它超越人类历史之处在于,其叙事既包括事后记录,也包括事前预示。

(2)史学可分为自然史、民政史、教会史和学术史①。前三种已经存在,我认为还缺乏第四种。因为没有人曾将学问的整体状况以时代为序代代描述,就像很多人曾在自然领域做过的,以及在国家、民政和教会领域做过的工作一样。在我看来,缺乏学术史,世界历史就像缺少眼睛的波吕斐摩斯雕像一样,少的这部分恰是显示人的精神性和鲜活性必不可少的部分。然而,我也并没有忽
86 视,在各种不同学科里,就像在法学家、数学家、修辞学家、哲学家中,有一些记录各个学派、作者和书籍方面的小册子,同样还有一些关于创造技艺和用法的沉闷无趣的描述。然而,我可以确信,迄今还没有一部正宗的学术叙事,囊括了各种知识及其各派的古代史和源头,它们的各种创造、各种传统、各种不同的管理和操作模式,其繁荣,其对立面,其衰落、萧条、湮没、被清除的过程及其原因和时机,以及关于学问的所有其他事件,且贯通这世上的各个时代。在我看来,这部著作的用途和目的主要并不是满足热爱学问的人的好奇心,而是更为严肃重大,即以不多的文字,让学者们能够明智地运用和管理学问。因为,让神学家如此聪明的,并不是圣奥古斯丁或圣安布罗斯②的著作,而是对宗教史彻底的精读和深

① [译注]培根虽然用了 literary 一词,但是结合下文,是指作为整体的学术史,而非特指文学史。
② [译注]圣安布罗斯(St. Ambrose,340—397),米兰大主教,创立了有别于天主教会罗马礼仪的安布罗斯礼仪,米兰教会至今仍保持着该礼仪。圣安布罗斯是第一个明确论述政教关系思想的人,他的观点成为中世纪基督教对这一问题的普遍看法。圣安布罗斯也是为圣奥古斯丁施洗的人。

究。学问的道理也一样。

（3）自然史分三类：普遍自然史、脱轨或变异自然史和改动的或锻造的自然史①，即生物史、奇变史和技艺史。第一类无疑已经存在，而且很完善，而对后两类的评议如此微弱且无用，我只能视其为缺乏。大自然有其世代相传的常见进程、产品和运转，但其作品也会发生偏离或变位，而我没找到记录这些偏离或变位的充足或完整的作品集——不管是关于地方或区域的奇异性质，或是时间与机运的奇怪事件，或是一些人们尚不确知的特性导致的后果，或是某些普通物种的异常特例，都没有。当然，我的确也发现不少书籍，记录着一些出于找乐子和猎奇而做的惊人实验、秘密或无聊骗术。然而，记录自然界的各种不规则或不规律变化、调查清楚且描述清晰、实质丰富且挑选严格的集册，我还没有发现，尤其是不含任何杜撰故事和常见错误的更是没见过。按照如今的情形，一旦关于自然的假象——不管是因为忽视了调查、崇尚古代，还是因为使用比附意见或言辞修饰而致的假象——开始流传，就永远无法叫停。

（4）这一工作的实施，在亚里士多德那里便有先例可循，即并不是像各种《奥秘集》那般为了满足人们的猎奇欲与虚妄智慧，而是出于以下两个重大原因。一是纠正原理和意见中的偏见，因为这些原理和意见通常仅以普遍常见的案例为基础形成；二是因为从自然的各种奇迹中可以获知并达致技艺绝伦的最新信息和最近捷径，只有沿着自然奇迹这条通道，就像打猎时先跟着漫游散逛的猎物追捕，才能在之后再次将其引到原来的地方。我认为，关于魔术、巫术、异梦、占卜等迷信故事，如果确实有真凭实据，也不应该将其完全排除在奇变史之外。因为，我们还不清楚，在被归于迷信的诸效应中，自然因素到底在什么情况下会起作用，能起多大作

87

---

① ［译注］根据下文，"改动的或锻造的自然史"指受过人类干预的自然史，即机械技艺史。

用。因此,不管这类事情的实施如何受到谴责,但是揣摩和思考它们或许的确能揭示出一些东西,不仅为了辨识出其有违常理之处,也为了进一步揭示自然。人们为了探寻真理而研究这些事物时也不必有什么顾虑,正如陛下您已经亲身示范过的一样,①以信仰和自然哲学这双明目,对这些尚在阴影中的东西做深入且智慧的研究,最终证实您具有太阳之天性,穿越了污秽,自己却纯洁如初。但我认为这种做法合适,即这些混杂着迷信的叙述要自成一类,不能与纯粹真实的自然现象叙述混为一谈。而涉及宗教的奇人奇事叙述,要么不真实,要么与自然无关,因此不应当归入自然史。

（5）关于自然锻造史或机械史,我发现有些农业方面的集册,以及手工技艺方面的集册,但其中通常都没有囊括人们熟悉的通俗的实验。因为屈尊去研究或思考机械问题被视为对学问的某种不尊重,除非可能涉及人们认为的奥秘、稀奇事物和特别精妙之物。这种虚妄肤浅的傲慢特质曾被柏拉图义正词严地讥讽过。在柏拉图的对话里,傲慢的智术师希庇阿斯与真诚且真正地追求真理的苏格拉底以美为主题展开论辩。苏格拉底以他的迂回诱导方式,先以美丽少女举例,接着以漂亮的马举例,然后以釉彩上佳的陶罐举例,这时希庇阿斯生气地说:"若不是出于礼貌的缘故,我不愿与举那种卑下肮脏的例子的人辩论。"对此,苏格拉底回答道:"有道理,你衣着如此光鲜,这对你来说的确不合适。"②反讽如此推进。然而事实上,最可靠的信息并非一定由最高贵的例子证实,众所周知的关于哲学家的那个传说充分表明了这点。那位哲学家

88

89

<hr>

① [K]英王詹姆斯一世 1597 年曾撰《以对话体论魔鬼学》(Daemonology, in form of a dialogue)批判巫术。
② [译注]《希庇阿斯前篇》原文(291a):"希:确实更合适,苏格拉底;不过我可不会跟这家伙交谈,他竟然提出这样的问题。苏:对呀,朋友啊。因为满嘴这种粗言秽语对你来说不合适。你衣着如此光鲜,又穿着漂亮的鞋子,全希腊都钦佩你的智慧。不过,我跟这家伙搅在一起就没什么麻烦……"(译文出自王江涛:《美事艰难——柏拉图〈希庇阿斯前篇〉义疏》,上海人民出版社 2018 年版,第 164—165 页)

凝视群星时,掉入了水里。① 如果他低头或许也可以在水里看到星星,但抬头时他在群星中看不见水。因此,通过低下细微的事物常常可以发现伟大的事物,通过伟大事物发现细小事物却没这么容易。亚里士多德说得不错,"每件事物的本质最好地体现在其最细微的部分"②。因此,他探寻国家本质时,首先从家庭,从男人与妻子、父母与孩子、主人与仆人这种每间屋舍都有的简单结合开始考察。③ 同样,研究世界这一伟大城邦及其政治,也必须首先从简单的词语索引和细微部分入手。所以,我们从铁受到磁石触碰转向北方这一现象中窥看到自然的奥秘,是通过观察铁针而不是铁棒实现的。

(6) 但是,如果我的判断还有点道理的话,在所有各类自然史中,对于通向自然哲学来讲,机械史的运用最根本、最基础。如此,自然哲学才不会在微妙、崇高、迷惑诱人的猜想薄雾中慢慢消失,而是能切实对人的生活有馈赠和助益。一个人把几种神秘体验综合起来考虑明白后,才能融会贯通,把对一种技艺的观察结果迁移到另一种技艺的运用上,如此不仅能在当下为各行业里的许多创新实践提供指导和建议,而且更进一步,能就其原因和原理给出比现在人们所知的更真实、更实际的阐述说明。就像人们只有在受到挫折时才会暴露出真性情,普罗透斯(Proteus)只有在受困时和被抓住时才会变形,④自然的各种进程和演变也不会在其自由状态下完全显现,就像技艺只有在不断尝试和挫折中才能精进一样。

II. (1) 民政史可分为三类,将其比作三种图画或影像并非不合适。我们看到,在图画或影像里,有未完成的,有不完善的,有已

90

① [译注]指哲学家泰勒斯的轶事。
② Aristotle, *Physics*, I.3.
③ Aristotle, *Politics*, I.3.1.
④ Virgil, *Georgics*, iv. 387-414.

经污损的。因此,我们也可以发现三种历史:记事录、完善的历史和古代史。记事录是未完成的历史,或是历史的初稿或草稿;古代史是被污损的历史,或是出于偶然因素从时间海难中幸存下来的一些历史残片。

(2)记事录或预备性的历史分两种,一种可称之为实录,另一种是登记册。实录是按照时间顺序仅记录事件或行动,不谈及行动的动机或计划、商议、言辞、借口、时机以及其他过程。因为这是实录的真正本质(虽然伟大的恺撒乐意谦虚地把他那部世界上最好的史书也命名为"实录"①)。登记册是公共法案集册,诸如议会法令、司法程序、各种财产声明和信件、讲辞等等,而不是按照叙事线索有精确的先后顺序或有结构地记录。

(3)古代史或历史的残片,正如其名,只不过是破碎的船板②:勤勉者不辞辛劳,通过一丝不苟地精确观察,从古代遗址、名称、字词、谚语、传统、私人记录和证物、叙事残篇和非叙事书的片段等等中,确实从时间洪流中拯救复原了不少东西。

91   (4)我认为这些不完善的历史并不是有缺陷,它们只不过是有缺陷的混杂物,因此任何缺陷都只是其特征而已。但它们就像历史中典型的腐虫和蛀蛾,应该禁止使用它们,所有能合理判断的人都承认,这些材料销蚀损害了诸多优秀史学记录的健康肌体,使它们沦为卑劣无益的渣滓。

(5)正当的或完善的历史,根据其提出或自诩要描绘的对象可分为三类:要么记录一段时间,要么记录一个人物,要么记录一次事件。我们称第一类为编年史,第二类为传记,第三类为叙事或叙述。其中,虽然第一类是最完整、最纯粹的历史,最受人尊重、荣

---

① [K]commentarii(对应的英文即 commentaries)最初指演说家编纂的笔记,后来指回忆录。恺撒用这个术语指他对自己指挥的两次军事行动的精准记录,即《高卢战记》和《内战记》。

② [K]"破碎的船板"这一比喻出自西塞罗《论义务》iii. 23. 89。

耀最高,但第二类却更有助益、更有用,而第三类则以真实可信见长。编年史只记录重大事件、公众头面人物和人们的行为举止,对不太重要的人物和事件的过程和行动则略过不提。但是上帝的技艺是 maxima è minimis suspendens[用最细微之绳悬吊最重大之物],因此编年史留给世人的是事务的盛况壮举而非其真实的内在措施。写得好的传记旨在记录个人生平,大小事件、公私事务都混杂记录,必须按其原貌真实、生动地记录。对行动的描述和记叙,例如伯罗奔尼撒半岛战争、小居鲁士远征、喀提林阴谋等,其真实 92
程度比编年史更纯粹、更精准,因为作者可以按照自己的关注,在知识范围内选择一个可以胜任的论题叙述。而编年史作者,尤其是在记录较长历史时间段时,必然遇到很多空白间断,不得不靠自己的智慧和猜测来填补这些空白间断。

(6) 各时代的历史(我指民政史),上帝的恩典已经做出了区分。上帝乐于在这世上命定并展示两个国家,即希腊的国和罗马的国,将其军事、学问、道德德性、政治和法律立为典范。这二者的历史因此居于时间序列的中间位置,比它们的历史更早的被合称为世界的古代史,比它们更晚的被称为现代史。

(7) 现在来说说缺陷。讨论这世上异教徒的古代史的缺陷徒劳无益。它们无疑有缺陷,大多由神话或残篇构成。这缺陷还无法克服,因为古代史就如流言,caput inter nubila condit[将头埋入云层],[1]我们看不清楚其源头。两个典范国的历史却保存得十分完好。不过我仍希望,有一部从忒修斯到斐洛波门(Philopoemen)时期的完整希腊史(从这时开始希腊事务就消失沉陷在罗马事务中),从罗慕路斯到尤士丁尼时期的完整罗马史,尤士丁尼真可谓ultimus Romanorum[最后的罗马人]。在这个故事序列里,修昔底德和色诺芬的文本属于前者,李维、珀律比乌斯(Polybius)、撒路斯

---

① [译注]指流言的源头。参见 Vigil, *Aeneid*, vi. 177。

提乌斯、恺撒、阿庇安、塔西佗、希罗狄安诺斯(Herodianus)的文本
93 属于后者,这些文本都应完整保留,不做任何缩减,只能增补和继
续记录。但这是一件宏大工程,应予以力荐而非强行要求。我们
现在谈这学问,为的是增补工作,而非额外多余的工作。

(8)已有的近代史里,只有很少数有价值,大部分都是樗栎庸
材。就把外国人的历史留给外国人去说吧,因为我不愿意窥探别
国事务。① 但说到英国史,我就忍不住要向陛下呈明,最近那位大
作家的英格兰通史并没有什么价值,他所著的苏格兰史也带有偏
颇和个人倾向。② 既然大不列颠这个岛上各地已经合为一国,之后
也会连在一起,那么有一部值得永久铭记的关于联合王国过往的
历史,将是陛下的荣耀。这部史书应遵循神圣史的叙事方式,神圣
史把犹太十族和以色列二族如孪生兄弟般并排记录。③ 如果这一
工程太浩大,可能没法十分精确地推进,也可以择取更短的时间段
来记录英格兰史,即从红白玫瑰的联合开始到联合王国成立这段
时间。④ 据我所知,在这段时间里,其他世袭君主国君主更替频繁,
而英国发生的变数最少。这段时间开始时,王权获得既靠武力也
靠头衔,即以战争开始,靠联姻即位。⑤ 因此相应地,这一时期就像

① Cicero, *De officiis*, 34.125.
② [K]指布坎南(George Buchanan, 1506—1582)的《苏格兰史》(*Rerum Scoticarum historia*, 1582)。布坎南是苏格兰人文主义者、拉丁语学者,曾因笃信加尔文主义被流放到欧洲大陆,被召回后成为玛丽女王和其子詹姆斯六世的私人教师。
③ [K]所罗门死后,希伯来十二族分裂成两个王国,犹大国(犹大族和本杰明族)和以色列国(其余十族)。以色列在公元前721年被亚述人征服时,这十族被打散了,即所谓"失落之族"。
④ [译注]1485年,亨利·都铎(兰卡斯特的红玫瑰)在博斯沃思战役中杀死叛乱者理查三世(约克的白玫瑰),获得英格兰王位,成为英王亨利七世,开启了都铎王朝的治期。然后,亨利迎娶爱德华四世的长女——约克家族的继承人伊丽莎白,巩固了其统治。如此,他也重新统一了两个王族,把红玫瑰和白玫瑰这两个对立的符号合并到红白都铎玫瑰的徽章中。苏格兰国王詹姆斯六世是亨利七世的女儿玛格丽特·都铎之子,由此继承了英格兰王位,从而实现了王国的统一。但王国以立宪的方式联合直到1707年才达成。
⑤ [译注]指亨利七世(治期1485—1509)。

刚刚经历了暴风雨后的水域,虽然没有暴风雨时那样的极端险恶,但仍然水势汹涌澎湃。不过,这位国王是所有君王中才智最充足之一,他凭着船长的智慧带领国家安全地渡过了这段激流。接下去那位国王,①不管如何开展行动,都与欧洲事务密切关联混杂,或使其均衡,或有所偏向,变幻不定。也是那段时期,国家的宗教开始了过去极少发生的重大改革。之后继位的是一位年幼的国王,②然后出现了一次篡位企图(但如热病般很快平息)。接下去统治的是与外国人通婚的女王。③ 然后是那位独身不婚的女王,④但她的统治如此具有男子气,她对外国事务的影响和操纵大大超过了这些事务对她的影响。最后便是这最幸福、最荣耀的事件,大不列颠这个与世隔绝的岛自身统一了,⑤埃涅阿斯发出的那一休息神谕 antiquam exquirite matrem[寻找你的老母亲]⑥如今在英格兰和苏格兰完成和实现了,这两个国家现在统一在不列颠这位老母亲的名下,给所有不安定和漂泊画上了完满的句号。就像巨型身体在稳固和安定下来之前要经历某些战栗和震荡一样,这个国家曾经历过这些序幕般的变迁和变数,然后在上帝的荣恩下,在陛下和您的后代这里安定下来(我希望永久地安定下去)。

(9)说到传记,我觉得很奇怪,如今人们太不尊重各个时代的美德,以至传记作品非常稀少。虽然没有多少主权君主或绝对统治者,各城市国几乎都并入了君主国中,但还是有不少令人尊敬的名流值得给予比零星报道和空洞赞颂更有价值的作品。对此,一

①　[译注]指亨利八世(治期 1509—1547)。
②　[译注]指爱德华六世(治期 1547—1553)。
③　[译注]指玛丽女王(治期 1553—1558)。
④　[译注]指伊丽莎白女王(治期 1558—1603)。
⑤　Vigil, *Eclogues*, i. 66.
⑥　Vigil, *Aeneid*, iii. 96.

95 个诗人最近虚构的故事很合适,丰富了古代故事。① 他想象在每个
人生命之线或生命之网的尽头,都有一枚印刻着这个人名字的小
小徽章。时间手里握着大剪刀在那里静候着,一旦生命之线断掉,
时间就抓住徽章,将其送到忘川。② 忘川岸边有许多鸟飞来飞去,
接到徽章在嘴里衔一会儿之后便丢进河里。只有少数几只天鹅,
如果接到名人的徽章,会将其送到神庙中供奉起来。虽然很多人
的精神比身体更易朽,却认为重视名声和人们对自己的记忆不过
是出于虚荣心和自负,"不在乎好名声的灵魂"③这种看法的根源
是,"我们不会轻视赞美,直到我们不再做值得赞美之事"④。但这
改变不了所罗门的判断,对义人的记忆将会伴着赞美永存,而恶人
之名必然腐烂,⑤前者荣光绵延,另一个则或湮没于无名,或遗臭万
年。因此,对于那些长久以来一直被公认为因其幸福、虔诚、良善
而值得记住的人,我们都认可西塞罗借用的德摩斯梯尼的话,"好
名声是逝者的唯一财富"⑥。我不得不说,这种财富在我们的时代
被荒废了,由此导致传记缺乏。

(10)对某些特定行为的描述或叙事,我也希望我们能在这方
面更用功一些。因为,任何伟大的行为都需要好笔头为之付出。
这种写作能力与书写良史的能力不同,这方面作品数量少就证明
96 了这一点。但如果某些特别值得纪念的行动在发生时能有还过得
去的记录,那么当有恰当的著史者出现时,编纂通史的工作或许会
更值得期待。收集那些叙事也许如同培植苗圃,当恰当的时机出

---

① [译注]指意大利诗人阿里奥斯托(Ludovico Ariosto, 1474—1533)的代表作——史
诗《疯狂的奥兰多》(Orlando Furioso)。该作品的时间背景被设定在查理大帝的圣
骑士与入侵的萨拉森军队发生冲突期间。

② [译注]忘川(Lethe),希腊神话中的冥河。凡是喝了河水的鬼魂就会忘记忧愁,甚
至忘记一切。

③ Vigil, *Aeneid*, v. 751.

④ Pliny, *Epistulae*, iii. 21.

⑤ 《旧约·箴言》10:7.

⑥ Cicero, *Philippicae*. ix. 5. 10.

现,便能种出一片美丽壮观的花园。

（11）我们不应忘记,塔西佗对历史做过另一种区分,尤其是还对其用途做了相应说明。他把历史分为年鉴和日志,前者适用于记录国家事务,后者记录本质上低一等的行为和事件。谈到某些宏伟建筑时,他补充说:"为了凸显罗马人的尊严,应把大事记录在年鉴里,城中小事由日志记录就行。"①就像沉思冥想中存在某种等级秩序,②政治领域也一样。没有什么比等级混乱更有损于国家的尊严,同样,把胜利、仪典、新奇物等事务与国家事务混在一起,对历史权威的妨害也不小。日志不仅可以用来记录一段时间的历史,也可以记录个人史,主要是关于个人行动的历史。古代君王出于荣誉和政治目的,逐日记录日志。亚哈苏鲁③无法入睡时就让人读编年史给他听,我们可以看到,那编年史里记录的事务从他的时代一直延续到不久之前。而亚历山大家族的日志记录的是一些非常细微的个体事件,甚至包括关于他个人和法庭的事情。日志也被广泛用于记录一些开创性事件,例如远征、航海等等,以连续不断地把每日发生的事情保存下来。

（12）还有一种作品也不能忽视。一些严肃明智的人曾写过 97
这样的作品:零星地记录一些值得记录的事件,夹杂着他们个人的相关政治评论和观察。这些评论也并非与史事紧密结合,而是独立的,似乎更主要是表达作者的个人意图。我认为这种反思性历史作品更适合被归为政治类而非历史类著作,我们后面还会论及这类作品。因为历史的真正职责是陈述事件本身,以资劝诫,而把

---

① Tacitus, *Annals*, xiii. 31.
② ［译注］heraldry,纹章,纹章学;词源 herald,纹章。纹章 12 世纪诞生于战场,主要是为了从远处可以识别因锁子甲风帽和头盔护鼻遮住了面部而变得难以辨认的骑士们。骑士逐渐养成了在自己盾牌的正面展示扁桃状图案的习惯,作为在混战中以及在早期比武时辨认的符号,纹章从此发展并流行。至 13 世纪初,各中小贵族都拥有了纹章,纹章的使用同时向非武士、非贵族以及其他不同类型的人群延伸。纹章后来成为人们辨识佩戴者身份等级的标志。
③ ［译注］亚哈苏鲁(Ahasuerus),《圣经》里的波斯国王。《旧约·以斯帖记》6:1。

相应的观察和结论留与每个人的鉴别自由和鉴别能力。不过混杂体裁属于不规则事物,没人能确定其分类界限。

(13)还有一种混杂体裁的史著,即宇宙志:因包括地理方面的记录而有自然历史的成分;因包含居民、统治和民风民俗方面的内容而有民政史成分;因包含气象和诸天体排列等内容而具有数学成分。在现在的各种学问中,这部分学问最先进。宇宙志可以真正被授予我们时代的勋章,堪与古代诸学问媲美。只有到了我们和我们父辈的时代,伟大的世界大厦才透进了一丝光亮。古人虽然有关于对跖点的知识——"当初升的太阳将气息吹向我们和跳动的马时,夜星也在另一方开始闪烁"[1],但这种知识或许只是通过论证而非凭借事实依据所得。如果是通过旅行获知,那得航行大半个地球。而如诸天体那般环球旅行,直到我们最近的时代

98 才得以实现并成为一项事业。因此,他们的话语或许最好地体现了这些时代精神:现在说 plus ultra[要更远],而之前古人说 non ultra[不要再远了];现在说 imitabile fulmen[如同雷电一般],而之前古人说 non imitabile fulmen[与雷电不同],"模仿暴风雨和雷电的疯子"[2];等等。类似的还有天体模拟,我们已经有很多次值得铭记的像天体绕地球那样的环球旅行了。

(14)航海的这一进步及诸多发现让我可以期望,所有学科会有更大的进步和提升。似乎上帝命定了它们同时期出现,即在一个时代交相辉映。先知但以理在说到他之后的诸时代时曾预言,必有多人来往奔跑,知识就必增长。[3] 似乎在说,世界的开放和贯通与知识的增长注定会在同一时代发生。我们看到,很大程度上这已经在进行之中。相比之前两个时代——希腊人的时代和罗马人的时代——的学问或学问带来的回报,这个时代并无多少逊色。

---

① Virgil, *Georgics*, i. 250-251.
② Vigil, *Aeneid*, vi. 590-591.
③ 《旧约·但以理书》12:4。

III.（1）宗教史的分类与民政史相同。但进一步可恰当地分为普通的教会史、预言史和神恩史。第一类记录的是教会的战斗时期，如诺亚方舟般处于激变中的教会，或如荒漠中的法柜般处于流变中的教会，或如圣殿里的约柜般处于静息中的教会，即教会的受迫害时期、迫迁时期与和平时期。① 我没发现这部分史料里有什么缺陷，只希望它在道德和真挚性方面能更完善，与其庞大的数量相称。但我现在并非意在责难，而是要指出史料汇总的一些遗漏。

（2）第二类即预言史包括两部分，预言和预言的实现。因此，这类作品本质上应该是找出经文中的每一个预言，并记录每个预言在世界上不同时代的实现事件。这么做不仅有助于坚定信仰，而且教会也能更好地阐释那些还未实现的预言：无论如何，得给予那些宜人且熟悉的神圣预言更多回旋余地，因为对于那些预言者来说，一千年不过只一天，②因而预言不是如期立刻实现，而是有起点和萌芽，要历经许多时代才能实现，虽然其巅峰或实现可能同时发生在某个时代。我发现这类作品里还有缺陷，但是要完成它需要智慧和持重，还得满怀尊崇，否则宁缺毋滥。

（3）第三类即神恩史，记录上帝的神显意志与他的隐秘意志之间的精妙对应。这种对应虽然非常晦涩，其中的大部分，未受神启的人无法领会③——不，甚至很多时候身居圣所的那些人也领会不了，但有时这是上帝的选择。他为了坚定我们的信仰，为了驳斥那些不信世上有上帝的人，以大写的字母写下了那些文字，如先知所讲："让快跑的人也可以读到。"④意即，仅凭感官生活的人们，虽然被上帝的审判催促着，却从不深思或凝神于这些审判，但他们在

99

---

① ［译注］"方舟""法柜""约柜"分别取自《旧约》中的《创世记》《出埃及记》和《撒母耳记》讲述的故事。
② 《旧约·诗篇》90:4。
③ 《新约·哥多林前书》2:14。
④ 《旧约·哈巴谷书》2:2。

其道路和赛程中仍被督促着明辨上帝的旨意。那就是上帝的审
100 判、责罚、救赎和恩宠的明显事件和例证。神恩史工作已经有很多
人为之传递接力努力付出,我找不出什么疏漏之处。

(4)还有一些学问是史学的附加之物。人的所有外部活动都
包括言辞和行为,史学的确恰当地接收和记录了各种行为。即使
有关于言辞的记录,也只是将其作为行为的诱因和过渡。所以,有
些书籍和作品就专门保管和收录言辞,也可将这些分为三类——
演说、书信和简短演讲或言论。演说包括诉辩、商议演讲、赞辞、抨
击、申辩、指责、正式演说或仪典演说等等。书信根据各种场合可
包括宣传信、建议信、提案信、请愿信、推荐信、训诫信、致歉信等,
有赞贺性的,有娱乐性的,有论评性的,有为了引发其他所有行为
的。在我看来,所有人类文字形式中最好的就是贤明之人的书信。
因为它们比演说和公共演讲更自然,比会议发言和即席发言的思
维更缜密。同样,实际管理或从事某种事务的人写的书信,能为史
学提供最好的指导,对勤勉的读者来说它们本身便是最好的史书。
说到格言,恺撒《箴言集》的遗失是一大损失。因为,他的史书、保
存下来的几封不多的书信以及他亲自创作的箴言,都超越了其他
所有人,所以我想,他收集的箴言也一定卓越无比。至于其他人的
收集,要么我不感兴趣,要么他们的选择不那么令人满意。这三类
101 作品我就不多说了,因为我也指不出它们有什么缺陷。

(5)关于史学我就谈这些,这种学问回应的是人类头脑里的
某个单元、处所或位置,即记忆之所在。

IV.(1)诗歌这门学问,在语词方面受到很大限制,但在其他
所有方面却非常自由,并且的确涉及想象力。诗歌不受限于事物
的法则,可以随心所欲地联结自然割断之物或割断自然联结之物,
构成事物逻辑上不成立的匹配或分离——画家与诗人都如此。诗
歌可从语言和内容两种意义上分析。就语言而言,诗歌是一种文

体特色,属于言辞艺术,与我们现在的讨论无关。就内容而言,前文已述,它是学问的一个主要部分,只不过是种虚构的历史,既可以采取诗文形式,也可以采取散文形式。

(2)这种虚构历史的作用是,若事物的天性无法令人满意,它给予人的精神某种虚幻的满足,因为世上生物的重要性低于灵魂。其原因是,比起万物的天性,人的精神与更崇高的伟大、更精确的善好和更不受约束的变化更契合。因此,若真实历史中的行为或事件缺乏让人的精神满足的那种重要性,诗歌就锻造出更宏大、更英雄式的行动和事件。因为真实历史里的成就和行动、事件所提供的关于美德和恶行的后果没有那么如人所愿,所以诗歌更多根据善有善报、启示神恩的原则锻造史事。因为真实历史记录的行为和事件更常态,更少交错,所以诗歌赋予它们更罕见、更出乎意料、更另类的各种变化。于是,诗歌显得适合于表现和传达宏大精神、道德伦理,满足人们的愉悦性。因此,一直以来,人们都认为诗歌创作有神的参与,通过让事物展现得更符合心灵的要求,它的确提升、确立了心灵。而理性却让心灵扣住事物的本性、屈服于事物的本性。我们明白,在未开化的时代和野蛮地区,在这些尚不拥有其他学问的地区,诗歌通过这些暗示,通过满足人的天性和消遣心,且与音乐的怡人和慰藉效应相结合,得到了接受和尊敬。

(3)因此,给诗歌分类的最恰当方法(除了按照划分历史的方法将其分为伪造的编年史、伪造的传记和历史的副产品,如伪造的书信、伪造的演说等等)是将其分为叙事诗、具象诗和寓言诗。叙事诗仅仅是对历史的模仿,铭记过去的种种放纵,选择的主题通常是战争和爱情,很少有国家主题,有时仅为了娱乐或搞笑。具象诗如可视的历史,就像被呈现出来的行动的影像,因为历史的本质是已经发生过的行动。隐喻诗或寓言诗的叙事仅用于表达某种特殊目的或奇喻。后一种寓言智慧在古代使用得更为普遍,例如《伊索

102

寓言》和七贤人①的精练妙语，以及可能出现的象形文字的使用。
103　其原因是(因为有时有些尖锐或微妙的理性观点难以得到俗众的
理解，有必要以那种方式表达)，那时的人们既想要形式多样的例
证，又想要微妙的别出心裁的比喻。正如象形文字出现在字母之
前，寓言也出现在论证之前。如今且所有时候，它们都保持着鲜活
和旺盛的生命力，因为理性无法如此感同身受，事例也无法如此
恰当。

（4）寓言诗还有另一种用途，与我们刚刚提到的用途恰好相
反。刚刚提到的那种是为了论证和阐明意在教导或传递的内容，
而这一种是为了隐匿或模糊内容，即把宗教、争论或哲学的秘密与
奥妙都隐藏在寓言或隐喻中。在神圣诗歌中，我们看到这种用法
得到了允许。在异教诗歌里，我们有时会看到别具匠心的寓言式
阐释，例如，巨人在与诸神的战争中被打倒，他们的大地母亲要复
仇，便生出了"法玛"②:

> 她的母亲地母因为恼恨天神，
> 最后生育了法玛，
> 在之前她还生过两个哥哥，
> 巨人科乌斯和恩克拉都斯。③

这则寓言阐述的是，当诸侯和君主镇压了公开确凿的叛乱后，
人民的恶意(就是叛乱之母)的确会滋生出对国家的诽谤、中伤和
苛责，这些在性质上都等同于叛乱，只不过更软弱一点。因此，在

---

① [译注]公元前6世纪的古希腊七贤人，指普林纳的比阿斯(Bias)、斯巴达的克隆
(Chilon)、林都斯的克勒俄布罗斯(Kleobulos)、科林斯的佩里安德(Periandros)、米
提利尼的庇塔科斯(Pittakos)、雅典的梭伦和米利都的泰勒斯。
② [译注]音译为"法玛"，即谣言(Fama)。
③ Vigil, *Aeneid*, iv. 178-180.

那个其余诸神合谋绑住朱庇特的寓言里,帕拉斯召唤百手巨人布里亚柔斯(Briareus)来帮忙。这表达出,君主不必担心强大臣民对其绝对权威的任何挑衅,只要他们能以智慧赢得民心,人民必定会 104
站在他们这边。因此在寓言里,阿喀琉斯在半人半兽的马人喀戎(Chiron)的教育下长大,马基雅维里对其的解释虽然巧妙却很堕落:君主的教育和规训就应该包括让他们知道如何一方面如狮子般使用暴力,一方面如狐狸般奸诈,就像教他们成为具有德性和正义的人一样。① 然而,在很多类似情况下,我更愿意相信是先有寓言,后有人们想出的解释,而非先有道德,而后才有人们构思出的寓言。因为我发现,克律西波斯②怀着古老的虚荣心,劳心劳力还引起不少争议地试图把斯多葛学派的主张与古代诗人的虚构故事联系起来。然而,诗人们所有的寓言与虚构故事都只不过是为了找乐子,而不是意有所指,我对此并无二话。当然,至于这些流传至今的诗人,就算是荷马的作品(虽然后世研究古希腊的各学派将他奉若神明),我也会毫不犹豫地说,他的寓言就他自己的创作本意来讲并不具有那种内在性质。不过,很难确定它们到底可能依据什么更原初的传统,毕竟很多寓言也并非荷马的原创。

(5) 对于这第三种学问,即诗歌,我提不出什么缺陷。因为诗歌就像仅凭土地的肥沃就长出的植物一样,无须正儿八经地播种,就能比其他任何一种植物长得更快、播散更广。但是,如果我们用它来表达情感、激情、堕落和习俗,那就给予诗人而非哲学家更多工作责任。诗歌中蕴含的智慧和辩才,并不比演说家的长篇大论逊色多少。但是,在剧院里待太久也不好。那么我们现在就转向

---

① Machiavelli, *Il principe*, 18.

② [译注]克律西波斯(Chrysippus,前280—前207),斯多葛学派哲学家。出生于小亚细亚索利,公元前260年移居雅典,在柏拉图学园中聆听阿尔克西拉乌斯(Arcesilaus)讲学,后转信斯多葛哲学,于公元前232年继任斯多葛学派领袖,是此派哲学之集大成者。

105　心灵中司管明辨的地方或殿堂吧,我们将更慎重、更专心致志地探
讨它、观察它。

　　　V.(1)人类的知识就像水,有些降自天上,有些源自地下:一
种由自然之光昭示,一种由神圣启示激发。自然之光存在于心灵
的各种观念与感官的各种汇报中。人们通过教育得到的知识,不
是原发的,而是累积起来的;就像一片水域,除了它本身的源头,还
有其他源泉和支流的注入。因此,根据这两种不同的启示或源头,
知识首先被分为神学和哲学。

　　　(2)在哲学里,人的沉思要么深入上帝,要么被带向自然,或
是反躬回到他自身。从这几种探寻中便生出了三种哲学——神圣
哲学、自然哲学和关于人的哲学或人文学科。所有事物都被标上
或贴上了这种三重特性——上帝的权能、自然差异和人的应用。
但是由于知识的分布或划分不像几条线一样交会于一角,因而相
触于一点,而是像各条树枝在树干处相会,但树干在中断独枝状
态、分出枝条之前已经在维度和数量上具有了完整性和连续性。
因此,在深入前述分类前,我们最好以第一哲学、原始哲学或综述
哲学的名义建立一种普遍科学,作为主要的共同通道,再由此进入
它的那些支路小道。对于是否该谈及这一科学的缺陷,我还存有
106　疑虑。因为在自然神学、逻辑学的不同部分,自然哲学中涉及本原
那部分和涉及灵魂或精神那部分里,我都发现了某种狂热,所有这
些成分奇怪地混杂纠葛在一起。但仔细考察发现,这种狂热似乎
更像是剽窃了其他科学的东西,再用各种夸张之词将其吹捧抬高,
本身并没有什么实质性内容。然而,我也不能忽视如今流行的分
类法,即从几个不同方面区分同一些事物。例如,逻辑学关注诸多
事物之观念,第一哲学则关注事物的本质——一个关注表象,一个
关注实有(existence)。但我发现这一区分说着容易,实际细究却
很难。如果真像哲学家那样从本质上考究事物的数量、相似性、差

异性以及其他外在特性,他们的探究必然与其现在的样子完全不同。他们有任何人在处理数量的时候提到过联合的力量吗?优势如何成倍累加,累加到什么程度?有人解释为什么有些事物本质上就如此常见、数量巨大,而其他事物却如此罕有、数量稀少吗?有人在处理相似性和差异性的时候解释过,为何铁与铁相似却不会彼此吸引,反而被不那么相似的磁石吸引吗?为何在繁杂的不同事物中却有某些成分本质上模棱两可,无法被归为某一类?但是,对于自然界中各种事物的共同附属物的本质及其运作问题,人们只有深深沉默,只在演讲或辩论中概述和重复其效力和用途。由于在这种性质的作品里我要避免一切细枝末节,因此对于这种原初或普遍哲学,我只能从否定的角度做通俗概括的描述:"它盛载着所有那么有益的观察结论和原理,不属于哲学或各门科学的任何特定范围,它更普遍,属于更高的范畴。"

107

（3）不必怀疑,这类事物很多。例如,"等量加不等量,其和是不等量"①这一规则,在司法里和数学里难道不都是公理吗?交换正义和分配正义,与算术比和几何比之间,难道没有真正的契合?另一条数学规则"与一事物相等的各个事物也互等"②,在逻辑学上不是也有效吗?所有三段论不都是建立在这一规则上吗?"万物流变,无物腐毁"③的观察结论,难道不正契合哲学里"自然的总量恒定"这一沉思结论吗?因此,在自然神学里,也需要最初从无中造有的同一个全能神,再从有中造出无?据《圣经》记载:"我知上帝所造一切都必永存;无所增添,无所减少。"④难道这么说没道理吗,马基雅维里关于政府的大量明智论述提到的"建立和维存政

---

① Euclid, *Elements*, book I, axiom 4.
② Euclid, *Elements*, book I, axiom 1.
③ Ovid, *Metamorphoses*, xv. 165.
④ 《旧约·传道书》3:14。

府之道是将其恢复至初始状态"①,既是内政管理的基本法则,也是宗教和自然领域的基本法则? 波斯幻术难道不是各条自然原理和架构的还原或与政府管理条例和政策的对应? 把不和谐、刺耳的音乐调和为和谐甜美的音乐,这一音乐家的规则难道在情感里不同样为真? 音乐里的附加段②要避开乐曲结尾或乐章的终止式,108 这道理与修辞学里出人意料的转喻难道不相通? 难道音乐里停顿之后的颤音与波光粼粼的水面不是同样令人愉悦? "在闪耀的月光下大海澄澈晶莹。"③一种感觉器官与反射器官,眼睛与玻璃、耳朵与洞穴或狭窄水道,难道不是被测定和限制的关系? 上述这些例子不仅仅是具有相似性,视野狭窄的人可能以为如此,更是同样的自然足迹横跨或印刻在几种物体或物质上。因此,我可以恰如其分地说这一科学(我是这样理解的)存在缺陷。我发现有时候,智慧更深邃的人在处理某些特定问题时,会时不时从这口井中打一桶水,现取现用。但在我看来,从未有人寻访过这水的源头,而源头在揭示本质和简化技艺方面有绝佳作用。

VI. (1) 这一科学因而首先应被置于一切科学的共同母体的地位,就像拥有诸多天神子嗣的贝热昆提娅,"她拥抱着所有子嗣,个个高居清虚之府"④。现在我们回到前面提到的三种哲学——神圣哲学、自然哲学和关于人的哲学。神圣哲学或自然神学是关于上帝的知识或知识原理,可以通过沉思他的造物来获得。完全

---

① Machiavelli, *Discorsi*, iii. 1. 1.
② [译注]中世纪对已存在的圣咏增加或插入新材料的手法叫作"附加"(troping),相关的音乐体裁称为"附加段"(trope)。"trope"一词源自希腊语"tropos",意思是措辞或表达方式,它的拉丁语写法一般为"tropus",另外还有其他变体。附加段集叫作"troper"。
③ Vigil, *Aeneid*, vii. 9.
④ Vigil, *Aeneid*, vi. 788. [译注]贝热昆提娅(Berecynthia),也称库柏勒(Cybele),弗里吉亚的自然女神,所有生命的母亲。

可以说,这种知识的对象神圣,方式(light)自然。这种知识的局限是,它足以说服无神论者,却无法向他们灌输信仰。因此,上帝从不显示奇迹以使无神论者皈依,因为自然之光可能已经引导他承认了一个主的存在。但上帝却会显示奇迹让崇拜偶像的、迷信的人皈依,因为没有自然之光向他们宣告上帝的旨意,以及什么是真正的敬拜上帝。就像工匠的所有作品的确体现了他的能力和技术,而不是他的形象,展示上帝的全知全能和造物者智慧的也是他的作品而不是他的圣像。因此,异教徒的观点与神圣真理不同:他们认为世界是上帝的影像,人是世界的浓缩或精简影像。但《圣经》从未宣告赋予世界成为上帝影像的荣耀,而只是说世界是出自上帝之手的作品。《圣经》也从未说过上帝还有其他影像,除了说人是上帝的影像。而通过沉思自然可以诱导并强化对上帝的承认,展示他的权能、神恩和慈善,这是一个绝佳的论点,已经得到各种各样卓越的论证。但另一方面,想要通过沉思自然或人类知识思想领域,来催生关于信仰重要性的任何真理或劝导,在我看来并不可靠:信仰之事,交予信仰。① 异教徒自己也总结了很多像金链这样的优秀神圣寓言:"人和诸神都无法用这金链把朱庇特拽到地上,相反,朱庇特却能用它把人和神拉上天。"同样,我们不应该试图将上帝的各种秘事拉下来服从我们的理智,而应该提升发展我们的理智以靠近神圣真理。所以,这部分涉及神圣哲学的知识,我远不能指出任何不足,莫若说它多得过剩。说了这么多离题之言只是因为,宗教和哲学混为一谈已经给二者招致且有可能继续招致极大偏见。那无疑会制造出异端宗教以及虚构和虚妄的哲学。

　　(2) 另外,众天使和精灵的性质也是神学的附属物。它们既是神圣的,也是自然的,既非神秘难测,亦非被禁止研究。虽然《圣经》里讲,"别让任何人用关于天使崇拜的崇高言论欺骗你,那是

---

① ［译注］参见《新约·马太福音》22:21。

他强行论述自己也不知之事"①,然而如果仔细研究这条诫律,它似乎只禁止了两件事——崇拜天使、对天使抱有奇思异想,即要么给予它们的赞扬过多,超出了它们同为上帝造物的程度,要么过于称赞人能拥有的关于天使的知识,超出了合理范围。但是,根据《圣经》各篇,根据自然的分层等级,严肃且有理有据的探索并未被禁止。而对于堕落的或反叛的精灵,与它们交流或是利用它们都在被禁之列,更别说任何敬拜之情。但是,对它们的本质、权能、幻象的沉思或研究,不管是以《圣经》为据还是凭借理性,都是心灵智慧的一部分。使徒曾说:"我们不能对他的计谋无知。"②研究邪恶精灵的本质,与研究自然界里毒药的效用或罪与恶的道德品质一样,都不违背诫律。但是,关于天使和精灵这部分知识,我也不能说有什么缺陷,因为有很多人投身其中。我或许更愿意在众多作品中指出那些令人难以置信、奇异虚幻的部分。

  VII. (1) 因此,我们放下神圣哲学或自然神学(不是神性或启示哲学,这个概念我们用以专指最终人类所有沉思的安居点和
111 安息日),将开始探讨自然哲学。德谟克利特说:"自然的真相埋藏在某些矿山深处和洞穴之中。"③同样,炼金术师反复念叨,伏尔甘神是第二自然,自然以迂回方式耗时长久制作之物,伏尔甘神都能巧妙简洁地模仿。如果他们说的都是真的,那我们就可以把自然哲学分为采矿学和炼炉学,进而将自然哲学家划分成两种专业或职业:一些人是拓荒者,一些人是铁匠;一些人负责挖,一些人专门精炼和煅锤。当然我最心仪的是以下这种分类,用更熟悉的、更学术化的术语表达,即这是自然哲学的两个部分:探究原因与产生

---

① 《新约·歌罗西书》2:4,18。
② 《新约·哥林多后书》2:11。
③ Cicero, *Academica*, I. xii. 44.

效果;理论工作与实践工作;自然科学研究与自然理性运用。就像
民政事务中有理性智慧①和指导智慧,在自然事物中也如此。对于
后者(至少对于其中一部分),我恳请这里能允许我重新使用和重
新完善那个被滥用的名称——自然魔法,其真正的意义只是指自
然智慧或自然理性运用。根据古代的意义,这个词并没有虚安和
迷信的含义。虽然我非常清楚,原因与结果之间的确真的存在一
层关联,同样,理论知识与实践知识之间存在巨大联系,然而由于
所有真实且富有成效的自然哲学都有双重尺度或阶梯,上升的和
下降的,从实验上升至发现新的原因,从原因下降至设计新的实
验,因此我认为对这两部分最有必要分别进行探讨和处理。

（2）自然知识或理论可分为物理学和形而上学。我请大家注 112
意,我使用"形而上学"这个词的意指,与大家已经接受的通常意
义不一样。同样,我毫不怀疑,有判断力的人也很容易看出,在这
个问题和其他特定问题上,我的概念和理解可能与古代的概念和
理解有所不同,但我竭力遵守古代的用法。我希望,通过有序清晰
地表达出我的见解,能尽量避免犯错。另外,无论在术语还是观点
上,我都热切且真诚地希望分毫不远离古代,只要与真理和知识的
进步保持一致。在此,我不能不对哲学家亚里士多德感到惊奇,他
的研究对所有古物都怀着那样一种分歧和反驳的态度,他不仅乐
于创造新的科学词汇,而且讨厌并灭绝一切古老智慧。甚至他从
未指名道姓或提及任何一个古代的作家或观点,只有驳斥和谴责,
这对获得荣耀、吸引追随者和学生倒是一条好路子。在最高的真
理中记载着并宣告过:"我奉我父之名而来,你们却不接纳我;别人
奉自己的名来,你们倒会接纳他。"②此事必然会发生,且在人类的
真理中占有一席之地。但从这一神圣警句(我们要知道,此话指的

① ［译注］a wisdom of discourse,在英国的古代用法之一指"有条理地思考的能力或程
序理性",参见 https://www.collinsdictionary.com/zh/dictionary/english/discourse。
② 《新约·约翰福音》5:43。

是最大的骗子,即敌基督者)中我们可清晰地明辨,那些奉自己之
名而来的人,如果不顾及古物或父权,就算有成为被接纳的人的运
气和成就,也不是真理的吉兆。然而对于亚里士多德这个卓越的
人,我认为他是从他的学生(亚历山大)那里习得了那种气质,似
乎他在与之竞仿;这二人,一个征服了所有意见,另一个征服了所
113 有国家。然而,正因为如此,在某些性情乖戾的人笔下,他也许会
得到与他的学生"Felix terrarum praedo[幸运的土地掠夺者],为世
界树立了不好的榜样"相似的头衔"Felix doctrinae praedo"[幸运
的学问掠夺者]。① 但另一方面,我却同样渴望用我的笔在古物和
进步之间建立友好沟通,我认为最好是将与古代的这种沟通贯彻
到底,因此,我会保留古老的术语,尽管有时会改变它们的用法和
定义。根据民政管理里的温和步骤,虽然做了一些改变,但塔西佗
曾明智地指出:"官吏的称谓却一切照旧。"②

　　(3) 回到"形而上学"这个术语的用法和含义,我现在确凿地
理解了它。我已经说过,我认为第一哲学,即综述哲学和形而上学
是两种不同的东西,但它们迄今为止一直被混为一谈。我将前者
视为所有知识的始祖,而将后者作为自然科学的分支或后代引入。
如此,我认为综述哲学是混杂的、与那几种知识体系没有特定关系
的普遍原则和公理。根据这一区分和规定,我认为综述哲学探究
的是各种本质的作用或与之相关联的偶发特点,如数量、相似性、
多样性、可能性等等。它探究的是这些特点在自然中的效用,而不
114 做逻辑探讨。同样,似乎自然神学之前也一直与形而上学混为一
谈,我也已经划分并限定了其范围。因此,现在的问题是,留给形
而上学的是什么。在此,我可以毫无偏见地保留古人的奇想,即认
为物理学应该研究物质内在的,因此是短暂的属性,而形而上学研

① [K]培根此处在辛辣地谴责卢坎(Lucan)在其《内战记》(*Bellum civile*, x. 21-28)里
对亚里士多德和亚历山大的评价。
② Tacitus, *Annals*, i. 3.

究的是物质抽象的、不变的属性。还有,物理学研究的对象应该是
在自然里被视为唯存实有与运动变化之物,而形而上学的研究对
象则应是那些在自然中进一步被视为理性、悟性与基理之存在。
不过,二者的差异,若阐述清楚,也是人们最熟悉、最容易意识到
的。因为,正如我们总体上把自然哲学划分为探究原因和产生结
果两部分一样,我们也按照公认合理的原因划分方法进一步细分
了原因研究部分。一部分是物理学,探究和处理质料因和动力因;
另一部分是形而上学,研究形式因和目的因。①

　　(4) 物理学(根据它的来源,而不是按照我们习惯上指医药学
的用法)介于自然史和形而上学之间。自然史描述事物的多样性;
物理学描述事物的原因,不过这些原因往往是动态变化或存在相
对关联的;形而上学则研究固定不变的原因。"同在火上烤,陶土
变坚硬,蜡烛软熔化。"②火是坚硬的原因,但只适用于黏土;火也
是熔化的原因,但只适用于蜡。但是火并不是事物硬化或熔化的
恒常原因,所以物理学上的原因只有目的因和质料因两种。物理
学包含三部分,其中两部分研究自然的联合或集合总相,第三部分　115
沉思自然的分化或分相。自然要么被归集成一个完整整体,要么
按照相同的原理或起源各自分集。所以,第一部分涉及事物的结
构或构造,即"世界上宇宙中"的事物。第二部分是关于事物的原
理或起源的学说。第三部分是关于事物的一切变化和特殊性的学
说;无论是不同的物质,还是不同的质量和性质;这部分无须详细
列举,因它只是作为注释或阐释,附着在自然史的文本上。我无法
说这三部分知识有任何缺陷。它们的研究达到了何种真理或完善
程度,我现在不做任何判断。但人类工作尚未抛弃这些知识。

　　(5) 我们已经说过,形而上学探究形式因和目的因。前一种

---

① 　[译注]培根沿用了亚里士多德在《形而上学》中提出的四因说。
② 　Virgil, *Eclogues*, viii. 80.

探究似乎无用且无效,因为广为接受、根深蒂固的意见认为,人的探究没有能力找出真正的形式或真正的差别。对于这一意见,我们的观点是,在所有其他知识领域中,形式探寻最有价值,只要有找到的可能。至于可能性,如果发现者眼里只看到海,便认为不存在陆地,就不是好的发现者。但很明显,柏拉图的智慧水平已经位于高峰之巅,他在理念论里确实辨析出,形式才是知识的真正对象。① 但由于他认为形式绝对抽象于质料,不受质料的限制和规定,因此他的观点并未结出真实的果实。他的观念转而依附于神

116 学,其全部自然哲学都受到神学的影响。但是,如果任何人对知识的活动、运作和使用一直保持警惕、严格的观察,就可能会发现和注意到何谓形式,如此关于形式的讨论就对人类的状况有效且重要。至于物质的形式(除了人,因为"上帝用地上的尘土造出人形,将生命之气吹入他的鼻孔里"②,而造其他生物时上帝说的是"让水滋生出来,让地里生出来"③),我认为(就像它们通过复合和移植的方式迅速增长)太复杂,不太可能探寻。就像试图通过组合和调换字母来全盘研究字音的形式也是不可能的,因为那将产生无限多字音。但另一方面,研究简单字母的字音或语音形式就比较容易理解,如此就能引出并标出所有字词的形式,因为它们均由简单字母形式组合、混合而成。同样,要研究狮子、橡树、金子的形式,不行,研究水、空气的形式,徒劳,但是要研究感觉诸形式、自主运动、植物、颜色、重力和浮力、密度、稀薄度、热度、冷度以及所有其他性质和特性,就像字母表,数量并不太多,而所有(表现在物质中的)被造物的本质都由此构成。我认为,探究这些事物的真正形式,就是我们现在定义的形而上学的一部分。这并不是说,物理学也研究和考察同样的性质。如何区别呢?物理学只研究它们的质

---

① Plato, *Republic*, x.

② 《旧约·创世记》2:7。

③ 《旧约·创世纪》1:20,24。

料因和动力因,而不涉及形式因。例如,如果人们追问雪或泡沫呈白色的原因,并且得出这样的解释:其原因是空气和水的微妙混合。这个解释很好。然而,这解释的是白色的形式吗?不是,这解释的是动力因,它只是 vehiculum formae[形式的载体]。我认为人们并没有在形而上学这部分研究上付出太多努力,没有取得多少收获。对此我并不感到惊奇。因为我认为,这部分知识不太可能用人们习惯的做法创建。在这方面人们已经过早地完全放弃了细节,太远离细节(而这是所有错误之源)。

(6)我认为这部分形而上学知识的使用有不足,但与其他研究相比却在两个方面更为优秀:一是,因为简化无穷的个人经验、弥补人类 vita brevis, ars longa[生有涯而技艺无涯]的遗憾是所有知识的职责和美德,只要在真理的概念允许的范围内,这是通过联合各门科学的理念和概念来实现的。知识犹如金字塔,历史是它的地基。那么,自然哲学的地基就是自然史,地基往上一层是物理学,紧挨着顶点的是形而上学。至于那顶点,"自始至终都是上帝的工作"①,即自然的综合规律,我们不知道人类的研究能否企及它。不过这的确是知识的三个阶段,对于堕落的人来说,它们就像巨人的群山,"他们三次试图把奥萨山叠于比利翁山上,以站在奥萨山上,翻转绿叶覆盖的奥林匹斯山"②。对于那些认为所有事物都是上帝荣耀的人,这三个阶段就像三声欢呼:圣哉!圣哉!圣哉!③描述或详述上帝的作品是神圣的,找出这些作品之间的联系或关联是神圣的,将这些作品统合在永恒统一的法则中也是神圣的。因此,巴门尼德和柏拉图推测,一切事物都有等级并逐渐上升达致统一,尽管只是一种推测,也极好。因此,具有最少多样性的知识永远最有价值,形而上学似乎就是这样的知识。它考察事物

---

① 《旧约·传道书》3:11。
② Virgil, *Georgics*, i. 281-282.
③ 《新约·启示录》4:8。

的各种简单形式或差异,这些形式的数量很少,它也考察造成所有这种多样性的程度与协调。二是,形而上学这部分研究得到重视和赞扬,是因为它确实释放了人的能量,让他们获得了极大的自由,给予了他们工作且获得成效的可能性。因为物理学将人带入狭窄的、限制重重的道路,使人遭受诸多意外和阻碍,仿似自然界曲折不定的一般变化过程。但是,贤明者眼里处处是康庄大道。对于贤明之人(按照古代的定义是"通晓属神的和属人的知识的人")来讲,永远有路可选。物理学诸原因解释了同样的质料为何产生出新发明。但自然会引起质料发生各种变化,任何人只要了解形式,就能了解这些变化可能会有多大。因此,无论针对质料的基础,还是在动力起作用的条件方面,其操作的受限性都更小。所罗门对这种知识有一段优雅的描述,虽然更多是神学意义上的:"你行走,脚步不受羁绊;你奔跑,也不致跌倒。"①贤明之人的道路既不太受特殊事件也不太受偶然性的影响。

(7)形而上学的第二部分内容探究终极原因,我不得不说这部分内容不是被忽略了,而是放错了地方。如果说这仅仅是顺序方面出了错,我不会多说,因为顺序只是知识阐释方面的问题,与科学的实质无关。但是这种错置造成了科学本身的一种缺陷,或者至少是极缺乏水准。终极因的研究与其他物理学原因的探究混在一起,阻碍人们严肃勤勉地探究所有真正的物理原因,让人有借口止步于这些令人满意却似是而非的原因,从而极大地抑制和阻碍了进一步的探究。因为我发现,不仅柏拉图曾一直停泊在这片海岸上,而且亚里士多德、盖伦(Galen)和其他人都通常同样停留于原因讨论的这个层面。他们会说,"眼睫毛是视觉的树篱和围栏"②,或者"生物外壳坚硬、皮毛厚实是为了保护它们免受极热和

---

① 《旧约·箴言》4:12。

② Xenophon, *Memorabilia*, i. 4.

极寒之苦",或者"动物的骨头是其支柱或横梁,其身体框架就以此为基础构建",或者"果树的叶子是为了保护果实",[1]或者"云是为了灌溉大地",或者"大地的厚重是为了给生物提供栖息地和宅邸",等等。类似的问题可以在形而上学层面探究和采集,但在物理学层面却不切题。不,事实上它们只会是阻力和障碍,抑制和延缓科学之船继续远航,而且事实上已经造成了人们对物理学原因研究的轻视或忽略。因此,德谟克利特和其他一些人的自然哲学,并不假定事物构建中存在心灵或理性,而是认为,事物具有能维持自身存在的形式,是因为大自然对其无穷的尝试或考验,他们称之为机运。在我看来(尽我所能根据我们能够获得的论述和残篇判断),研究物理学原因层面上的特殊性,比亚里士多德和柏拉图的原因探究更真实、更有价值。这二者的目的因研究混杂了其他要素,一个将其作为神学的一部分,另一个将其作为逻辑学的一部分,这分别是他们二人钟爱的研究。不是因为他们在自己的研究领域里探讨的那些目的因不真实,不值得探究,而是因为他们的研究拓展到进入了物理学原因的范围,导致这一领域广阔且无人问津。如果目的因和物理学原因被限定在各自的范围和疆域内,人们再说它们相互敌对或矛盾,就是极大的误导言论了。因为"眼睫毛是为了保护视力"这一原因描述,并没有反驳"长毛是由排湿气的孔口引起的——就像苔藓之源"[2]等原因解释。"生物外壳坚硬、皮毛厚实是为了保护它们免受极热和极寒之苦"的原因解释也没有抨击"毛孔收缩是因为它们最外层部分接触到外来异质物"的原因分析。其余的也是如此。两种原因都为真,且可以并存;一个指明目的,另一个仅指明结果。二者都没有质疑或贬损神圣恩典,而是高度确证和提升了神恩。就像在民政行动中,更厉害、更

120

---

① Aristotle, *Physics*, ii. 8, 199a25.
② Virgil, *Eclogues*, vii. 45.

深不可测的政治家能让其他人成为实现他的意志和目的的工具，却不会让被利用的人知道他的目的，所以他们做了事却并不知道自己到底真正在做什么。同样，当自然有这种意图时，神恩却从另一源头引出事物，如果说上帝将其神圣恩典的特质传达给了某些特定的生物，或将其印迹显现于某些特定运动，那他的智慧远比这种传达和显现更令人钦佩。形而上学就讨论这么多。我承认形而上学的后半部分已经存在，但希望它能被限定在其恰当的范围内。

121　　　VIII.（1）然而，自然哲学还有一部分，通常被认为是其主要构成部分，与针对个别的物理学和形而上学同样重要，即数学。但我认为，它更合乎事物的本性，更合乎阶序标准，更适合作为形而上学的一个分支。数学以数量而非无限的数量为主题。无限数量仅仅是相对的，属于第一哲学的范畴，而数量是确定的或成比例的，显得是事物的基本形式之一。正如德谟克利特学派和毕达哥拉斯学派的观点所示，前者认为数是万物的最初种子，后者认为数是万物的原则和本源。诚然，相对于一切别的形式（我们所理解的形式），这种形式最抽象，最可与质料分离，因此也最适合被归属于形而上学的研究范围。同样，这也是它比其他与质料结合得更密切的形式，更值得我们耗费精力研究和探索的原因。乐于在普遍性的广阔自由里，就像乐于置身于广阔地域而非个别性的限定区域里，是人的心灵的天性（对知识的损害却极大）。比起其他知识，数学便是满足这种欲望的最佳领域。对这种科学的定位却没有那么重要，我们只是在这些分类中努力遵循一种视角，使各部分可以相互为证。

　　（2）数学要么是纯粹的，要么是混合的。纯粹的数学是研究确定数量的科学，只是与自然哲学的所有公理有所区别，它包含两部分——几何和算术。几何学处理连续的量，算术研究离散的量。
122 混合的数学以自然哲学的某些公理或部分内容为研究对象，也会考虑确定的量的问题，但只是将其作为辅助性附带内容。因为，没有数学的帮助和介入，既无法足够精细地发掘，也无法足够清晰地展示大自然的许多部分，更无法足够熟练地将这些发现付诸应用。这些部分包括透视法、音乐、天文学、宇宙学、建筑学、工程学以及各种其他学科。我不能说数学有什么不足之处，只是，人们对纯粹的数学的卓越用途还缺乏充分了解，即纯粹数学确实能弥补和修复许多智力和智识功能缺陷。智力过于迟钝者，数学能磨炼其敏捷性；智力太散漫不定者，数学能帮助其专注；如果过于固着于感知信息，数学能帮助其转向抽象思维。就像网球本身是没什么用的运动，但是它的大用处在于，能帮助造就人的眼疾手快，使身体灵活，随时能做出各种姿势。同样，在数学领域，附带的间接价值并不比主要的目标价值低。至于混合的数学，我只能这样预测：随着自然进一步被揭示，一定会出现更多种类的混合数学。自然科学或自然的思辨部分就说这么多。

（3）自然的理性运用，或者自然哲学的实践部分，我们将其分为三部分——实验的、哲学的和魔法的（magical）。这三个活跃部分分别对应且类同三种推测学科，即自然历史、物理学和形而上学。许多操作的发明，有时是偶然或碰巧为之，有时则是通过目的明确的实验。通过目的明确的实验而发现的各种操作里，有些只是改变或扩展了已有实验，有些则是通过将许多不同实验迁移、组合而形成新实验，这是经验主义者可以完成的方法。再者，如果人们在推测时也关注使用和实践，那么，通过对物理学原因的认识，就必然会观察到新个体事物呈现出的许多迹象和标志。但这些都只是"通过推压凹凸不平的海岸"①而沿着海岸滑行；在我看来，无论是通过偶然机运和实验论文，还是通过探寻物理原因的指导，都很难在自然界中获得任何重大的或根本性的变更和创新。因此，如果我们已经发现了形而上学的缺陷，那么必然也会在与其相关

123

① Horace, *Odes*, II. x. 3.

的自然魔法里发现缺陷。各著作里已经提到的自然魔法包含某些迷信的肤浅的幻想、对交感与不相容作用的观察、一些隐藏特性和无关紧要的实验。这些实验与其说是本身神奇，不如说是伪装得很神奇，就像不列颠的亚瑟王（King Arthur of Britain）或布尔多的休（Hugh of Bourdeaux）的故事，与恺撒《高卢战记》叙事的真实性完全不同，我们所需要的自然真理与那种知识能够给予的也存在巨大差异。显然，恺撒确确实实做过的事，比捏造出来的虚构英雄的事迹更伟大。只是他的行为方式没有那么令人难以置信。关于这种学问，寓言故事里的伊克西翁可以为例，他想要追求权力女神朱诺，然而与他交欢的其实是一朵云，结果生出了半人半马的怪物和狮头羊身蛇尾的怪兽。同样，凡是心怀好高骛远的虚幻空想，而不是艰苦且严肃地探索真理的人，必定会生出许多奇异且不可能

124　实现的希望和念头。因此，我们可以注意到，在这些充满了想象和信仰的科学中，如这种堕落的自然魔法、炼金术、占星术等等，在它们的各种构想里，对方法的描述比其浮夸言辞或目的更可怕。熟悉黄金的重量、颜色、锤炼时的柔顺度和易损度、遇火时的稳定性和不稳定性以及其他各种性质的人，可能通过某种机械手段把黄金的性质和形式加诸某些其他金属上，以生产出具有类似黄金性质的产品。这比起那些撒几粒药便能在几分钟内把大量水银或其他物质变成金子的方法，实现的可能性高得多。同样，更有可能的是，了解除湿原理、被滋养物吸收滋养物原理的人，了解情绪的振奋和净化方式、情绪对身体的体液和固体部分的破坏之道的人，可以通过迂回的饮食安排、沐浴、涂抹膏药、服药、运动等方法来延长寿命，或在一定程度上恢复青春活力，这也比用几滴配酒或配方的方式有效。因此，总而言之，真正的自然魔法，是建立在形式知识之上的极大的自由实践和操作范围。我认为它是有缺陷的，其相关领域也一样。如果我们严肃对待这部分，不慕虚荣且意在言之有理的论述，那么除了从形而上学中派生和推导出其本身的实用

性外,还有两点也很有意义。一个是事先准备,另一个是小心谨慎。要事先准备的是制定一种历法,类似于人类财产一览表,包括现存的所有发明(自然或技艺的作品或成果),这是人类已经拥有 125 的,由此必然引发人们关注,哪些东西还被视为不可能拥有或尚未发明。如果还能在每一种所谓的不可能之物旁边附上最接近这种不可能的现存之物,这个一览表会更精巧、更有用。有了这些愿望和可能性,人们的研究能更受激发,以便根据原因思考推断出产品的产出方向。需要小心谨慎的是,我们不仅应当重视有即时效果和已经投入实用的实验,而且应重视那些主要用于发明别的实验,对其具有最普遍价值的实验,以及那些对于揭示事物的原因最具启示的实验。因为,就航海来说,发明水手们用来指示方向的指南针,效益不亚于发明提供动力的帆。

(4) 自然哲学及其缺陷我就说这么多。如果我的一些看法与古人和广为接受的学说有所不同,因而引起了矛盾,就我而言,既然我并不喜欢做持异见者,那就决心不去争论。如果诗言"我们歌唱并不为聋人,每片树林都在回应"①为真,不管人言如何,自然之声自会赞同我。亚历山大·博尔贾②在谈到法国人的那不勒斯远征时曾常说,他们来时,手里拿的是在其驻地做记号的粉笔,不是战斗的武器。而我更喜欢真理和平地到来,只带着粉笔标记出那些有能力容纳和庇护它的心灵,不喜欢争吵和争论的方式。

(5) 但自然哲学里还有一种划分,以研究报告为据,与研究的 126 问题或主题无关,即可划分为确信的和存疑的,分别对应于有肯定结论的和有疑虑的研究报告。存疑或 non liquets[尚未显示]③的

---

① Virgil, *Eclogues*, x. 8.
② [译注]亚历山大·博尔贾(Alexander Borgia)指天主教宗亚历山大六世(1492—1503 为教宗),原名罗德里戈·博尔贾(Rodrigo Borgia),是文艺复兴时期最具争议的教宗,也是第一位公开承认自己与情人有子嗣的教宗。博尔贾于 1493 年为葡萄牙与西班牙划定殖民扩张分界线,即"教宗子午线"。
③ [译注]中世纪起常见的法庭用语。

研究结果有两种类型,特殊的和整体的。第一类疑虑,可以亚里士多德的《问题集》为典范,那些问题都值得更深入的研究。但其中有一点有必要提出警告让人们接受。存疑记录有两大好处:第一,它使哲学免受错误和谬误的伤害——尚未完全显现之物不能被纳入有肯定结论之列,否则这种错误可能再招致错误,而只能对其保留怀疑。第二,引入疑虑就像引入了许多吸盘或海绵,吸引人们使用知识。若是事前不存疑虑,人们遇到问题就会不加注意地忽略过去,问题永远得不到劝议,但有了疑虑的提示和诱惑,人们就会关注它,对它花心思。但是,这两种用处都很难抵消其不利之处,这种不利如果不加抵制,就会自己强行闯入。这就是,一旦人们接受了某个疑虑,会更愿意努力让它一直维持为疑虑,而不是关注如何解决它并为其绞尽脑汁。我们常常可以在律师和学者们身上看到这种倾向,他们一旦认可了某个疑虑,这个疑虑就获得了永远保持疑虑身份的权力。但是,应该让人们运用智慧和知识,努力让存疑之物变为确信之物,而不是相反,致力于使确信之物成为可疑之物。所以,我认为这些疑虑一览表是绝好的东西,只要使用之人注意这个警告:全面审视这些疑虑并找到解决办法,由此消除它们、

127 丢弃它们,而不要继续支持和鼓励人们保持疑虑。我建议给这种疑虑一览表或问题一览表附加另一个一览表作为补充材料,即流行错误一览表:我指的主要是关于自然史的言论和奇想中那些已经被清楚探明和证实为不正确的东西。这样人类知识就不会被这些糟粕和虚妄之物削弱或贬损。至于一般的或整体的疑虑或是"尚未显示"之物,我了解那些关于自然原理的不同意见,以及它们的基本观点,正是这些不同意见导致了各种不同的教派、学派和哲学思想,如恩培多克勒、毕达哥拉斯、德谟克利特、巴门尼德等人的不同意见。虽然亚里士多德像奥斯曼种族的人一样,认为只有先杀死所有的胞兄才能开始统治,然而对于那些寻求真理而不是追求权力的人来说,看到关于自然基础的各种观点呈现出来,定会

认为这是大有益处之事。不是因为从那些理论中能获得什么确切的真理。就像在天文学里,同样的现象,既可以用普遍接受的周日运动、行星运转有各自的偏轴度和本轮的天文学理论来解释,也可以用哥白尼的地球运动假说理论来解释,计算的结果分别在两种理论里都成立。所以,表面和可视的普通经验往往可以用好几种理论和思想来解释,但找出确切真理则需要另一种严肃和关注的态度。正如亚里士多德所说,孩子们最初会把每个妇女叫作母亲,但后来就能辨识出真正的母亲。① 同样,经验尚稚嫩时会把每一种 128
哲学视为母亲,但成熟后就会辨别出真正的母亲。因此,同时存在几种关于自然的解释和观点是很好的事情,有可能每个人在其中某一个点上看得比其他同伴更清楚,所以我希望能有人不辞辛劳、心怀宽广地收集各种古代哲学体系,其中很有可能保留着对我们有启发的东西。这项工作我认为还存在缺陷。在此我必须提出警示,从事这项工作时要把各项清楚地、分隔地记录。每一种哲学体系完全各自分列,不要像普鲁塔克那样,以标题为线索把所有东西都包裹捆绑在一起。因为一种知识体系自身本有和谐一致性,正是这种和谐让它能提供启示,值得信任。如果将其分割敲碎,会显得非常异类且不和谐。正如我读到塔西佗对尼禄或克劳狄行为的描述时,由于他同时也叙述了行为发生的特定时期、动机和场合,我就觉得这些行为显得没那么奇怪。但是,当我读到苏维托尼乌斯②对这些行为的描述时,由于他是按照标题分类收集叙述行为,而不是以时间顺序为据,同样的行为就显得更奇怪而不可思议。同样的道理也分别适用于被完整记录和被分条记录的知识体系。

---

① Aristotle, *Physics*, 184b, 10–15.
② [译注]苏维托尼乌斯(Suetonius Tranquillus,约69—140),罗马传记作家,代表作包括《著名文法学家和修辞学家》(*De grammaticis et rhetoribus*)、《罗马十二帝王传》(*De vita Caesarum*)。苏维托尼乌斯几乎没有留下任何关于他本人的资料,对其的了解主要来自小普利尼的《书信集》。

我并不是说近期的各种观点可以不按照同样的方式记录,它们同样也应该如此呈现在这个知识体系派别一览表里,例如:帕拉克尔苏斯①的观点被丹麦人塞维里努斯②富于表现力地简化为一个统一体;泰勒修斯(Tilesius)③及其学生多尼(Donius)的思想作为一种田园哲学富含见识,虽然缺乏深度;弗拉卡斯托里乌斯④宣称自己不创造任何新知识体系,却完全凭借自己的认知任意对待旧知识;还有我们的同胞吉尔伯特(Gilbertus)复兴了克塞诺芬尼⑤的观点,并做了一些改造和论证。还有其他值得记录的东西都应该纳入。

(6)这样,我们已经谈过了人类三条知识之光中的两条。其一是直射光,涉及自然;其二是折射光,涉及上帝,这一条光由于媒介不均质而无法真实地反映上帝的旨意;剩下的一条是反射光,人类借此观察和反省自身。

IX.(1)现在我们开始讨论古代祭司指给我们的那种知识,

---

① [译注]帕拉克尔苏斯(Theophrastus Paracelsus, 1493—1541),原名菲利普斯·冯·荷安亥姆(Philippus Aureolus Theophrastus Bombastus von Hohenheim)。其医典《超越奇迹之作》(*Opus Paramirum*, 1531)综合医学理论,强调观察与实验的重要性,主张个体化治疗。其代表作《外科大全》(*Der grossen Wundartzney*, 1536)探讨创伤治疗与外科实践,强调自然愈合与药物结合。他对梅毒、矿工病(矽肺病)、甲状腺肿等疾病的治疗均做出了重要的理论和实践探索,为化学、药理学提供了早期框架。
② [K]丹麦人塞维里努斯(Petrus Severinus, 1542—1602),编纂了海量极有影响力的关于帕拉克尔苏斯的化学医学作品集,包括重点讨论其元素理论的《哲学医学的观念》(*Idea medicinae philosophicae fundamenta continens totius doctrinae Paracelsicae, Hippocraticae, et Galenicae*, 1571)和一部颂扬集册《致帕拉克尔苏斯》(*Epistola scripta Theophrasto Paracelso*,1572)。
③ [译注]查不到此人是谁。疑为英文版将 Telesius 误印为此名,培根在《新工具论》中提到了近代哲人特勒修斯。特勒修斯(Bernardus Telesius, 1509—1588)是 16 世纪意大利哲学家和自然科学家,神智论自然哲学代表人之一。
④ [译注]弗拉卡斯托里乌斯(Hieronymus Fracastorius, 1483—1553),意大利医生、诗人,研究流行性疾病,且擅长以诗文记录其研究成果。他首次记录了牛口蹄疫。
⑤ [译注]克塞诺芬尼(Xenophanes,约前 570—前 480),前苏格拉底神学家,其作品现仅存残篇。他反对神话,反对神人同形同性论,认为是神凭借其理念统治世界。

关于我们自身的知识。这种知识值得更加准确地探讨,因为它与我们更密切相关。从人的意图来看,这种知识是自然哲学的目标和终点,然而在自然界里它却只是自然哲学的一部分。总体上应该定下一条原则,即所有知识分类应该是为了厘清线索和脉络,而不是为了把知识割裂分块;一定要保持知识的延续性和整体性。反面做法会让其中有些部分无法从共同源泉中获得滋养和维持,因而变得贫瘠、浅薄、错误频出。所以我们看到演说家西塞罗批判苏格拉底和他的学派,说他是第一个把哲学和修辞学分开的人;①修辞学因而变成了一种空洞的言辞技艺。同样,我们可以看到,天文学本身并不能纠正哥白尼关于地球转动的观点,因为它并不与任何自然现象相冲突,然而自然哲学却可以。同样我们也明白,医学科学如果被自然哲学抛弃就会一无所有,不比经验性操作好多少。那么,带着这个保留意见,我们进入人的哲学或人文学科的讨论。它包括两部分:一部分分离地或分别研究个体,另一部分集合地或将其放入社会中来研究。因此,人的哲学要么是简单的、特殊的,要么是聚合的、政治的。研究个体的人文科学,对应于人的身体和精神之分,又可分为关于身体的知识和关于精神的知识。不过在我们继续细分之前,最好还是先综合。我从总体上考虑,认为人性问题适合被独立出来,自成一种知识体系,不要过多涉及那些关于人的尊严、人的痛苦、人的状态和生活,以及类似常见的不可分割的天性的附属物,这些问题已经有令人愉悦的精致的学说,而应该主要是关于精神和身体之间的共鸣和协调一致的知识,这种知识是关于身体的和精神的知识的混合,很难被归于其中任何一个体系。

（2）这种知识有两个分支,正如一切同盟和友善关系都包含着共同智慧和对彼此的职责,这种精神和身体的同盟也包含这两

① Cicero, *De oratore*, iii. 16.

个部分:关于精神与身体相互揭示的研究,关于二者如何相互影响的研究,可分别称为发现和印刻。前一分支发展出两种技艺,都是有关预测或先见的。亚里士多德重视其中一个,希波克拉底重视另一个。[①] 虽然一些迷信和魔法在后世混入了这两种技艺,但如果能净化它们,使其恢复真实的状态,它们就会在自然界中扎下坚实的基础,且在生活中发挥有益的用途。第一种技艺是面相学,通过

131 身体的轮廓来发现心灵的秉性。第二种技艺是阐释自然梦境,通过研究心灵的幻想来发现身体的状态。我发现了前者的不足之处。亚里士多德勤勉地研究了身体的各种构造并得出独创性成果,但是却没有研究身体的各种姿势,借助技艺很难理解这些姿势,但理解它们却更有用处和优势。因为身体的轮廓的确可以大致揭示心灵的秉性和倾向,但是面部的各种运动和各部分不仅也能揭示,而且可以进一步透露人当时的情绪以及其理智和意志的状态。陛下曾贴切精妙地说过:"话语说给耳朵听,姿势说给眼睛听。"[②]因此,有一些眼光敏锐的人,他们的眼睛总是注视着人们的容貌和行为方式。他们深知这种观察的好处,这成为他们的特长。不可否认,那种观察是对伪装的伟大揭露,能对事业提供极大指导。

(3) 后一分支,即涉及印刻的部分还未形成一种技艺,只有零星分散的记录。它研究的两个对象也同前一种有类似的关联或对照——要么是体液和身体感受如何以及在多大程度上确实改变或影响了心灵,要么是心灵的激情或思虑如何以及在多大程度上确实改变或影响了身体。前一种已经得到探询和研究,成为药学的附属部分,但更多人还是视其为宗教或迷信。因为医生会开出治疗心灵的迷狂和忧郁的药方,同时也会假装展示药物以振奋心灵、

---

① 指亚里士多德写过《面相术》(*Physiognomica*),希波克拉底写过《预后之书》(*Praenotionum liber*)。

② King James I, *Basilikon Doron*, book iii, Works of King James I, p. 183.

控制血气、澄明智慧、牢固记忆等等。但是毕达哥拉斯学派、摩尼 132
教异端，①以及穆罕默德律法对饮食方面的顾忌和迷信以及对身体
的其他管控，却有点过分了。同样，仪典法里的规定繁多且严厉，
如禁止吃血和脂肪，②区分洁净和不洁净的牲畜的肉，等等。而且，
基督教信仰本身已然洁净且明澈，无须任何仪式蒙蔽，但还是保留
了斋戒、禁欲以及其他销蚀和羞辱身体的做法，这些做法都有切实
的目的而非仅仅具有象征意义。这一切规定的根源和活力（除了
仪式的缘故）是认为，各种情感对心灵的依赖性服从于身体的状态
和性质。如果见识短浅的人以为，这因肉体而致的心灵折磨要么
质疑了灵魂的不朽性，要么贬损了灵魂的最高统治权，可以用简单
的事例教导他：母亲子宫里的婴儿与母亲既和谐共存，又可彼此分
离。最不受限制的君主有时受其仆人的引导，但却并不屈从。至
于互惠知识，即心灵的奇想和激情对身体产生影响的知识，我们看
到所有明智的医生在给病人开的药方中一直都顾及了 accidentia
animi［心灵偶因］，认为它对促进或阻碍治疗或康复有巨大效用；
更具体地讲，它是一种极有深度和价值的研究，探求幻想如何以及
在多大程度上改变幻想者的身体。因为，虽然它具有明显的伤害
效力，但却不具有同等的助益效力。正如一个人无法判断，是否因
为存在足以瞬间伤害个体健康的有毒气体，就应该有包治百病且 133
能瞬间治愈病人的气体一样。这部分研究有极大用处，尽管困难
深奥，需要如苏格拉底所说的"德洛斯潜水者"。但是，在所有关
于心理和身体之间协调一致、有共同纽带的这类知识里，最有必要
的研究是，考察心灵的几种官能由身体的哪些器官承担，占据哪些

---

① ［译注］摩尼教，源自古代波斯祆教，为公元 3 世纪中叶波斯人摩尼（Persian Mani，
约 216—276）所创立，其思想中也混杂了一些基督教元素。其主要教义为二宗三际
论，相信上帝（光明的精神世界）与撒旦（黑暗的物质世界）的共存共治，其成员被
要求过非常简朴的生活。圣奥古斯丁在《忏悔录》中阐述过他从摩尼教徒转变为基
督徒的过程。
② 《旧约·利未记》3:17。

器官。这部分知识曾有人探究过,并引起了争议,值得更深入的研究。柏拉图的说法是,大脑负责理解领悟,心脏负责恨怒(他不恰当地称其为愤怒,但其中混杂着骄傲),肝脏负责性欲或感官享受。[①] 我们不应轻视这种说法,但也不能照单全收。那么,(如我们所愿和所倡议)我们把关于人的天性作为一个值得单独研究的知识部分,已经为其构建了研究体系。

X.(1)关于人的身体的知识分类,是按照人体的善好来划分的,这是它的指向。人体的善好有四种:健康、美、强壮和愉悦。因此知识被分为:医药学或治疗技艺;装扮技艺,被称为美容术;活动技艺,被称为体育运动;享乐技艺,塔西佗将其恰当地称作 eruditus luxus[有教养的奢侈]。[②] 相比于自然中的所有其他事物,人的身体对治疗最敏感,但那种治疗也最容易出错。主体的易感性既能诱发极大的可能性,也很容易导向失败,因此这种研究应该更精确。

(2)回到我们之前提到的话题,来谈谈医药学,并稍微拔高一
134 点。古老的观点将人视为一个微型宇宙——世界的微缩或模型。这种观点被帕拉克尔苏斯和炼金术士异想天开地牵强附会为,在伟大世界中存在的各种事物,恒星、行星、矿物等,似乎都应该能在人体中找到某种对应之物和类似之物。不过,显然这一点为真,即在所有被自然创造出的事物中,人的身体最为复杂。我们发现,百草与植物从土壤和水分中汲取营养,兽类大多吃百草和水果存活,而人吃百兽、百鸟、各种鱼类的血肉,从百草、谷物、水果、水分中汲取营养,这几类事物在变成人的食物和滋养品之前还要经过各种改良、加料处理和配制。并且,百兽的生物阶梯更简单,情感变化

---

① [K注]经西塞罗重述后的说法。参见西塞罗《图斯库路姆论辩集》第一卷第十章。
② Tacitus, *Annals*, xvi. 18.

能对身体产生的影响也更少,而人的居住、睡眠、运动、激情都有无限多种变化。不可否认,所有事物中人体的构造最复杂。相反,灵魂却又是最简单的事物。如诗所云:"剩下的才是那太虚般处境的心灵和空灵的火。"①如果"事物在自身所在处外急速运动,在自身所在处内安平不动"这一原则为真,那么我们身体中的灵魂无法安静就不足为奇了。回到本题。人体的多变构造使其成为容易染病的器具,因此诗人把阿波罗并称为音乐之神和医药之神颇为精妙,②因为医药的功效就是调和人体这一奇妙的竖琴,让其归于和谐。研究对象如此多变,其结果是这门技艺具有很大的猜测性;这种猜测性便使冒牌货有极大的投机空间。几乎所有其他技艺的评判标准都是其行为表现或成果,如果我可以用这个术语的话,而不是其成功与否或发生了什么大事件。评价律师的标准是他辩护的性质,而非案件的争议点;评价船长的标准是他领航是否正确,而非航程中的机运;但是医生,或许也包括政治人,并没有什么特定的行为展示其能力,大多只能通过其结果来评价,而结果评价总是因人而异:一个病人死了还是康复,一个国家的延存或毁灭,谁能说得清导致那结果的原因是技艺还是偶然性? 因此,很多时候冒牌货被称颂,有德之士却受到责难。不仅如此,我们发现人的软弱与轻信甚至会让他们更愿意听信江湖骗子或术士,而非博学的医生。因此,眼光敏锐的诗人辨识出这种极端的愚蠢,他们在诗中提到太阳之子阿斯克勒庇俄斯和喀耳刻兄妹:

> 阿斯克勒庇俄斯,医药及其技艺的发明者,
> 天父亲自用雷电把他击落到冥河斯堤克斯。③

135

---

① Vigil, *Aeneid*, vi. 746−747.
② Ovid, *Metamorphoses*, i. 518−522.
③ Vigil, *Aeneid*, vii. 772−773.

诗人还说：

富有的日神之女，住在人迹罕至的丛林。①

在所有时代里，在大众的观念中，巫师、老女人和江湖术士都在与医生竞争。结果呢？即使这样，医生们也会问自己那个所罗门在更重要的场合提出的问题："如若事情发生在我身上和发生在愚人身上的结果一样，那我又何必努力让自己更明智呢？"②因此，通常情况下，如果医生们想要从事其他行业或实践，对其的迷恋胜过了对自己职业的，也不能过于责怪他们；他们成了古物研究者、诗人、人文主义者、政治人、商人、神学家等等，在这些行业里都比在自己的职业里更出人头地。有鉴于此，无疑他们发现，在他们的职业里，平庸或卓越对他们的财富或未来的名誉没有任何影响，因为病人的虚弱性质、生活的甜蜜和希望的本质，都使人们依靠医生，不管医生有什么缺陷。不过，我们谈及的这些医疗问题，虽有少量偶然因素，更多的还是因为医生的懈怠和过失。如果我们愿意观察并留心观察，会在熟悉的事例中发现，与物质或形式的变化相比，精神的敏锐特性具有何等的卓越能力。人的面容和表情的多变性无物能及，但人们却能记住其无限多种变化；甚至，画家只要有几盒颜料，便能凭着自己的眼力和想象习惯，模仿出其曾经有过的、现在有的或将来可能有的一切形态，就好像那些形态曾真实地呈现在他们面前一样。没有什么比人的声音更多变，然而人们同样可以辨别出不同人的声音。甚至，你可以让一个丑角或滑稽剧演员发出各种他愿意发出的声音。语词发音也是千变万化，然而，人们已经找到将各种发音简化为几个简单字母的方法。因此，

136

①　Vigil, *Aeneid*, vii. 11ff.
②　《旧约·传道书》2:15。

并不是人的思想的缺陷或无能导致了这些困惑和不解,而是人们离这些东西太远,将它们放得太远。人们对事物的理解,也如对事物的感知一样,感知遥远事物时常常错误百出,而对眼前事物却能比较准确地感知。对此的补救措施不是唤醒或加强相应的器官,而是更接近目标。因此,毫无疑问,如果医生们愿意学习并应用研究自然的真方法、真手段,他们可以如诗人所说的那样:

疾病多变化,疗法自不同; 137
千种罪孽,自有千种救赎。①

他们技艺的高贵性配得上他们应该做的一切,诗人已经很好地表达了这一点。诗人把医神阿斯克勒庇俄斯塑造为太阳之子,太阳既然是生命的源泉,医神便是生命的支流。我们救世主的例子更加充分地肯定了这一点,他让人的身体成为他展示奇迹的对象,正如人的灵魂是他的教义针对的对象一样。因为我们从未读到过,他曾展示奇迹赐予任何人荣誉或金钱(除了赐予恺撒贡品)②,却看到过他展示奇迹以保存、维持和治疗人的身体。

(3)医学作为一门科学,其境遇(如前所述)可谓倡言者众而实践者寡,而在实践者中精进者尤为鲜见。在我看来,人们的实践一直在原地徘徊而没有什么进展。因为我发现了很多重复,却少有增进。它结合时机或缘由考察各种疾病的原因,结合保养之法探求治疗之法。在医学的众多缺陷中我认为有几个值得引起注意,都是一些比较公开的明显的缺陷,我只列举出来并不做评定。

(4)第一点是,没有继承希波克拉底那种古老严肃的勤奋。希波克拉底以前一直记录他的特殊病例,病人康复的进展如何,怎

---

① Ovid, *Ars Amatoria*, 525–526.
② 对照《新约·马太福音》17:25—27。

样判断他们是在康复还是走向死亡,等等。因此,有医学技艺之父这个恰当的例子,我就无须再列举其他行业的例子,例如聪慧的律

138 师们会仔细记录新的案件和法庭判决,为未来做判断时提供指导。我发现医学史在延续性方面存在缺陷;我认为它既不该记录每一个常见案例以致内容多得无限,也不该太狭隘地仅仅记录离奇的案例——因为许多东西在这种意义上新,实质上却并非新类型,而如果人们留心观察,会发现许多值得观察的东西。

(5)我在解剖学研究中也发现了许多不足之处。这门学问探究各个部分,探究它们的实质、形状和组合搭配,但它不追问各部分的多样性、通道的秘密性、各种体液所在处或居所,也不询问疾病的足迹和痕迹。我认为遗漏这些东西的原因是,只观察一具或少数解剖体就能达到最初的研究目的,但后来的比较研究和原因研究却必须通过观察众多解剖体才能达成。至于人体各部分的差异,无疑内部构造或框架与外部构造一样,满载着各种差异,那就是许多疾病频繁爆发的原因所在。人们没有观察到这些差异,却常常就体液问题发生争论,但这根本就不是体液的问题。问题的关键恰恰在于部分的构造或机制,用于改变体质的药物无法消除这类疾病,只能用饮食和常见药物来调节和缓解。说到人体的通道和毛孔,古人们的记录的确不错,更细微的通道和毛孔在解剖体上显现不出来,因为人活着的时候它们虽然敞开着,显而易见,但人死后这些通道就关闭隐藏起来了。古人们认为活体解剖不人

139 道,克尔苏斯(Celsus)就曾正当地谴责过这种做法。不过考虑到这种观察能带来的重大效益,也不必因为他的稍加责难就完全放弃这种探究,或只依靠偶然操作的外科手术来研究。但是,或许可以转向活体动物解剖,尽管动物身体各部分与人体并不相同,但足以满足解剖学探究。至于体液,解剖学通常只将其作为通泻液,不太关注。但它们却是最有必要观察的东西,观察在人体的哪些腔体、孔穴和受器中能找到体液,它们分别贮存和容纳何种不同的体

液。至于疾病的踪迹,以及它们给体内造成的破坏,如脓肿、溃疡、阻断、腐烂、肺痨、痉挛、扩张、抽搐、脱臼、阻塞、多血症,以及出现的其他所有异常物质,如结石、赘肉、赘疣、蛔虫等等,都应该通过大量解剖来精确观察,还要结合人们各自的体验,细致地按照时间顺序记录其症状,并刻意比对解剖已故病人时发现的这些破坏所导致的不同疾病和症状,将其记录在案。而现在,身体被解剖开后,这些症状容易被忽略而静默不现。

(6)在探察疾病时,医生们确实放弃了治疗很多疾病,认为有些疾病本质上无法治愈,还有些疾病错过了治疗期。因此,庸医们的无知指令所导致的死亡人数,比苏拉和罗马三巨头执政人处死的人还要多;所以说,被医生们宣判了死刑的人,比罗马时代被判了死刑的人更容易活下来。因此,我坚信这是医学的一个缺陷,即医生无法给很多疾病或绝症找出完美治疗方案。但是,宣布某些疾病无法治疗,就像颁布一部允许疏忽的法律,让医生不会因无知而名誉扫地。 140

(7)此外,我认为医生的职责不仅包括让病人恢复健康,而且包括减轻其痛苦与悲哀,不仅在病人康复过程中要缓解其苦痛,而且能帮助病人在走向死亡时感到轻松平静。能轻松平静地走向死亡确实是人生之大幸,奥古斯都·恺撒也常常希望自己能拥有此幸,即那种安乐之死。人们发现,安东尼·庇护的去世尤其能体现这一点,他仙逝时就像一只温顺和善的绵羊。据伊壁鸠鲁①记载,在被诊断患上绝症后,他豪饮猛灌,以美酒淹没自己的肠胃、浸没自己的感官,于是就有了如下警句:Hinc Stygias ebrius hausit aquas[他醉到竟然猛吞冥河之水]。② 但医生却相反,在对疾病表示遗憾后,忌讳与临终病人待在一起,对此有某种迷信。但在我看来,

---

① [译注]伊壁鸠鲁(Epicurus,前341—前270),古希腊哲学家,认为避免痛苦是最高的善,他对待死亡的方式证实了其信念。

② Diogenes, *Lives of Eminent Philosophers*, x. 15.

他们不仅应该研究病人的临终情况,而且应该照料病人,帮助并宽慰病人,减轻其临终前的病痛和苦难。

(8) 说到对各种疾病的治疗,我发现在这点上有缺陷:医生没有针对特定疾病找到特定恰当的处方。他们往往在处方里随意加点这个,减点那个,用这种药换那种药,使各种祖方中蕴藏的传统和经验成果都失去了疗效。他们如此支配药物,以致药物根本无法控制疾病。因为除了解毒剂,如 treacle［糖浆］、mithridatum［耐毒剂］、晚近出现的 diascordium［水石蚕制剂］①和其他少数几种,

141　医生们从来不会严格地甚至虔诚地遵照任何既成处方。在店铺里卖的通用药剂,是为了方便,而不是为了对症下药。它们普遍都意在作为清理、疏通、减缓痛苦、调理等用途,而非针对特定疾病。这就是经验主义者和老年妇女在治疗时比有学问的医生更快乐的原因,因为他们对自己的药物更具宗教式虔诚。因此,这就是我发现的医学的不足之处:医生们只凭着自己的臆测和配方药的描述来诊疗,而没有既根据自己的实践,又不懈地检验医书上的记载,还参照经验主义派的传统配方,来确定并提供某些实验性药物以治疗特定的疾病。正如罗马国最好的人员构成应该是执政官向着人民,护民官向着元老院,对应到我们正在讨论的这个事上,最好的医生应该是,博学的医者偏重经验传统,经验主义者偏重医书学问里的方法。

(9) 我发现制药方面着实有些奇怪,②尤其是这一点,即人们一直非常推崇矿物类药品,认为它们是外用药,比内服更安全。人们承认,很多自然浴和治疗温泉产生效果是因为其中含有矿物质,

---

① ［译注］在前现代医学中,diascordium 可能是以 scordium［水石蚕］为主料而制作的一种制剂。古罗马时期的希腊医生迪奥斯科里得斯(Dioscorides)曾提到过一种气味强烈的植物,可能是水石蚕,也可能是一种药剂或鸦片剂。这种制剂的最早描述出自意大利文艺复兴时期的医学家弗拉卡斯托里乌斯,以水石蚕的叶子命名,水石蚕是制剂的主要成分之一。
② 指上文提到的帕拉克尔苏斯及其后继者研制的药物。

但从未有人尝试人工仿制出类似药物。不仅如此，人们也能分辨出产生疗效的特定矿物质的色泽，如硫黄、硫酸、钢铁等等。如果能把这些矿物质的特性复原为人工合成要素，那不仅能增加其品种多样性，而且其特性也更易于操控。

（10）但为了契合我的论述目的，也为了保持合理的比例，我 142
要避免讨论得太详细，如此我将再多说一个缺陷就结束这部分讨论，这个缺陷我认为会导致严重后果，即医生们开出的处方都太过简略，无法达到他们的目的。在我看来，认为任何一种药物都非常有效或令人愉快，一经使用就能对人体产生重大疗效，是自负谄媚的观点。同样奇怪的谬见是，说一番不同寻常的话或再三重复那番话，就能改造一个人天性里的恶。本质上能产生强大作用的是用药的先后次序、连贯性，药剂的轮流和调换。这虽然要求医生有更精确的诊疗知识，更严格地观察病情，但得到的回报却非常显著。人们会认为，医生每天都在查访，治病自有其依据，然而，如果仔细研究医生给病人开的处方和治疗手段，会发现那不过是些反复无常、每日一变的诡计，并没有任何思虑周全的深谋远虑或计划。并非每一条恪守规矩的或迷信的处方都有疗效，正如并非每一条笔直的道路都能通往天堂一样，而是说，必须先定下正确方向，再严格遵守。

（11）至于化妆术，一部分用于礼仪，一部分用于女性。前者是为了清洁身体，这一直被视为是对上帝、社会和个人自身保持应有尊重的起始点。而人为修饰术却有诸多缺陷，倒也名副其实；它既不能让人有足以产生迷惑性的优雅，也不能让人美观悦目，或拥有悦人的健康朝气。

（12）说到体育术，我从广义上来理解它，即包括任何能增进 143
人体能力——无论是活动能力还是耐力——的活动。其中活动能力包括两部分，力量和敏捷性；耐力也包括两部分，一是对生理需要和极限的抵抗力，二是对痛苦或折磨的忍耐力。在杂技演员、野蛮人和那些忍受惩罚的人身上,我们可以看到这种能力。不,另外还有一类,我指的是无法归于上述两类的其他能力,例如,潜水员那种神奇的呼吸控制能力,等等。众所周知,获得这些能力需要练习。但是却没有多少关于这方面的基础理论探究。更确切地说,我想是因为人们认为,这些要么是无法通过教学获得的天生能力,要么是只要持续不间断地练习就能很快获得的能力。这种看法并不对,但我还是要克制住不要谈其不足。奥林匹克运动会早已没落,[①]这些技能中也只有一些平庸部分还在被人使用,其中的佼佼者也多半不过被用于敛财卖弄。

（13）至于各项愉悦感官的技艺,其中首要的不足是缺乏压制它们的法律。人们清楚地观察到:德性增长时期,军事技艺繁荣;德性在国家中得以确立后,自由技艺繁荣;德性衰退时期,享乐技艺兴盛。因此,我怀疑今日的世界某种程度上讲在走下坡路。与享乐技艺形影不离的是逗乐风俗,因为欺骗感官也是感官的享乐之一。至于各种娱乐游戏,我认为它是公民生活和教育的构成部分。身体不过是心灵的居所而已,关于人类身体的理论体系,我就说这么多。

144　　　　XI.（1）关于人类心灵的知识包括两个部分。其一研究灵魂或心灵的实质或本质,其二研究灵魂或心灵的官能或功能。第一部分关注灵魂的起源,包括它是与生俱来的还是偶然生出的,它在多大程度上不受制于物质规则,以及由此而来的灵魂不朽等诸多相关问题。关于这些问题五花八门的记录太多,但辛勤的探究却太少。因此,某种程度上关于这些问题的辛劳工作更多是稀里糊涂地在做,而非系统性探究。我的观点是,甚至在自然界里,对这

---

① [译注]奥林匹克运动会最初于公元前776年开始在希腊举办,每四年一届,通常于夏季举行。然后,统一的罗马帝国的最后一位皇帝狄奥多西一世于公元4世纪末废止了运动会。现代奥林匹克运动会自1896年开始定期举办。

类知识的探究也可以比之前更真实、更彻底,但同时我也承认,它最终还是得由宗教来推动,否则不可避免会出现欺骗和错谬。灵魂的实体并非在创世那一刻承神恩取自天地的造物,而是在上帝的授意下继创世之后才生出,因而(除了偶然的例外)不可能受制于作为哲学研究对象的天地法则。因此,关于灵魂的本质和状态的真正知识,也必然来自给予灵魂实体的同一个神意。关于灵魂的这部分知识还包括两个附属品,占卜术和摄魂术(fascination),这两个东西我们已经讨论过,多半是从神话中幻化而来,而非有启迪性的真理。

(2) 占卜术自古以来就被恰当地分为人为的和自然的两类。其中,人为占卜是指心灵以论证的方式,根据各种迹象和征兆推论,做出预测。自然占卜是指无须任何迹象诱导,心灵通过天然具有的内在力量做出预测。人为占卜又分两种:一种是与原因推导密切关 145
联的论证,这是理性预测;或只是以某种巧合性效果为依据,只能称作实验性的。后者多半是迷信,例如异教徒对祭祀品、鸟的飞行轨迹、蜜蜂结群的观察,以及迦勒底的占星术,等等。人工占卜涉及的各种知识分别散见于几种特定的学问。天文学家对星辰的会合、相位、日月食等现象有自己的预测。医生对死亡、康复、疾病的突变和后果有自己的预测;政治家也有自己的预测;"噢,唯利是图的城邦啊,只要有人买,马上就会覆灭!"①这个预言没多久就先在苏拉后在恺撒身上应验了。② 因此,这些预测跟我们现在的话题无关,就让各学科自己去研究吧。不过我们现在来谈谈那出于灵魂内在本性的占卜,它包含两种,本能的和注入的。本能占卜依据的假设是,当心智凝神内聚,没有弥散到身体各器官时,在一定程度和范围内具有先见之明。因此,这种情况最常出现在睡眠、迷醉和

---

① Sallust, *Bellum Jugurthinum*, xxxv. 19.
② [K]指苏拉和恺撒先后被刺杀。

濒临死亡时,而在清醒的觉知状态下很罕见。这种状态可通过戒酒禁食或遵守其他规定来诱导和推进,这些活动有助于让心灵处于最内聚的状态。注入式占卜的依据是,认为人的心灵如一面镜子或玻璃,可以反射出上帝和诸神灵的预知之光。上面提到的诱导本能占卜的方式也同样适用于注入式占卜。心灵处于专于自身的状态时,

146　　最容易接收神的注入;除非此时心灵里充满了强烈和高昂的情绪(古人所说的狂暴),而不是另一种凝神平静的状态。

　　　　(3)摄魂术是一种精深的想象能力和行为,除了影响想象者自己的身体,我们在其他地方提到过这点,更能影响其他人的身体。其中,帕拉克尔苏斯学派和虚假的自然魔法的信徒们竟然疯狂到,把想象的力量抬高到与神迹信仰等同的程度。还有一些更相信或然性的人,注意到事物之间存在秘密通道,尤其是机体与机体之间的相互传染,就相信灵魂与灵魂之间的传递和相互作用不经过感官媒介,也符合自然法则。这种想法进一步推进到相信(现在几乎人尽皆信)可以掌控灵魂,相信自信心的力量,等等。由此衍生出探寻如何提高和增强想象力的研究。因为如果想象力增强的确能起作用,那么弄清楚如何提高和增强它就很重要。然而这一趋势却间接带来了一个危险后果——很多魔法教仪因此有了掩饰的借口。人们可以自称,仪式、文字和符咒的确起作用,不是因为与邪恶灵魂有任何隐秘的或仪式性的接触,而只是为了增强使用者的想象力。正如天主教会所说,放在祈祷者面前的圣像只是为了帮助他们集中思想,增强虔诚之心。但是,就算承认想象力有影响力,承认那些仪式是为了增强想象力,举行那些仪式是真诚地、刻意地要实现这一目的,我也仍然认为那些仪式不合法。因为

147　　它们背离了上帝给人立的第一条法:"你必汗流满面才得糊口。"①上帝赐予的高贵财物,人必须以劳作为代价才能获得,而那种方式

————————

① 《旧约·创世记》3:19。

却主张只需通过懒散的仪式就能轻易获得。这类知识的不足之处，我不想再多说，只提一条概括性的缺陷，即尚不清楚其中有多少为真，有多少是虚假。

XII.（1）关于人类心智能力的知识有两种——一种关涉到人的理解力和理性能力，另一种关于人的意志、欲望和情感。观点或判断靠前者生成，行动或执行靠后者推动。的确，不管在判断还是执行方面，想象都是动因或使者。理性形成判断之前，感觉已经把信息传递给了想象；判断得到执行之前，理性已经将其传递给了想象。想象总是先于自主行为。想象这位雅努斯①有两副面孔：理性那一面有真理的印记，执行这一面有善的印记。只是这两副面孔 Quales decet esse sororum［恰好就像姐妹］②。想象不仅是单纯的传递者，除了传递信息，它还给自身授予了，或者说至少巧妙地篡夺了不小的权威。亚里士多德说得好，"心灵命令身体就像主人命令奴隶，但理性命令想象却如同职官命令自由公民"③，即公民和想象也有轮流统治的机会。我们看到，在信仰和宗教上，想象被拔高到超越了理性，这就是为什么宗教为了打动人心要借助比拟、预兆、寓言、愿景、梦境等方式。同样，雄辩和其他性质相似的影响方式的确能描绘或掩饰事物的真实貌相，它们之所以有说服力，是因为想象能为理性提供重要引荐。然而，我没发现有任何科学对想象展开过恰当合适的研究，我觉得也没有任何理由可以改变前面提出的分类。譬如作诗，与其说它是想象的工作或职能，不如说是想象的乐趣或游戏。如果它是想象的工作，我们现在谈及的就不

148

---

① ［译注］雅努斯（Janus），罗马神话中的门神，有前后两张面孔，观察前后两方，或照看过去和未来。
② Ovid, *Metamorphoses*, ii.14.
③ ［译注］亚里士多德在《政治学》第一卷第三章中讨论家庭里的主奴关系，在第五章中讨论统治者与被统治者之间的关系，并把统治类型与灵魂结构对应。然而，《政治学》中并没有培根这句看似直接引用的话。

是想象所催生出的学问,而是以想象为理解和探讨对象的那种学问。正如我们现在谈论的不是理性催生出的知识(因为这已扩展到所有知识体系),而是那些以理性能力为理解和探究对象的知识一样,由此我们可知诗学的真正地位。至于想象在自然中的力量以及增强想象的方法,我们已经在《论心灵》①中讨论过,那才是最适合讨论这些东西之处。最后,关于想象理性或暗示理性,它们是修辞学的研究主题,我们认为最好将其归入理性的技艺。因此,我们之前的分类仍旧适用,即研究人的心灵功能的人类学问可分为两类,理性的和道德的。

(2)对最聪明的人来说,人类学问中的理性部分是所有知识中最不讨喜的,似乎不过是一张布满了难题和尖刺的网。俗话说,知识是心灵的粮食;从人的胃口的天性上讲,大多数人对这种食物,就像沙漠中的以色列人的口味和胃口一样,厌倦了吗哪,只想重新吃到锅炖肉;②虽然吗哪是天赐之食,但似乎缺乏营养,也不可

149 口。因此,一般来说,人们会细细品味那些有血有肉的知识,比如民政史、道德、政治学等,这些知识涉及人的情感、荣耀、机运的变化,并且人们也熟悉它们。但同样作为 lumen siccum[干燥的光],关于理性的知识却炙烤且冒犯了大多数人那似水般柔软的天性。不过要真正论及事物的价值,这部分知识却是其他所有技艺的关键。正如亚里士多德恰如其分的妙言:"手是一切工具的工具,心灵是一切形式的形式。"③因而也可以说,这部分知识是一切技艺的技艺。它们不仅指导,而且也巩固和强化其他技艺。就像好的射击习惯不仅让人射箭准心更好,而且能助人拉开更坚硬的弓。

(3)根据各自指向的不同目标,关于心灵的技艺可分为四种。

---

① [译注]培根此处刻意用拉丁文 De anima 明确其文章,以表明他在回应亚里士多德的《论灵魂》(*De anima*)。
② [译注]参见《旧约·出埃及记》16:3。
③ Aristotle, *De anima*, 432aff.

人的智力性劳作是为了创造出其探究和思虑的东西,或是为了评价创造出的东西,或是为了保存被评价的对象,或是为了传承保留下来的东西。因此相关技艺也有四类:探究技艺或创造技艺,考察技艺或评价技艺,保管技艺或记忆术,演说技艺或传承技艺。

XIII.(1)创造的两种类型——技艺和科学的创造与言辞和论辩的创造——彼此非常不同。其中,我认为前者有缺陷,这种缺陷的性质在我看来就好像,在为逝者开列财产清单时应假定他的账上没有一分现钱。因为,正如金钱可以买到所有其他商品,凭借这种知识也可以换取所有其他东西,就像如果没有发明出供水手使用的指针,西印度群岛就不可能被发现一样,尽管西印度群岛幅员广袤,指针则只是细微运动。因此,如果关于创造和发明本身的技艺被忽视,那么各门科学都没有新发现也就不足为怪。 150

(2)在我看来,这部分知识的不足非常明显。第一,逻辑学并没有自诩要创造各门科学或各门科学的公理,而是漫不经心地说:"必须相信它们各自的技艺。"①克尔苏斯曾严肃地承认过这一点,在谈到经验主义派和教条主义派医生时,他说:"应先发现药物和治疗方法,然后才讨论治疗的道理和原因,而不是先发现病因,然后根据病因来发明药物和治疗方法。"②柏拉图在《泰阿泰德》中说得好:"个别事物是无限的,各种高度概括提供不了充分的指导;所有科学的精髓在于那些中间层的命题,那些命题在各门知识中都取自传统和经验,正是对这些命题的掌握区分出专家与外行的不同。"③因此,我们看到,在谈及事物的发明和起源时,人们往往将其归为偶然性而非技艺,往往提到兽、鸟、鱼、蛇而非提到人。

---

① [译注]培根看似直接引用亚里士多德《前分析篇》I. 30 的原文,然而原文中并没有与其字词相符的话,参见于纪元译本。
② [K]培根同样改动了克尔苏斯《论医药》(De medicina, I. 1)的原文。
③ [译注]《泰阿泰德》中并无此句。

> 带着母亲的关爱
> 她[维纳斯]从克里特岛的伊达山采来牛至草，
> 草秆上长着毛茸茸的叶子与紫红色的花；
> 野山羊对这草并不陌生
> 中了飞箭就吃这草疗伤。①

因此我们不必惊奇于(古代传统做法就是把发明者神化)古埃及人的庙宇中供奉的几乎全是兽类，鲜有人类形象：

> 各式各样的神怪和狂吠的阿努比斯②拿着武器，
> 对抗海神、维纳斯和密涅瓦。③

也许你更喜欢希腊人的传统，认为最初的发明者是人类，普罗
151 米修斯是敲击燧石的第一人，然而也许你会更相信，他惊奇于敲击后出现的火花，而非在敲击燧石时就期待火花的出现。而西印度的普罗米修斯没有欧洲的普罗米修斯那种智慧，因为他们那里没有那种让他有机会尝试的燧石。看上去迄今为止，人类是从野山羊那里学会了外科手术，从夜莺那里学会了音乐，从朱鹭那里学到了部分药学，从炸飞的锅盖那里学会了火炮术。总之，各门技艺和科学的发现，应该感谢的是偶然性或其他东西，而不是逻辑学。维吉尔描述的发明形式也没什么两样：

> 勤于思考，多加锤炼，

---

① Vigil, *Aeneid*, xii. 412-415.
② [译注]阿努比斯(Anubis)，埃及神话中引导亡灵之神，豺头人身，司阴府之神的儿子，引导死者接受审判，也是木乃伊与陵墓的保护神。
③ Vigil, *Aeneid*, viii. 698-700.

技巧就会一点一点逐步提升。①

可如果你仔细品味这些文字,这方法其实残忍的野兽也能做到,而且确实在那么做。那不过是生物在自我保存的绝对需求的鞭策和迫使下,不停地尝试或练习的某一技艺。西塞罗说得真切:"反复练习同一技能,常常能超越天性和技艺。"②因此,论及人类时可以说:

> 辛劳战胜一切
> 生活艰难时不懈的辛劳战胜所有贫穷和匮乏。③

同样,论及禽兽时可以说,谁教会了鹦鹉问候"你好"呢? 口渴的乌鸦看到空心的树干里有积水,把小石子扔进去以抬升水面,这样它就喝到了水,是谁教它的呢? 蜜蜂飞越广阔的大海或空间,仍然从遥远的花田中找到返回蜂巢的路,是谁教它的呢? 蚂蚁把它埋在土堆里的谷粒都咬碎,以免谷粒生根发芽,又是谁教它的呢? 加上维吉尔诗里的那两个词:"锤炼"意味着极其困难,"逐步"意味着极其缓慢。我们不正是曾置身远古,甚至是曾身处埃及人的神灵之中吗? 那时并未给理性的能力留有多少空间,技艺的职责中也没包含多少发明的成分。

(3) 第二,逻辑学家所说的归纳法,似乎柏拉图也很熟悉。人们可以宣称,通过归纳法发现了各种科学的基本原则,并通过这些原则推导出了中间命题。然而在我看来,他们的归纳形式并不完善,也不恰当。他们因此而犯的错误也更恶劣,因为技艺的职责是

152

---

① Virgil, *Georgics*, i. 133-134.
② Cicero, *Pro Balbo*, 20.
③ Virgil, *Georgics*, i. 145-146.

完善和提升天性,而这样做反而是误解、错待和中伤了天性。诗人说知识是"天赐的蜜糖、神圣的馈赠"①,那些细心观察心灵如何采集这种知识甘露的人终将发现,从自然和人为的各种殊相中提炼知识,与从田野和花园的花朵中萃取并提炼甘露一样,即心灵自身天生就能掌握并运用归纳法,而且掌握得比逻辑学家们描述的好得多。只根据列举出的特殊现象进行归纳,而不考虑相反事例,得出的结果并不能称作结论,只能叫猜测。谁能保证(在各种学科里)除了这一方面的殊相不会出现对立面的殊相?这就好比撒母耳看到带到他面前的耶西的儿子们便停止探寻,于是漏掉了田间的大卫一样。② (实话实说)这种方式太粗糙,对于思维细腻、已经掌握这些东西的智慧之人来说,运用归纳法不可能再给世界提供些什么,而只能使研究者以傲慢轻蔑的态度对待各种特殊现象,草率地得出一些理论和教条;这种态度就像只把它们用作扈从和传令官,充当捕头和开道者来驱散众人,给自己的观点让路或腾地方,而不是让它们发挥真正的作用和服务。当然,看到人们在神圣真理和属人的真理中受到诱惑的足迹多么类似,人们一定会深受这宗教奇迹的触动。就像在神圣真理里人受不了变成婴孩,同样在属人的真理里,他们也反对关注(我们正在说的)归纳法,视其为又回到婴儿期或童年。

(4)第三,尽管可以通过归纳法正确推出一些原则或公理,然而可以肯定的是,自然学科里的中间命题仍然无法通过三段论推导出来——无法通过将其处理和还原为用中间层术语表述的一般原则。的确,在大众科学中,如道德、法律等,甚至还包括神性(因为上帝乐意让最简单、最平庸的人了解他),这种形式或许有用;同样,在自然哲学领域,通过论证或令人信服的推理来博取别人的认

---

① Virgil, *Georgics*, iv. 1.
② 《旧约·撒母耳记上》16:5—13。

同而不求获得什么结果,这种形式或许也有用;但自然及其各种运转的微妙性却不会被这些绳索束缚。因为论证由命题构成,命题由语词构成,语词只是关于事物的通识观念的通用符号或标记。这些观念如果是粗略地、毫无章法地从各种特殊事物搜集而来,那么即使不辞辛劳地检验论证因果关系、命题的真实性,也无法纠正已经犯下的错误,因为那错误(用医生的术语讲)是在最初的消化阶段就已经铸成。因此,这么多优秀的哲学家成为怀疑派和学园派的信徒,否认任何知识或理解具有确定性,认为人类知识只能触及表象和可能性,这并非没有缘由。的确,在苏格拉底那里,Scientiam dissimulando simulavit[以掩饰的方式冒充有知]只是一种反讽形式,因为他常常贬低自己的知识,最后却拔高了自己的知识;就如提比略的性情,其实一开始他就想统治,但却不愿意承认。[①] 西 154
塞罗信奉的后期学园派,也并非真诚地支持这一"我怀疑"的观点,因为其中有些人善于效仿他人的讲辞,而他认为这一学派似乎最适合给他们雄辩和变化多端的言辞带来荣耀,才选择加入这一学派。这更像是以愉悦为目的的缓步慢行,而非为了到达目的地的旅程。但可以肯定的是,学园派和后期学园派里也有很多人敏锐正直地相信"我怀疑"教义。他们的主要错误在于:他们认为感官具有欺骗性,但在我看来(就算他们要吹毛求疵)感官完全足以反映并确保真实性,虽然并非总是即时地反映,然而通过比较,借助于工具的辅助,通过引起或催化那些太细微以至感官感知不到的事物产生某些反应,好让感官感知得到,以及通过采用一些其他类似的辅助方式,感官可以反映真相。但是他们应该指责的,是针对人的理智能力缺陷耍的诡计,是人收集和总结感官报告的方式。我这么说,不是想贬低人的心灵,而是想激发它寻求帮助。因为任何一个人,无论他多么灵巧或老练,都无法仅凭稳健的手画出一条

---

① Tacitus, *Annals*, i. 7. 11.

直线或完美的圆,但如果借助尺子或圆规就很容易完成。

（5）关于科学的发明这部分,我打算(如果上帝允许的话)以后再提出我的看法,目前暂且只把它分为两类:一个我称之为 experientia literata[习得的经验],另一个我称之为 interpretatio naturae[自然的阐释]。前者只是后者的一个阶段即初步雏形。不过我不会在此问题上纠缠太久,也不想太多说以后才会做的事。

155　　　（6）演讲或论辩的创作不能算作发明,因为发明是发现我们未知的事物,而不是恢复或唤回我们已知的事物;使用这项发明只不过是把我们头脑中已经掌握的知识提取或召回,以契合当前正在讨论的计划。所以,实话实说,这并不是发明,而是对已有知识的回忆、联想和运用;这就是为什么各个学派都把这种技艺排在判断之后,作为判断的后继而非先导技艺。然而,既然在封闭的公园里逐鹿与在森林里逐鹿一样都可称之为追逐,既然它已经被称为一种发明,那我们还是把它算作发明吧。同时要了解并明白,这一发明的范围和目的都已经形成,是对已有知识的运用,而无法用它增加或扩充知识。

（7）实现对已有知识的运用可以通过两种方法:准备和暗示。前者似乎不能算作知识的一部分,与其说是它包含了任何系统的学识,不如将其视为勤奋努力。就这一点,亚里士多德曾诙谐却有点阴损地嘲弄他那个时代的智术师们,他说:"他们这样做,就好像一个人宣称自己精通制鞋术,却不教给人如何制作鞋子,而只是把各种款式、各个尺码的现成鞋子摆出来展示。"①然而,人们或许可以回应说,如果鞋匠的店里没有成品鞋,而只是有人订购了才开始做,那很少会有顾客光顾。但是,我们的救世主在谈到神圣知识时说:"凡文士受教作天国的门徒,就像一个家主,从他库里拿出新旧

----

① Aristotle, *Sophisticis elenchis*, ii. 9.

的东西来。"①我们看到,古代修辞学家们也曾在讲述修辞规则时说,辩论者对于常用辩题的各个方面各种变化的论证都应该早做 156
准备,纯熟在心。例如:按照法律的字面解释来反对衡平,或依照衡平原则反对僵化地解读法律条文;用假设和推论来驳倒证人的证词,或用证词反驳假设与推论。经验老到的西塞罗,被突然问到此话题时曾亲口坦率地说,一个人无论会遇到什么场合,要谈论什么,都可以事先思考那个话题并拟出论点来(如果他愿意花这个功夫的话)。② 如此,他谈到某一特定的主题时,就只需要加上名字、时间、地点和诸如此类的其他与特定环节相关的信息。我们看到,德摩斯梯尼也一样勤勉,他意识到,演讲中好的开头和原因引入对给人留下好印象有巨大效果,就为自己的演说和讲辞准备了许多版本的引言。所有的权威和先例都可以驳倒亚里士多德的观点,③如果他还要我们拿一橱窗衣服去换一把剪子,我们也可以与之论辩。

(8) 不过,这种预备或准备性的材料收集和存储的特点,虽然在逻辑学和修辞学中相同,但此处只是先提一下,我认为讨论修辞学时再进一步谈它比较合适。

(9) 我用"发明"这个词指的是,通过指派给我们某些标记、指引我们某些地方,来激发心智归还并产出某些先前储备过的知识,以达到为我所用的目的。(认真运用)这种发明不仅可以为我们与他人可能的争辩提供论据,而且还能有助于我们的判断,在自己已有的知识中做出正确的推论。这些标记和地方不仅可以激发我们创新,而且可以指导我们研究。因为有能力提出聪明的问题就相当于具有了一半的知识。柏拉图说:"求索之人都对他所求索 157

① 《新约·马太福音》13:52。
② Cicero, *De oratore*, xiv. 45-46.
③ Aristotle, *Rhetoric*, ii. 22,26,17.

之物具有大致的观念,否则当他找到时如何能辨识出来呢?"①因此,你的预测量越大,你的搜索就越直接、越简单。但是,同样的标记不仅可以帮助我们从已知中推出新东西,如果我们遇到有经验的人,也可以帮助我们提出合适的问题,或者,如果有书籍和作者的指引,帮助我们明白应该寻求和思考哪些地方,所以这部分被经院派称为论题的发明,我找不出什么缺陷。

(10)不过,论题有两种:一般论题和特殊论题。一般论题我们已经讨论过,特殊论题有些人也提及过,但通常都认为它们变化性大,非技艺所能囊括,因而不予讨论。但是,抛开笼罩在学院派里的那种风气(徒劳地、细致入微地研究自己掌控范围内的少数事物,拒绝研究其他东西),我却认为特殊论题是每一种特殊知识里值得创新和探索的区域或方向,有巨大价值,因为它们是逻辑学与各门科学质料杂糅而成的产物。在这些东西里,发明的技巧随着各种发明而成长;就像行路时,我们不仅收获了已经走过的路程,而且对余下的路程也看得更清楚,如此,在一门科学里的每一步前进都给后面的路程提供了一盏明灯;如果我们能把那明灯引入待研究的问题或区域,就能使其更光亮,也就能极大地推进我们的探索。

XIV.(1)现在我们转向讨论判断技艺,它处理的是证据和论证的性质。对于归纳法而言,它与发明的作用一致。因为所有的归纳,无论好的还是不完善的形式,都包含了发明与判断——从这个意义上讲是由心灵的同一个行动完成。但三段论的论证却不是如此,因为三段论并不是直接论证,而是要通过中项。找出中项是一回事,结论判断是另一回事。前者只是激发联系,后者则是检验推论过程。因此,为了确保真实和准确的判断形式,我们需要参考

158

① Plato, *Meno*, 80d-e.

前面讨论过的对自然的解释那部分。

（2）由于三段论式推理最契合人的心灵,所以人们曾竭尽全力地研究它,也收效极好。人的本性确实非常渴望在认识中能有某种固定不变的东西,成为心灵的栖息处和支柱。因此,正如亚里士多德要努力证明的,所有运动中总有某个静止点;他把古代的阿特拉斯①(一动不动地站着,支撑着不让天幕坠落)寓言优雅地阐释为,阿特拉斯的双肩是天的两极,头是天的枢轴,昼夜轮替就靠这枢轴完成。所以人们都渴望拥有一个阿特拉斯或枢轴,让自己能摆脱内心的波动,那波动正如天幕坠落的永恒威胁一样。因此,人们确实急于制定一些原则,如此各种引发争辩的多样性都可以靠这些原则来解决。

（3）因此,这种判断技艺只不过是把论题还原为中间项的原则。那些原则要得到所有人的认可,无须争辩,而中间项却是借由每个人的自主发明来确立;还原的方式有两种,直接还原和反向还原。前者是把论题直接还原为原则,他们称之为直接证实查验;后者是把论题中的矛盾还原为原则之间的矛盾,他们称之为 per incommodum[因为不恰当],或归谬法;中间项的数量则取决于命题偏离原则的程度。 159

（4）这种技艺还有两种各自的方法原则,一种提供指导,一种提供防范。前者架构并确立正确的因果形式,错误和不合理是因为变更或偏离了正确形式,因而比对正确形式就可以准确地判断出那些错误和不合理。至于正确形式的构成和结构,应该研究构成形式的那些命题,以及构成那些命题的各部分,即简单词语。亚里士多德《分析篇》里的逻辑学部分就讨论这些东西。

（5）第二种方法原则的提出是为了迅捷方便地使用和坚定信

① ［译注］《奥德赛》(第一卷)、《埃涅阿斯纪》(第四卷)、《神谱》(第517行)里都提到过阿特拉斯。

心,以帮助人们发现各种诡辩和圈套更微妙的形态,以及如何驳斥它们,即所谓的反向论证。虽然有时会出现一些比较粗陋的谬论(塞涅卡很好地比较过各种谬论),我们看到时就像在看杂耍技艺一样,虽不知道那些杂耍是如何完成的,但还是明白它并非表面看上去那样,然而更加微妙精致的谬论不仅让人骤然之间不知如何应答,而且常常扰乱人的判断力。[①]

(6)关于反向论证,亚里士多德提供过一些精妙原则,[②]但柏拉图以例证的方式论证得更精妙。不但有智术师们的例子,甚至还有苏格拉底本人的例子。[③] 苏格拉底一向宣称自己不确知任何事,但却总是推翻别人已经确证的东西,因此精确呈现出反对、谬论和辩驳的所有形式。虽然我们说过使用这一方法的目的是驳斥谬论,但显然也有人堕落、败坏地用它来扣帽子、唱反调;这种做法一直被人们视为有大本事,无疑也常常占上风,然而好的演说家和智术师的区别是:演说家如猎犬,在赛跑时有优势;智术师却像野兔,擅长转弯,那正是弱者的优势。

(7)更进一步,这种反向论证包括的范围和领域远比我们以为的更广。也就是说,它涉及不同方面的知识,其中有些已经被研究过,另一些却被忽略了。首先,我认为(虽然乍一看我这看法似乎有些奇怪)关于各种本质的共同属性的那部分学问——有时涉及逻辑学,有时涉及形而上学——不过就是一种"反向论证"学术。所有诡辩中最大的诡辩就是字与词的模棱两可或意指不明,尤其是每种研究中最常见、最普遍的那些字词。在我看来,研究清楚如何真正有效地使用(清除无用的细微区分和猜测)"多数""少数""优先""在后""同一性""多样性""可能性""行为""整体""部分""存在""匮乏"等诸如此类的词语,就能让人明智地谨慎起

---

① Seneca, *Epistulae*, xlv. 8.
② [K]指亚里士多德在《驳智术师》中对智术师的推论的反驳。
③ 指柏拉图《泰阿泰德》的开篇内容。

来,避免言语的模棱两可。同样,将事物恰当地归于某一群落,即我们所谓的划分范畴,也是防止定义歧义和分类混淆的好办法。

(8) 其次,除了用狡黠的圈套,还可以用加深印象的方式产生迷惑。这种方式对理性的困扰不大,而是通过想象力起作用。不过这部分内容我认为讨论修辞学的时候再处理更合适。

(9) 最后,在人的心灵里还有一种重要得多也严重得多的谬误,我发现人们从未观察或研究过这种错误,我认为在这里提出来比较合适,因为这种错误与纠正判断之间关系最密切,它的威力不 ¹⁶¹ 是当人们理解某些特殊现象时迷惑或欺骗人,而是在更一般的层次上侵害和腐蚀人的内在心理状态。因为人的心灵远不是一块清澈光滑的镜子,按照事物真实发生的样子反射出来,而更像是一面被施了魔法的镜子,如果不解除魔咒,恢复本真,就会充满迷信和欺骗。为此,通过一两个例子,我们来仔细看看心灵的普遍天性强加给我们的虚假表象。首先,所有人的心灵都有一种相同的倾向,即更能与肯定的、积极的东西而非否定的、消极的东西产生共鸣,这就是一切迷信的根源。因此,少数几次成功或在场就能抵消经常性的失败和不在场。例如,希腊人航海时常常向海神涅普顿立誓,若能从海难中逃生便会把画像挂在涅普顿神庙里。一次,有人把众多的画像指给狄亚戈拉斯看,并问他:"说说吧,你现在还认为在暴风雨中向涅普顿立誓是愚昧之举吗?"狄亚戈拉斯回答道:"是啊,可那些淹死的人挂的画像在哪里呢?"①我们再看另一个例子,人的精神本身是一个均衡、统一的实体,常常假设和想象自然界里还有更大的均衡体和统一体,事实上并没有。所以,数学家不把天体的运动还原为完美的圆形就绝不满足,他们拒绝接受螺旋形路线,费心费力地要去除偏离圆心的轨迹。因此,虽然自然界中

---

① Cicero, *De natura deorum*, iii. 37. [译注]米洛斯的狄亚戈拉斯(Diagoras,活跃于公元前 5 世纪),抒情诗人,自称是无神论者。

许多事物本来是单一的、独存的,但人的认知却要把它们看作是相
162 关的、类似的和成对的,而实际上并不存在这样的事物。例如,人
们强行把火定为一种元素,以便与土、水、气配对,诸如此类太多
了。不把这事儿敞开来说,人们多半还不信。敞开看看,追求人类
行为和技艺的相似性,以及让人成为万物的尺度,在自然哲学中造
成了多少虚构和空想。粗鲁孤僻的修士们在小隔间里想出来的神
人同形同性的异教徒观点也好不到哪里去,伊壁鸠鲁的观点也一
样糟糕,他认为神人同形,和异教观点也是一丘之貉。因此,伊壁
鸠鲁派的维莱乌斯确实不必问上帝为什么要用星星装饰天空,这
问题就好像上帝是罗马市政官,应该向人们呈现华丽的展品或表
演。因为如果这位伟大的造物者具有与人一样的性情,就会把星
宿排列得悦目、美丽、整齐得像房顶上的回纹,然而,在这无穷无尽
的群星里,我们却几乎找不到一个正方形、三角形或直线形态的星
宿。人的精神与自然的精神之间正是有如此巨大的差别。

(10)其次,我们思考一下每个人的个别天性和习惯给人造成
的假象,这种假象最好用柏拉图的洞穴喻来说明。[①] 如果一个孩子
一直待在地下洞穴里,直到成年后突然出洞,肯定会生出各种奇怪
荒诞的想象。同样,我们的身体虽然生活在可以看到天空的地方,
但我们的精神却被囚禁在由自己的肤貌和习惯构成的洞穴中。如
果不慎重审视,这种囚禁就会给我们带来无数错误和虚假观点。
163 这类错误或病态念头,我们在第一卷里曾简略提到一些。这里举
的许多例子只是其中之一。

(11)最后,我们思考一下,根据俗人的幻想和能力表达和使
用的词语带给我们的假象。虽然我们自以为能支配自己的言辞,
虽然命令自己"像俗人一样说话,如智者一般思考"[②],但言辞确如

---

① Plato, *Republic*, vii.
② [译注]指亚里士多德在《论题篇》第二卷中提出的表述和思考问题的方式。

鞑靼人的弓,反过来射向最聪明的人的理智,严重扰乱和歪曲人的判断力。因此,所有争议和论辩几乎都有必要效仿数学家的智慧,即一开始就把要用的词和术语的定义确定下来,这样别人才能够知道我们是如何接受和理解它们的,才能决定是否同意我们的观点。如果缺少这一步,结果是,我们以为可以结束时,却往往不得不重新开始,也就是说,重新开始讨论由词语引发的问题和分歧。总之,不得不承认,我们不可能摆脱这些谬误和假象,因为它们与我们的天性和生活状态息息相关。然而,对它们保持谨慎(上文已述,所有反向论证都是为了防范)对于人类做出正确判断具有极其重要的意义。专门应对这三种假象的反向论证法或防范方法,我发现完全没有。

(12)还有一种十分卓越的判断方法,很少有人论及,我认为这方面存在缺陷。这种方法是,根据不同类型的主题选择不同类型的论证。其实只有四种论证方式:一是心灵或感知直接同意;二是用归纳法证明;三是用三段论式证明;四是一致性证明,即亚里士多德所谓的循环或交互证明,①而不是从已经充分了解的条件推出。这些论证方式在各门学科中都有各自特定的主题,各自最首要的用途。有的不适用于某些其他主题,则应该完全排除。人们对某些事越严谨、越好奇,对论证的要求就越苛刻,但对其他事物则多半不太上心,只需一些较为粗陋的论证就满足了。这是知识遭到损害和妨碍的最大原因。我认为,这种按照科学种类分配和指派论证类型的做法,存在缺陷。

XV.(1)知识的保管或保留要么在文字中,要么在记忆里。文字形式包括两个部分,文字的特性和记录的顺序。文字技艺,或字词符号或其他可视符号,与语法的联系最为密切,因此我得在适

---

① Aristotle, *Prior Analytics*, ii. 5.

当的地方讨论它。要把保存在作品里的知识安排恰当、排列合理，就需要将其好好整理，并记录在共同要素大全里。我不是不知道，有些人不赞同使用这种共性记录，认为它会妨碍人们阅读，致人记忆懒散或懈怠。不过，除非一个人学问深厚渊博，否则在学问上强行进步和产出也不过是虚饰而已。因此我认为这种共性记录在研究里非常有用，也非常重要，它使人们可以效仿新的发现，增加判断的效力。不过在我见过的各种共性记录法里面，也确实没有哪一个有多大的价值，都只是记录了一个学派的东西，而不是整个学界的面貌，记录的也都是粗鄙的事物，分类迂腐，缺乏对行为各个方面的考虑。

165

（2）知识的另一种主要保存方式是靠记忆，在我看来这种心理机能没有得到足够的研究。记忆术是存在的，但我认为有比记忆术更好的准则，而且还有比已被人们接受的记忆术更好的记忆练习法。无疑，这种技艺（本身）可能发展到极其卖弄浮夸的程度，然而在实际运用中（按现行的操习方式）却功效贫瘠，并不如人们想象的那样繁重到让人难以负担，也没有危害到人的自然记忆，而是没什么效果，不能灵巧地用于严肃事务和场合。因此，即使有人只听一遍就能记住大量名词或词语，或能即席脱口而出大段诗文或韵文，或能讽刺比喻一切事物，或能把所有事情都说得俏皮好笑，或能挑出所有东西的错误和矛盾之处，或是有其他类似的本事（不过是头脑有能力复制大量东西，通过某些方法和练习可以将这种能力拔高到令人惊奇的程度而已），我也认为这些本事并不比翻筋斗、走钢绳、街头滑稽杂耍等戏法高明多少；一个靠心智耍把戏，一个靠身体耍把戏，都是看着稀奇却没什么价值的东西。

（3）建立记忆技艺只有两个目的，一是获得前见（prenotion），二是获得表征。前见让我们避免无尽地搜寻需要记住的东西，引导我们在较窄的范围内寻求，即搜寻范围某种程度上与我们的记忆区域相符。表征是将知识理念还原为可感形象，令记忆更加深

刻。从这两个原理可以引出比现存更好的练习策略。除了这些原 166
理,还有一些其他令记忆更加深刻的方法,功效也不比它们差。不
过我一开始就讲清楚了,我不是要指出这方面的缺陷,只是说运用
不当而已。

XVI.(1)理性知识的第四种是传递性的,有关如何向他人表
述和传输知识,我笼统地称之为传承或传递。传承包括三个部分:
第一部分是关于传承的机制,第二部分是关于传承的方法,第三部
分是关于传承的例释。

(2)传承的机制要么靠说,要么靠写。亚里士多德说得好:
"口语是思维的影像,文字是口语的影像。"①不过,思维不一定必
须以口语为媒介来表达。不管用什么方式,只要能显示出足够的
差别,被感官所觉知,在本质上都能表达思维。因此,我们看到,那
些彼此语言不通的野蛮人也能进行商业贸易,聋哑人之间也有各
种各样的交流方式,人们可以用各种姿势表达思想,虽然并不十分
准确,却也能起作用。我们还进一步了解到,中国和黎凡特高地诸
王国使用的是真正的字符,而非用笼统不精确的字母或口语直接
表述事物或观念;各个国家和省份虽然彼此语言不通,却能读懂对
方的书面作品,因为文字通行的范围比语言更广;因此,这种语言
包含大量字符,我想可能跟他们的部首词(radical words)一样多。

(3)思维的符号有两种,一种与观念有某种相似性或一致性, 167
另一种则比较随意,只依照习俗或认同表意。前一类包括象形文
字和手语。因为象形文字(一种古代人使用的文字,主要使用者是
最古老的民族之一埃及)只不过是一种持久的印记和表征。至于
手语,是暂时的象形文字,它与象形文字的关系就如同口语与文字
的关系,都无法久存。然而,二者一样的是,都同所指的事物永远

① Aristotle, *De interpretatione*, i.1.

存在密切联系。当佩里安德被问及如何维护一个新篡夺的暴政时，他命令使者跟着他，看到他做什么就如实报告。于是他走进花园，把所有长得最高的花都剪掉，这意味着剪除名门望族使其保持低姿态。ad placitum［随意性］是指上文提到的那种真正的字符和文字。虽然有些人在好奇心驱使下展开研究，或者更确切地说，凭靠自己的聪明想象，从理性和真实含义出发追溯这些符号的源头；虽然不失为雅致的思辨，因为它研究古代，这值得尊敬，但鲜有包含多少真理的东西，也没多少成效。这部分关于表征事物的符号和思维的知识，我认为总体上没有得到认真研究，是有缺陷的。虽然看似这部分知识没什么用，但考虑到口语和文字作品远胜过其他一切表征方式，而且这部分知识可以说还关系到知识的锻造（口语表征是当下已被接受的观念，就像货币表征价值，除了金银这种货币，人还应该了解其他货币形式），我认为还是应该对其展开更好的研究。

168　　　（4）对演讲和口语的研究产生了语文学。人曾因自己的过错而失去上帝赐福，如今仍在努力使自己重新获得那些福祉。人发明了各种各样的技艺来抵消第一次大诅咒带来的后果，①遭到第二次大诅咒（彼此语言不通）②后又发明了语文学以摆脱困境；语文学较少用于母语习得，更多用在外语学习中，尤其是如果那外语是从土语转变而来，成了学术语言，用处更大。语文学有两种：一种是通俗的，帮助人们学习语言时学得更快、更好，并让人能口头交流，看懂文字作品；另一种是哲学性的，将语言视为理性的足迹和印记，研究其效能和本质。关于语言与理性的比照，没有全面的研究，但零星分散的研究还是有。因此，我不能说它有缺陷，但是我的确认为它值得成为一门独立的科学。

---

① 第一次大诅咒：参见《旧约·创世记》3∶19。
② 第二次大诅咒：参见《旧约·创世记》11∶6—8。

（5）语文学还有一种附属知识，研究词语的非本质属性，如音节、音调、音高或重音，以及语音的悦耳或粗糙度，等等。因此在修辞学，但更主要是在诗学里，我们观察到一些奇特现象，即人们更关注音韵而不是主题内容。尽管博学之士严格地遵循古代的音韵，但是我发现在现代语言中，人们可以自由地创造新的音律，就像创造新的舞蹈一样；因为舞蹈也是有节奏的步伐，正如诗行是有节奏的言辞。在这些事情上，感官是比技艺更好的裁判："我更希望这菜肴得到宾客而非厨子的喜欢。"[1]对于为了迎合古风而使主题不伦不类的做法，已有人精准地评价过：时间久远且可用之物，若是用得不合时宜，便是崭新且失调之物。　　169

（6）密码通常由字母或字母表构成，但也有用完整单词的。密码（除了只有几种变化的简单密码、夹杂着无用和无意义符号的密码外）依照其性质可分为多种类型，如回叠密码、轮式密码、密钥密码、双重密码等等。密码的优点，即人们愿意采用它们的原因有三个：写密码和读密码都不用太辛苦；不太可能被破译；在某些情况下不会引起怀疑。写密码的最高境界是 omnia per omnia［把一切隐匿在一切之中］。这种方式无疑可以实现，只需编制密码时把需要传递的信息隐藏在五倍的干扰材料里，其他就没有什么限制了。有编码技艺便有相应的破译密码的技艺，虽然破码技艺被假定没什么用，但实际上它有用。因为他们的假设是，密码编制得很好，包括大量无法被破译者破解的信息。但是，考虑到传递密码的人往往没什么经验，也不熟练，最重要的信息很多时候往往由最脆弱的密码承载。

（7）我列举了这些私密的、隐蔽的技艺，人们可能会认为我想弄一个各门科学大型总名册，即指出这些东西除了炫耀和卖弄，几乎什么没有其他目的。不过，还是让那些精通这些技艺的人来判

---

[1]　Martial, *Epigramme*, ix. 83.

断吧,看我介绍这些东西仅仅是为了装模作样,还是我的论述也包含了(虽然只言片语)某些进步的种子。有一点必须记住,有些人在自己村里或地方上声名显赫,一旦来到工业大区便地位低下,无人问津;同样,如果把这些技艺与主要的或重要的科学放在一起,便显得微不足道,然而在那些愿意花精力研究它们的人眼中,它们便是重要之物。

170

XVII.(1)传承知识的方法在我们的时代已经引起了争议。就像在讨论民政事务的会议中,如果人们陷入争吵,通常的结果是有争端的事情就被放下,不再有进展了;在学问上也如此,争议多的领域常常研究就少。因此,关于传承知识的方法,我认为这方面研究太少,只能说有缺陷。

(2)传承的方法被视为判断的一部分,归在逻辑学领域,这并没有什么不对。就像三段论原则包含了判断新发明的规则,传承方法也包含了判断传承物的规则。判断发生在传承之前,发明之后。传承方法或性质不仅对知识的运用很重要,而且对知识的进步也同样重要。因为仅靠一个人的劳作和生命无法将某门知识推进至完善状态,传承的智慧在于激发人们持续前进的幸福感。因此,传承方法里最大的区分就是应用方法与发展方法之间的不同,前者可称之为传授之法,后者可称之为验证之法。

(3)后一种方法似乎是"一条荒芜废弃之路"①。从知识传承的现状来看,传授者和接受者之间存在一种错误的契约。传授知识的人渴望传递出去的知识得到最大程度的信任,而非得到最佳的审视;接受知识的人渴望的是知识能满足即时之需,而非为了孕育探究。所以双方信奉的都是不怀疑,而非不犯错:虚荣使传授者不愿暴露其弱点,懒惰使学习者放弃了解自己的潜能。

171

---

① Cicero, *Pro Caelio*, xviii. 42.

（4）如若把知识视为一根丝线，传递下去以让人可以继续纺织，那么传递和透露知识的方法，如果可能的话，就应当与创造知识的方法一样，通过归纳法产生的知识也可能用这种方法传递。不过在这种预先料到却受到阻碍的知识里，没人明白自己已有的知识是如何获得的。然而，尽管如此，人们或多或少还是可以反省或回溯出自己知识和信念的基础，然后按照知识在他的心灵中生根成长的方式，将其移植到另一个人的心灵中。知识与植物相似，如果只是想利用这株植物，不用管其根部——但如果想要移植它，那显然更应该倚仗根部而非枝条。知识的传递（按照其现在的方式）就像没有树根的漂亮树干，对木匠有用，但却不利于种树人。所以，如果想要让科学成长，树干或树身就没那么重要，而应该好好考虑如何照料根部。只有数学科学的传承方法保留了这种方法的一点影子，但总体来说我发现这种方法既没有被应用，也没有人研究，因此我说它有缺陷。

（5）还有一种不同的方法，与前一种有点联系，古人们出于审慎将其用在某些场合上，但很多虚荣的人将其用作掩盖其作伪的虚假亮光，以此来欺诈行骗，所以此法遭到了玷污；这就是高深莫测的秘透法。① 那些虚荣的人还找借口说，这样做是为了防止能力粗鄙的人窥探到各门知识的秘密，这些秘密只能留给精挑细选的接受者，或是能洞悉迷雾的敏锐的智慧之人。

（6）另一种不同的知识传承法是以格言或方法的方式传递，其意义重大。我们可以看到，在任何学科里，人们都可以根据几条格言或观察结果就炮制出一套形式齐全的正式作品，包含一些论述，辅以一些例子阐释，并将其汇编成一套合理的方法。以格言的方式写作有诸多优点，但是以方法形式写的作品却不具有那些

① ［K］普鲁塔克在《希腊罗马名人传》中的《亚历山大传》里提到过亚里士多德教亚历山大秘透法。

优点。

（7）首先,格言式写作可以检验作者是浅薄还是功底扎实。
除了那些应该要写得荒唐可笑的,格言只能萃取自科学的精髓和
核心。省去了举例论证,省去了逐一举例,省去了有上下承接和次
第的论述,也没有对实践操作的描述。因此格言里仅留下高质量
的观察结果,如果没有确凿可靠的依据,没有人有能力或有理由尝
试格言式写作。然而在方法类作品里,"秩序和联系能起作用,俗
常之物便可升至荣耀顶峰"①。正如一个人可就一项技艺搞出盛
大的表演,但如若将其细细拆开来看,就没什么价值。其次,方法
更适合用来赢得他人的同意或信任,但不太适合为行动指明方向。
因为它以某种闭环或循环的方式阐释,用一个部分阐明另一个部
173 分以达到目的。与被分散的细节最契合的,是分散的方向。最后,
格言表征的是零碎的知识,吸引人们进一步探寻,而方法则蕴含着
一套全貌,让人没有更多顾虑,觉得仿佛已经触摸到极致。

（8）另一种方法也同样重要,即以明确主张并辅以证明,或通
过设问并查明这些问题的方式来处理知识。后一种方法的运用如
果不加节制,会阻碍学问的进步。这就好比不能让进攻部队去包
围每一个小堡垒、小要塞。因为,如果守住了阵地,完成了整个战
斗,那些小据点自然而然就都攻克了。的确,人不能把后背留给重
要的敌人。同样,传授科学知识时也应尽量少用反向论证方法,只
用它来消除一些牢固的成见和偏见,不用来引起和激发争端和
怀疑。

（9）还有一种不同的方法是,根据所处理的主题或内容来选
择传承方法。例如,数学是最抽象的知识体系,政治学是最具象的
（immersed）知识体系,二者的传承方法就有很大的区别。然而,也
有一种曾引发了巨大争议的观点,认为各种不同的知识都可以用

---

① Horace, *De arte poetica*, 242-243.

同一种方法来处理,但是这种观点除了它本身的弱点外,也严重背离了学问,它把学问降解为某种空洞且无价值的一般概论,在不恰当方法的折磨打压之下,所有内在精华都被强行挤迫驱赶出去,只剩下科学的表皮和外壳。因此,就像我主张针对不同的主题用不同的发明方法一样,我也主张不同的学科用不同的传承方法。

(10)对于传承和教授知识还有另一种不同看法,即根据学者   174
看待所传授知识的方式和对其的前提预设来选择不同的方法。与大众已有观念不同的新知识,要用与之前人们所合意和熟悉的知识不同的传递形式,因此,当亚里士多德想要责备德谟克利特时,他却说,"假如我们确实要争论,请不要使用比拟法"①,这其实是在赞扬他。因为如果某人的观点已经被置于大众意见之中,他只需要证明或驳斥即可,但如果某人的观点超越了大众意见,他就需要双倍劳作,既要让别人理解他的观点,还要向别人证明和阐释他的观点。如此他必然得使用比拟和转化等方法来表述自己。因此,在学问发展的初级阶段,那些今天看来稀松平常的观点尚是新鲜事物时,学问的世界就充满了比喻和比拟。因为,若非如此,人们要么会因为未曾留意而让它们溜走,要么会因为还未理解和形成判断而把它们当成悖论拒绝接受。因此,在神学领域,我们频频看到比喻和转义,因为这已经成为一条规则,任何与人们的预设不一致的科学知识,都会使用比拟法来帮助传递。②

(11)还有一些已经被接受的流俗方法,如分解法或分析法、构成法或系统化、隐匿法或隐藏法等等,这些方法我都赞同,虽然我也曾论及过其他人鲜少研究、鲜少观察到的方法。我提到那些

---

① [译注]未能确定此句出自亚里士多德的哪一部作品。有学者认为此句引自《尼各马可伦理学》第六卷第三章,培根暗指的是亚里士多德批评柏拉图,也有学者认为此句引自《论灵魂》第一卷第二章,那里的确提到了德谟克利特,但却没有类似观点。

② Plato, *Politicus*, ii. 277.

方法的目的,是想构建一套关于传承的智慧的综合研究体系(在我看来目前缺乏这种体系)。

175　　（12）不过关于传承方法的这部分知识,不仅应考察某一作品的整体构架,而且还应考察其中的各个横梁和栏柱,不仅要关注其质料,还要关注数量和形态。因此这方法不仅要研究论证或主题的性质,也要研究其见解观点,不仅考察命题的真实性或内容,而且要考察其局限和方式。因此,拉姆①在复兴好的命题规则方面做出了巨大贡献,如 καθόλου πρῶτον[智慧法则]、κατὰ παντός[真理法则],②大大强过他引入缩影法这一毒瘤。然而(人世间的事就是这样,正如古代寓言所说,"最珍贵的东西往往由最凶恶的看守守卫"③),事实是,他本是在研究其他问题,却偶然有了另外的发现。若非他想把这些原理搞成循环论证、来回绕弯或回返自身,而是将其设计为可转换的公理的话,他本来可以做得更好,不过意图倒是很好。

　　（13）传承方法里关于命题的其他注意事项主要涉及划定各门科学边界的根本性命题。可以这么说,一切知识,除了深度(这是使一门知识基础牢固的真理和实质),还有经度和纬度。纬度说明与其他科学的区分,经度描述学科的修为,即描述从学科最一般的普遍性到最特殊的规则。一个规定这门学科在多大程度上涉入另一门学科领域,即所谓的 καθαυτό[正义法则]④;另一个规定某门学科的特殊性应企及的程度。我发现后者被人们忽略了,而在

176 我看来这种特殊性更重要。科学显然一定需要实践,然而其中有多少值得研究? 我们看到,那些渺茫肤浅的概况能够给予的知识,

---

① ［译注］拉姆(Ramus,1515—1572),法国哲学家、著名逻辑学家、人本主义者,对欧洲的逻辑学和修辞学发展有重大贡献。

② ［译注］"智慧法则"指各个命题从根本上必须为真,即可以共用兼容;"真理法则"要求命题普遍为真,即在所有情况下都为真。

③ 可能指的是希腊神话中守护金苹果的赫斯珀里得斯或守卫金羊毛的恶龙。

④ ［译注］拉姆提出的各门科学的命题规则即智慧法则、真理法则和正义法则。

只会让有实践经验的人轻蔑;它们能给实践提供的辅助,不会多于奥特琉斯①的世界地图能提供的从伦敦到约克的路途导引。把更好的规则比作未经打磨的钢镜,并非不合适,镜子能够照出事物的影像,但是首先必须将其打磨光滑。同样,那些规则要产生助益也必须先经过实践的锤炼和打磨。然而,最初镜子被造出来时其透明度如何,之后又可以被打磨到什么程度,仍然是一个问题。我认为这方面的研究还比较缺乏。

(14)还有一种传承方法,人们花了很多功夫研究,也将其应用在了实践中,但它不是一种合法的方法,而是一种欺骗法,即传授知识的方式是让没有学问的人能快速地显得有学问,而不是真正学到知识。卢勒②费尽心思创造的以他的名字命名的技艺就是这种伎俩。这种方法与自古就有的一些造字术小册子一样,只不过是关于各种技艺的语词堆砌,没有什么实质内容,只求给人形成这样一种印象——使用这些术语的人对这项技艺很在行。这种册子就像收旧衣服的人或掮客商店一样,什么零碎杂货都有,就是没有值钱货。

XVIII.(1)现在我们来说说如何阐释知识的传承,它被包含在我们称之为修辞学或雄辩技艺的那门科学里,那是一门卓越的

---

① [译注]奥特琉斯(Abraham Ortelius,1527—1598),西班牙腓力二世治期时的佛兰德地理学家,于1570年出版的 *Theatrum Orbis Terrarum*(安金辉等译为《寰宇概观》)收录了50多幅当时欧洲市场上最新的世界地图,将其缩到同一比例尺上刻板,并附上解释性注解,可谓世界地图集大成的编辑者。培根的意思是,这些图虽然有用,却无法用来指引具体细微的城镇街道。

② [译注]马略卡的卢勒(Raymund Lully of Majorca,约1232—1316),百科全书编纂者、东方学专家,据说对传教极其狂热。卢勒致力于建立一套能综合各种知识的体系,其约于1305年出版的《最终普遍大技艺》(*Ars magna generalis ultima*)使用由九个字母组成的字母表,每个字母最多有六套含义,以指代各种原理的类别。这些字母被强行加进几何图形(通常是同心圆)里,并通过各种操作来发现所有可能的组合;据称用这种方法能得出所有知识的统一体系。卢勒的各部作品在16—17世纪被不断重印。

科学,人们对其已有绝妙精深的研究。虽然它的真正价值不及智
慧(正如摩西对上帝说他缺乏这种才能时,上帝回他道,"你要以
177 阿伦为口,他要以你为神"①),然而在一般人看来,修辞术却更有
力量。因此所罗门说:"心中有智慧,必称为通达人;嘴中的甜言,
加增人的学问。"②这意思是说,精深智慧可助人获得名声、赢得尊
重,然而在积极生活③中获胜却往往要靠雄辩。说到人们在这方
面的耕耘,亚里士多德与他同时代的修辞学家的竞争、西塞罗的
个人经历,都使他们在自己的修辞学作品中表现得比平时厉害
得多。同样,德摩斯梯尼和西塞罗的演讲为雄辩术树立了绝妙
典范,也为雄辩规则的完善添砖加瓦,使这一技艺的发展翻倍。
因此,就这一学科我要指出的不足,不是针对技艺本身的规则或
应用,而是针对某些作品集,这些东西可被视为这门技艺的
婢女。

(2)尽管如此,我还是要稍微翻动一下这门科学根旁的土壤,
就像对其他学科所做的那样,如此便能看出,修辞学的职责和作用
是将理性应用于想象,以更好地调动意志。我们看到,理性调动意
志的过程受到三种方式的干扰:一是陷阱或诡辩,与逻辑学相关;
二是想象或印象,与修辞学相关;三是激情或情感,与道德规范相
关。在与他人谈判时,人们常常受到对方的诡诈、强硬和强烈情感
等因素的操纵。因此,我们内心中与自己谈判时,也会被谬误干
扰,被印象或观察索迫与纠缠,被激情调动。好在人的天性还不至
于如此不幸,以放任那些力量和技艺影响、扰乱理性,人的天性仍
然是致力于建立和推进理性的。逻辑学的目的就是教授一种论证
178 形式以保护理性,而非诱骗理性;道德规范的目的在于使情感服从
理性,而非侵害理性;修辞学的目的是激发想象支持理性,而非压

---

① 《旧约·出埃及记》4:16。
② 《旧约·箴言》16:21。
③ [译注]指政治生活或公共生活,参见本卷 XX 部分。

制理性;这些技艺的滥用问题也只是 ex obliquo[间接地]起作用,提出来有备无患而已。

（3）虽然柏拉图引发人们敌视他那个时代的修辞学家并没有错,但他这样说却很不公正——修辞学是耽于享乐的技艺,就像烹饪术破坏了有益健康的肉类,为了满足人们的口腹之欲加上各种各样的酱汁而把食物搞得不健康了。① 我们明白,言语更善于美化善行,而非粉饰罪恶;因为人的言谈比他有能力做的和有能力思考的更诚实;这一点清楚地体现在修昔底德对克勒昂的指责里。② 他说,克勒昂常常错误地站在有钱人那边,所以总是猛烈抨击雄辩和优美的言辞,因为他知道没有人能把公正的事情说得肮脏和卑鄙。因此,柏拉图说得漂亮,"如果人们能看到这种美德,将会对它产生巨大热爱和倾慕"③,但既然无法将美德以有形的方式展现给感官,便只能退而求其次,以生动的表象将她展示给想象。因为仅凭精妙的论证把美德展示给理性可能不太有效,克律西波斯和很多斯多葛派学者不明白这点,认为通过尖锐的辩驳并得出结论能把美德强加给人,但那些辩驳和结论却无法与人的意志共情。

（4）如果情感本身就顺从和服从理性的话,那么劝说和暗示能够对意志产生的影响,不会比直截了当的命题和证据大多少。至于情感的持续骚动和扰乱,如诗所云:"我看到美德,所行却从恶。"④如果雄辩的说服力无法实施,无法从情感那边把想象拉回来,建立理性和想象的同盟,共同对抗情感干扰,那理性就会受到情感的控制变得卑屈。因为情感本身其实与理性一样,也喜爱善好。但二者的不同在于,情感只关注眼前,而理性关注未来及全时

179

---

① Plato, *Gorgias*, 465d–e.
② Thucidides, *History of the Peloponnesian War*, iii. 42. [译注]克勒昂(Cleon),雅典政治领袖,强烈反对向斯巴达求和。
③ [K]Cicero, *De officiis*, I. v. 14,西塞罗则是转述自柏拉图的《斐德若》250e。
④ Ovid, *Metamorphoses*, vii. 20–21.

间。因此,如果想象里充满了当下之物,理智通常就会被征服;但是,雄辩和说服的力量可以使未来和遥远的事物显得就在当下,之后加上想象的奋起反抗,理性就能获得胜利。

(5)因此,我们的结论是,不能以粉饰丑恶来指责修辞学,正如不能因诡辩术而指责逻辑学、因恶行而指责道德规范一样。因为我们知道,这些相互对立的学说的研究内容是一样的,尽管其用途相反。这也表明,逻辑学与修辞学的不同不仅在于拳掌之别——前者手紧握,后者手舒张;更大的不同在于,逻辑学按照真理的原则精确地研究理性,而修辞学从大众意见和态度出发来研究理性。因此,亚里士多德明智地把修辞学放置在逻辑学和道德或政治知识之间,因为修辞学两边都参与。逻辑学的证据和证明对所有人都一视同仁,但修辞学却应该根据不同的听者选择不同的证据和说服方法:"俄耳甫斯在森林里,阿里昂在海豚中。"①理想状态是,其应用要达到对不同的人讲述同一件事,也分别以不同的方式讲述。即使是最伟大的演说家,也很容易忽略把雄辩术的
180 这种公共用途应用到私人讲辞中:他们在密切关注自己言辞的优雅形式时,往往疏忽了因人制宜。因此,不妨建议让修辞学得到更好的研究,而无须挑剔是放在这里研究还是放在政治学部分研究。

(6)现在来谈谈我说过的那些附属的缺陷。首先,我发现人们没有很好地继承亚里士多德的智慧和辛勤劳动的成果。他率先收集常见的善恶标志和特征,既有简单形式的,又有基于比较的。② 那些东西就像修辞学里的诡辩术(我之前提到过)。例如:

> 诡辩术说:凡被称赞的,必是好的;凡被斥责的,必是坏的。

---

① Virgil, *Eclogues*, viii. 56.
② Aristotle, *Rhetoric*, i. 6,7; *Topica*, i. 12,& c.

反对方说:商人们称赞自己的货品是为了卖掉它。①

又如:

（买家说:)这东西不好,这东西不好。但一旦离开卖家,便会自夸买到好货了。②

亚里士多德做的研究有三个不足。第一,这种事情有是有,但是在众多事例中占比并不多;第二,他没有附上对其的各种辩驳;第三,他只考察了辩驳的一小部分用途。辩驳的用途不仅仅在于证明检验,更多是为了给人留下某种印象。因为许多辩驳形式的意指相同,但留给人的印象却不同;正如使用尖锐的工具与平钝的工具来刺穿某物,尽管用力相同,但其效果差别很大。因为比起只听到"这对你不利",没有人在听到这种话时能不更受触动:"你的敌人一定会因此而高兴","伊塔卡人可想要这结果了,阿特柔斯的儿子们正费尽心思想要实现此事呢"。③

(7) 其次,前文曾提到,人们想要言辞雅致、构思敏捷,需要提前准备、预留存货。这种准备工作分为两类,前者像卖未组装的零碎件的杂货铺,后者像卖成品的铺子,二者都可以供给日常所需。我将前者称为 antitheta[对照],后者称为 formulae[套话]。

(8) 所谓"对照"就是从正反两方去论证的命题。在这方面人们可以大做文章,费尽心思。但是为了避免(那些有能力采用这种方式的人)在开篇时过于冗长,我希望他们能先以简短精要的句子陈述各个论点的起因,不是为了让人引用,而是作为整个思路线

① Horace, *Epistles*, ii. 2. 11.
② 《旧约·箴言》20:16。
③ Vigil, *Aeneid*, ii. 104.

索的串线或末端,让这些论点在论证中被提及时可以尽可能得到展开。权威作品和例证只是提供出来以供参考。

例如,想为法律文词而辩,可以说:

> 离开了对文字的阐释,就不再是阐释,而是揣测;不解释法律文词的法官,就不再是法官,而是立法者。

想为法律思想而辩,可以说:

> 必须收集单个字词的含义,将其综合起来推出总体意涵。

(9)所谓"套话"是指可以无差别地应用于各种不同主题的得体且切题的言辞段落或表达载体,例如开场白、结论、题外话、过渡、致歉辞等等。就像在造房子时,人们往往乐于先把楼梯、入口、门窗等先造好,在演讲时,人们也喜欢把有特殊文饰作用和效果的表达方式与段落先想好。

例如,作为审议协商的结束语,可以说:

> 如此我们不仅可以弥补过去的失误,还可以预防未来的麻烦。①

182   XIX.(1)关于知识的传承,还有两件附属事务需要说说,一件有关评论,另一件有关细节讲解。一切知识,要么通过教师传授,要么通过个人的特别努力而获得。因此,知识传承的重要工作主要涉及著述,以及与之相关的著作解读。与此相关的有以下事务。第一是对原作的忠实修订和编校,但在这方面,一些莽撞的勤

---

① ［K］Demosthenes, *The Philippics*, i. 2.

劳却造成了极大的损害。因为这些批评家们常常认为他们读不懂的东西就是写错了。例如,有牧师发现对圣保罗的记载中有这么一句话 Demissus est per sportam[他被人用篮子装着放下来],①自以为是地将其改为 Demissus est per portam[他被人从城门上放下来]。因为从他个人的阅读经验来看,sporta[篮子]一词在这里解释不通,便认为是写错了。其他人的错误虽然没有这么明显或可笑,性质却没什么不同。因此,正如有人明智地指出,修订得最多的版本往往是最不正确的版本。

第二是关于依照注释和评注来阐述和解释权威作品,即人们常常对书中晦涩的地方避而不谈,对浅显的东西却长篇大论。

第三是关于作者所处的时代,这对于如实地解读作品往往有非常重要的作用。

第四是关于对作品的简要评论和判断,人们可以借助这些东西选择自己到底想读哪些作品。

第五是关于研究的先后次序与安排,如此人们可以知道按照什么顺序或路线来阅读。

(2)细节阐释式的知识传授所包含的方法尤其适合青年人。这方面我有各种颇有收获的思量。

第一,涉及知识传授的时间选择和时效处理,即要考虑什么时 183
候开始传授,什么时候暂停。

第二,要考虑从最简单的地方开始,逐渐上升到较难的部分;考虑用什么方式推进到更难的部分,然后再回到简单的部分。因为用气囊练习游泳是一种方法,穿笨重的鞋子练习跳舞则是另一种方法。

第三,根据学生的智力特点选择适宜传授的学问。因为人们在智力上的任何缺陷似乎都可以在某些学问中找到合适的治疗方

---

① 《新约·使徒行传》9:25。

学问的进展

法。例如,如果一个孩子心智像鸟一样纷乱,即很难集中注意力,则可以用学习数学治疗这毛病。因为在学习数学时,只要稍微一走神,就不得不从头再来。正如各种学科能给各种能力提供恰当的治疗和帮助,具有不同才能或能力的人对不同学科能产生共鸣的程度和获益的速度也不同。因此,发现什么样的智能和天性最适合于什么学科,是涉及大智慧的探究。

第四,练习的顺序也非常重要,它决定了学习会对学生造成伤害还是帮助。正如西塞罗观察到的那样,人们在锻炼官能时若没有得到良好的指导,缺点会被强化,[①]养成好习惯的同时也养成坏习惯。因此,对于练习中的持续和暂停应有准确的判断。要细数这类研究的其他问题,会耗费太多篇幅,这些问题虽然表面看起来很零碎,但其效果却是独一无二的。种子或幼苗能否最终枝繁叶茂,最重要的因素是它受到错待还是呵护。值得注意的是,罗马国184的前六位皇帝事实上是这个国家婴儿期的监护者,这是国家后来能发展得极尽荣耀的最主要原因。因此,对年轻人心灵的培养和滋润也具有如此强大的(尽管看不见)作用,以至于之后不管多久或不管多辛劳都无法获得与之匹敌的效果。我们也一定观察到了,教育使人彰显出的才能无论多么小、多么微不足道,如果发生在大人物或大事件上,这些才能就能产生伟大且重要的影响。我们可以在塔西佗的作品中看到一个著名例子,两个舞台剧演员佩尔肯尼乌斯和维布勒努斯,凭着自己的表演才能使潘诺尼亚的军队陷入了极度混乱和骚动。[②] 事情是这样的,奥古斯都·恺撒死后,军队中间发生了一场叛变,总督布莱苏斯(Blaesus)收押了几个叛乱者,但却出乎意料地很快放了他们。维布勒努斯在别人能

① Cicero, *De Oratore*, i. 33.
② [K]塔西佗在《编年史》(i. 16—22)里记录的一个非常著名的例子,但此处培根对细节做了加工处理。在塔西佗的记录中,佩尔肯尼乌斯(Percennius)和维布勒努斯(Vibulenus)只是两个普通士兵,佩尔肯尼乌斯有过一点演戏的经历。

听到他讲话时,这样说道:

　　　　这些可怜无辜的倒霉蛋犯了死罪,你却把他们放了让他
们重见天日! 可是,谁能把我的兄弟还给我? 抑或谁能把我
兄弟的性命还给他? 正是我的兄弟从日耳曼军团把消息带回
这里,让我们能追求共同的事业。昨天晚上,他已经唆使他平
时豢养来谋杀军士的那些剑客和匪徒杀死了我的兄弟。布莱
苏斯,回答我,你要如何处置他的尸首? 最残忍的敌人也不会
不让人安葬死者。你把他的尸首还给我吧,让我尽到最后的
职责,让我以泪吻别我的兄弟。之后,请你下令把我杀死在我
兄弟的身旁;这样,我的这些同伴们就可以把我们两个对军团
忠心耿耿的人埋葬在一起!

　　他的这番话在整个军队里掀起了无限的狂怒和骚动。然而事
实上,他根本没有兄弟,也从未发生过这样的事,他只不过像站在
舞台上表演而已。

　　(3) 回到正题,我们快要结束对理性知识体系的讨论了。如　185
果我在前面的论述里所做的划分不同于人们已经接受的分类,请
不要认为我不接受那些我没采用的分类方式。我出于两种需要更
改了人们公认的分类。第一,按照事物的性质相近或用途相近来
分类,如此达到的结果和目的都不同。如果个人产业秘书要整理
文件,他在书房或普通柜子里会按照文件的性质,如条约、指令等
等来分类查找。但在他自己的盒子或特定柜子里,他会把自己喜
欢用的东西放在一起,尽管这些东西性质也不同。因此,在这个知
识的总库里,必须遵循事物的性质来分类,但如果是整理某种特殊
的知识,我会按照最方便使用的原则来分类。第二,指出现有知识
不足之处的结果必然改变现有知识体系的分类。假定现有知识
(只是为了方便举例假设)有 15 类,加上有缺陷的知识一共 20 类,

那总数是 15 与总数是 20 的分类结果就不同。总数是 15,可以每部分包括 3 类,或者每部分包括 5 类;总数是 20,则可以每部分是 2 类,或 4 类,或 5 类,或 10 类。所以这些东西彼此并不存在矛盾,也不可能有矛盾。

XX.（1）我们现在继续讨论研究人的欲望和意志的知识。对此,所罗门曾说:"首先,我的儿,你要谨守你的心,胜过谨守一切,因为生命的泉源由此而出。"①针对这门学科已有很多著作。但在我看来,那些作品所做的,就好像一个声称教书写的人只拿出写得很好的字母表和连写在一起的字母来展出,却并不提供任何如何运腕、如何搭建字母结构方面的规则或指导。也就是说,这些学者提供了一些善好、公正的典范和样本,承载着善好、美德、责任和幸福的草案和图样,并将这些解释为人类意志和欲望的目标和施展领域。但是,关于如何取得这些卓越的特征,如何塑造和克制人的意志使之忠实于这些目标,与这些目标达成一致,他们却完全不提,或只是略微提到,无甚收效。这一点是人们毫无异议的,即人心灵里的道德美德是通过习惯养成的,而非与生俱来;同样没有争议的是,灵魂高尚之人靠学说与劝服赢取,而俗众靠奖励和惩罚来规制。② 还有一些类似的零星作品提到或触及这些话题,但以上这些成就都不足以成为这部分知识缺失的借口。

（2）我想,造成疏漏的原因是有暗礁,它造成了这种知识及其他很多知识之舟的失事。这暗礁是,人们往往不屑于弄懂常见普遍的事物,但恰恰在日常事务上方向精准才是最明智的教诲(因为生活并不由新奇或精妙事物构成)。相反,他们主要用某种华丽或闪亮的东西混合在一起,配制出各种科学,以给那些精妙的争议或

---

① 《旧约·箴言》4:23。

② Aristotle, *Nicomachean Ethics*, x. 10.

186

雄辩论述带去荣耀。塞涅卡对雄辩有卓越的审视:"只爱辩论却罔顾辩题的人,只会被雄辩反噬其身。"①教育应让人们热爱其中蕴含的经验教训,而非热爱教师,应该指向于让听众受益,而非意在让教师获得赞赏。因此,德摩斯梯尼总结他的劝告的话可以作为这一节讨论的结尾:"如果你们按照我的劝告去做,不仅将来会赞扬这个演讲人,而且会因为自身事业的进步而赞扬你们自己。"②　187

(3)缺乏(选择论题)这方面卓越才能的人也不必对自己无法获得那种幸运而绝望,例如诗人维吉尔,他发誓要获得,而且也的确获得了成功。他记录了自己对畜牧农耕的观察,也记录了埃涅阿斯的英雄行为,由此赢得了雄辩、智慧和学问上的荣耀:"不要以为我没有意识到这些——我的选题很平凡,亦非常受限,要为这主题找到恰当之词与溢美之词该有多么困难!"③无疑,如果作者本着真诚的目的,不是随意写些让人们休闲之余读的东西,而是真心要为人们的行动和积极生活提供指导和激励,那么这些由心而发的《农事诗》里所涉及的畜牧和农事,价值并不低于对美德、责任、幸福的英雄式描述。因此,道德知识的主要和原始分类,似乎应分为善的典范或纲领与心灵的统领或培育:一个描述善的本质,另一个制定规则教人如何控制、运用和帮助意志以实现那些善。

(4)关于善的纲领或本质的学说,既可以以简单方式,也可以通过比较展开研究,既可以研究善的种类,也可以研究善的不同层级。在善的层级研究里,关于最高等级的善——他们所谓的幸福、至福或最高的善——有无尽的争议;这方面的学说,被基督教信仰当成异教神学而抛弃。如亚里士多德所说:"年轻人可能感到幸福,但他们的幸福仅仅来自希望。"④同样,我们必须承认自己的未

① Seneca, *Epistulae*, lii. 14.
② Demosthenes, *Olynthiacae*, ii. 31.
③ Virgil, *Georgics*, iii. 289-290.
④ Aristotle, *Rhetoric*, ii. 12.

成年状态,凭着对未来世界的希望拥抱幸福。

188　　　（5）哲学家拔高了人的天性,假设人能达到比实际上可能达到的更高状态(我们看到,塞涅卡写下的高度是:"真正的伟大是兼具人的脆弱和神的安详"①),从这种至福学说中脱离并解放出来,我们才可以更清醒、更真实地接受这些哲学家们的其他研究和工作成果。他们对于积极的善或单纯的善的本质,已经有了卓越的论述,把美德和责任的各种形式连同其出现的各种情境和状况,都描述出来了,并且还按照其类型、部分、范围、行动和实施管理做了分类。不仅如此,他们还以尖锐的论辩和绝妙的说服能力,让人们相信这些美德和责任与人的天性和精神是契合的,而且,(尽论述之可能地)加强和巩固了这些学说以对抗败坏流俗的意见。关于善的本质的不同层级和比较,他们也提出了绝妙的善的三分法,②比较了沉思生活和积极生活之不同,区别了不得不为之的善与顺性稳固的善,分析了正直与利益的冲突,权衡了各种美德的轻重等等。③ 因而,这部分知识可以说已经得到了极好的深耕。

　　（6）尽管如此,如果他们在论及大众公认的善恶观、苦乐观以及其他观念之前,对关于善恶的根源以及那些根源产生的特定条件等研究得更深入,在我看来,他们就能给后继者更多的光照。尤其是,如果他们先求教过自然,他们的学说就能少一些冗长,多一分深刻:他们的学说里疏漏了某些东西,对某些东西的论述又包含不少困惑,我们将努力以更清楚的方式重新论及。

189　　　（7）每种事物都包含善的双重本性。第一,所有事物自身都是一个整体或实体;第二,每一事物又是一个更大事物的一部分或成员。因此,后者在程度上就更大、更有价值,因为它往往以更普遍的形式存在。因此,我们看到铁的固有属性是受磁石引力影响就向其

① Seneca, *Epistulae*, liii. 12.
② Aristotle, *Nicomachean Ethic*, i. 8. 1098b10ff.
③ Aristotle, *Nicomachean Ethic*, x. 7,8.

移动,但是,如果引力超过了一定的量,它就会脱离磁石的引力,像忠诚的爱国者一样扑向大地,那才是巨大物体的处所和故土。更进一步,我们看到水和巨大物体都朝地心移动,但是,为了避免自然延续性的中断,它们又会从地心向上移动,为了他们对世界的职责而放弃对地球的职责。善的这种双重本性及其等级性,在人身上的印刻更加深厚;一个人只要没有堕落,会认为他对公众的责任应当比维护自己的生命和生存更可贵。庞培①那值得铭记的演讲可以为例。他被委派去闹饥荒的罗马赈灾散粮,朋友们热心地极力劝阻,说他不应该在气候极端恶劣时冒险去海边,而他只是对他们说:"我必须去,而不是必须活着。"②但是,这一点是确凿无疑的,即从来没有任何哲学、任何宗教或其他学科如基督教神圣信仰一般,如此坦率地给予公共的善如此高的推崇,并给私人的个别的善如此显白、如此大的压制。基督教信仰明确宣告,同一个上帝,既赐给人类基督教律法,也把自然律法赐给我们前面提到的无生命的造物。我们读到,上帝选中的圣徒们在博爱的狂喜和极度通感情绪下,愿让 190 上帝诅咒自己,③把自己从得救者名册中抹去,以替众生忏悔。

(8)这一原则一旦建立起来并深入人心后,就可以判定和决断道德哲学里很多常见的争议。首先,它可以判定沉思生活和积极生活哪一个更优先的问题,其判定结果与亚里士多德的结论相反。亚里士多德崇尚沉思生活的所有原因都是关于私人生活的,尊重个人自我的快乐与尊严(从这个方面看,无疑沉思生活有优势)。亚里士多德的理由与毕达哥拉斯曾为了美化和推崇哲学与

---

① [译注]庞培(Pompeius Magnus,前106—前48),其姓名中的 Magnus 是公元前81年后加上去的。庞培是古罗马共和国末期著名的军事家和政治家。勇敢善战,在前三巨头同盟(恺撒、庞培、克拉苏)中本是势力最强者。在罗马内战中被恺撒打败之后逃到埃及,被托勒密十三世的宠臣伯狄诺斯刺死。

② Plutarch, *Parallel Lives*, "Life of Pompeii".

③ 指摩西和圣保罗,参见《旧约·出埃及记》33:32 和《新约·罗马书》9:3。

沉思时做的比较并没有多少不同。① 当被问到他是哪一类人时，毕达哥拉斯回答道："如果希耶罗（Hiero）曾来过奥林匹克运动会，他就会知道，有些人来这里是为了试试运气、赢得奖品，有些人是商人，来这里卖货，有些人是来欢呼喝彩、与朋友碰面的，还有些人是来观看的。而我就是来观看的人之一。"不过人必须知道，在人生这个剧院里，旁观的位置只留给上帝和天使。类似的问题教会也没有公认的答案。虽然他们会用"在主的眼中，圣徒之死弥足珍贵"②来提升圣徒为公共生活做出的牺牲和他们的修道生涯。他们还会辩护说，修道生活并不是单纯的沉思，也要履行很多教会非常看重的职责，例如不停祷告和恳请，或者著述，或者接受教诲写作关于神的律法的作品，就像摩西在山上久住时所做的那样。所以，我们看到亚当的七世孙以诺（Enoch）是第一个冥想者，且与上帝同行，③但他仍然留给教会一部预言，圣徒犹大（Jude）引用过这预言。④ 但是，那种自足的沉思生活，不向社会投射任何光照的沉思生活，神当然不赞同。

191

（9）它也能裁决芝诺和苏格拉底以及他们的学派和继承者们与另一派之间的争论。芝诺与苏格拉底及其弟子们认为，幸福乃是因为有德性，不管是单纯的德性还是与其他技艺相关的德性，在行动和施行时都主要围绕着社会，与社会相关。另一派即昔勒尼学派和伊壁鸠鲁学派则认为幸福乃在于快乐，把德性只视为仆人（就像在一些靠犯错引人发笑的喜剧里，女主人与女仆更换了衣服一样），让它为快乐服务、照料快乐。伊壁鸠鲁改良派则认为，幸福源自心灵的安详和摆脱纷扰；他们要废黜朱庇特的王位，重新迎回农业之神萨图恩和第一个时代，那种没有春夏秋冬，只有一气一季

① ［K］西塞罗在《图斯库路姆论辩集》第五卷第三章中对此有记录。
② 《旧约·诗篇》116：15。
③ 《旧约·创世记》5：22，24。
④ 《新约·犹大书》1：14。

的时代。赫里卢斯①则认为幸福在于消除心灵的争端,主张不给善与恶做确切的性质区分,而是根据人明确感受到的所欲或不愿来判断事物的善恶。这种观点后来在再洗礼派异端中复活,他们根据精神的各种运动和信仰的坚定或动摇来衡量事物。这一切学说显然看重的都是个人的安宁和满足,而没有指向社会目的。

(10) 这一原则也谴责爱比克泰德的哲学,那种哲学预先假定,幸福一定得存在于我们自身能力范围内的事物里,如此我们才能免受命运和纷扰的影响。似乎不为公共生活谋福祉都还算不上幸福,只有凭着自身的时运获得个人所有想要的东西才算更幸福。 192孔萨尔沃②指着那不勒斯对他的士兵坚决地说,他宁愿前进一步而死,也不愿后退一步而久活。这让人想起那位神圣领袖显示出的智慧,他曾宣称:"良善之心是持续的盛宴。"③这清楚表明,心怀良善之愿,无论成功与否,本质上都是人生持久的欢愉,比一切为安全与安宁生活所做的准备能带来的欢愉更持久。

(11) 在爱比克泰德的时代,哲学还被普遍滥用,我们的学说也要谴责这种滥用。当时哲学被当成了一种职业或专业,似乎认识的目的不是抵抗和消灭纷扰,而是逃离和避免引起纷扰的各种诱因,所以构建出一种特殊的生活方式和过程来达到这一目的。由此还引入了所谓的心灵的健康,与亚里士多德提到的赫洛狄科斯(Herodicus)式身体健康一样。④ 赫洛狄科斯一生其他什么事都不做,只保持自己的身体健康。而如果人们念及自己的社会责任,正如最健康的身体应是能忍受一切变化和极端状况的身体,最健

---

① ［译注］迦太基的赫里卢斯(Herillus),芝诺的学生,折中派,西塞罗曾在《论至善与至恶》中提到他。
② ［K］孔萨尔沃(Gonsalo Fernández de Córdoba, 1453—1515),西班牙将领,在征战格拉纳达(现西班牙格拉纳达省省会)中迎战摩里斯科人和土耳其人,两次将法国人赶出他管理的那不勒斯。
③ 《旧约·箴言》15:15。
④ Aristotle, *Rhetoric*, i. 5. 1361b.

康的心灵就是能经受住最大的诱惑和扰动的心灵。因此,这方面我们可以接受第欧根尼的观点,他认为值得赞扬的不是戒绝欲望的人,而是一直忍受欲望的人,是在绝境中亦能克制自己心灵的人,是能让心灵(如在驭马时那样)非常迅速地止步或转向的人。

（12）最后,有些最古老、最受尊敬的哲学家和具有哲人特质的人非常脆弱,不能应对环境,我们的学说也要批判他们的这些特点。他们为了免受轻慢和烦扰,过于轻易地从公共事务抽身而出,而真正有道德的仁人志士,其决心应像孔萨尔沃所讲的军人荣誉——是一张结实的网,而不要太精细,以致把一切东西都卷入其中,一切东西都会对它造成危害。

XXI.（1）现在我们可以重拾关于个人的或特殊的善的讨论,它分为积极的善和消极善的两种。这种分类(与罗马人用于表述熟悉的事务或家庭事务的两个术语 promus[分配]和 condus[收集]没有多大不同)表现在所有事物中,尤其表现在生物的两重天性之中,一为维存自身,二为繁衍自身,后者比前者更具有价值。因为在自然中,天是主动者,价值更大,地是被动者,价值更小。就生物而言,繁衍的乐趣比求食的乐趣大得多,神圣教义也告诉人们:"施比受更为有福。"[1]在生活里,没有人的精神会如此软弱,以至于更看重感官享受,而相对更轻视早已印刻在心的愿望的实现;既然明白财富终无法永存且有赖于机运,积极的善的优越性就更为凸显。如果快乐具有某种永恒性或确定性,或许其价值还能被提高一点。但我们看到,人生正如古人所说:"不要为明日自夸,因为一日要生何事,你尚且不能知道。"[2]因此,我们应当追寻在某种意义上免受时间侵蚀之物、有确定性之物,这只能是我们的功绩与

① 《新约·使徒行传》20:35。
② 《旧约·箴言》27:1。

作品。如圣言道:他们的功绩与他们如影随形。① 积极的善的优越性也体现在人们喜爱变化与进步的这一天性中,至于感官享受的各种体现,则属于消极的善的主要内容,其中人并没有多大自由选择的余地。回想一下你重复做同样的事情多久了:吃饭、睡觉、玩乐,好像一个圆圈,周而复始。对于这样的生活,不仅那些勇敢的人、不幸的人、智慧的人,甚至那些喜欢暴饮暴食的人也厌倦得要死。② 但事业、爱好和人生目标却有各种各样的变化,人们能够在开创、推动、退缩、重整、进取和实现它们的过程中体验到各种快乐,正如古人云:"没有目标的生活慵懒且飘忽不定。"③尽管这种积极的善与社会的善在有些情况下偶有重合,但却并不相同。虽然积极的善很多时候的确能引发仁爱行为,但它却带着个人目的,意在获取个人的权力、荣誉、扩张和延续。当与社会的善发生矛盾时,这种差异就更加明显。那些存心想给世界带来麻烦的野心勃勃的大魔头,如苏拉及其他无数小人物,只因为想让他所有的朋友幸福,所有的敌人不幸,便随心所欲地塑造整个世界(这才是真正的诸神之战)。④ 这类人虽自诩渴望积极的善,但却极大地背离了我们认为更重要的社会的善。

(2)再接着说消极的善,它可以进一步细分为维存性的和有效的。让我们简短回顾前面的论述,首先我们谈到了社会的善,这种善包含了人类天性的所有形式,即人不仅是为自身所特有的个体形式,也是更大形式的成员和构成部分。其次我们谈到了积极的善,认为它是私人的、特殊的善的一部分。这种分类恰当,因为所有生物都有自爱的本能,并由此生出三种欲求或渴望:一是维存

---

① 《新约·启示录》14:13。
② Seneca, *Epistulae*, lxxvii. 6.
③ Seneca, *Epistulae*, xcv. 46.
④ [译注]参见普鲁塔克《希腊罗马名人传》中的《苏拉传》,苏拉为自己所写的墓志铭。

195　与延续自身,二是提升与完善自身,三是繁衍自身、扩张自身以影
响其他形式。其中,繁衍自身或在其他事物上留下印记,我们已经
在研究积极的善时讨论过。因此,这里我们只需讨论维存自身和
提升自身这两种善,其中后者是最高程度的消极的善,因为原封不
动地维存与延续价值不大,在延续中进步才更具有价值。人类"之
种的生命力有如烈火一般,其源泉来自天上"①。人类对神圣的或
天使的本质的追求和获取即是其自身的完善。错误或虚妄地模仿
这种善,可能给人生带来极大的骚乱。因为人类基于进步的本能,
无论是形式上还是本质上的,都会寻求地位提升。正如那些生病
的人找不到治疗方法,只好颠来倒去,改变住处,好像摆脱旧地方
就摆脱了内在的疾病。同样,野心勃勃的人无法提高自己的天性
时,就永远汹涌着提升地位的激情。因此,消极的善正如我们所
说,分为维存的和完善的两种。

　　(3) 回到维存的善或抚慰的善,它主要在于享受那些合乎我
们天性的事物,这似乎是最纯粹、最自然的乐趣,同时也是最脆弱、
最低级的乐趣。这种善也分为两种,却从未得到仔细审视和充分
研究。享受或满足的善要么在于享受的单纯性,要么在于享受的
即时性与享受的活力。前者均匀增加,后者变化无常;前者混入少
许恶的杂质,后者则多含善的印记。哪一种善更好,是一个存在争
196　议的问题,而人的本质能否兼具两种善,还是尚未探究的问题。

　　(4) 关于这个问题,苏格拉底与智术师有过激烈争论。②苏格
拉底认为幸福在于心灵始终如一的平和,而那位智术师则认为幸
福在于欲求和享乐,他们激烈讨论进而恶语相向。智术师嘲讽苏
格拉底的幸福是木头和石块的幸福,苏格拉底则说智术师的幸福
就像患了痒症的人,除了挠痒痒啥也做不了。这两种看法都有合

_____

① Vigil, *Aeneid*, vi. 730.
② [译注]苏格拉底与卡利克勒斯就此问题的论争,见柏拉图《高尔吉亚》491b—e。

理之处,甚至连享乐主义者都支持苏格拉底的看法,认为德性是幸福的重要组成部分。既然如此,可以肯定的是,德性在消除忧虑方面比在压制欲望方面具有更大作用。我们刚刚提到的观点,即认为提升的善比维存的善更有价值,更支持智术师的观点。因为人们每满足一个欲望,就是进步的体现,正如人们即使循着圆圈运动也体现了前进。

(5)不过对于第二个问题,即人的本质是否能兼具两种善,我们已有合理的答案,如此前一个问题,即两种善行哪一种更好,则成了多余的问题。是否有人在享乐时体验到的乐趣比别人多,但在失去或脱离享乐时却不比别人更痛苦,这一点值得质疑。正如"未曾用过你就不会渴望,不曾渴望就不会惧怕,是狭隘而焦虑的人的想法"①。在我看来,哲学家的大多数教条总是过于忧虑和谨慎,超出了事物的本性,不但没有治愈人们对死亡的恐惧,反而使其更严重了。他们把整个人生视为为了死亡而做的训练或准备,如此就必须让人认为死亡是可怕的敌人,需要穷尽一生去准备对抗的敌人。诗人说得更好:"他把生命的终点视为自然的馈赠。"②哲学家们试图通过尽量避免让人受到彼此对立的提议的割裂,以让人们的心智达到高度统一和谐。我想其中的原因是他们自己专注于私人的、自由的、不管实际应用的(unapplied)生活。如我们所见,在演奏鲁特琴或其他类似乐器时,重复乐章虽甜美,能展示许多变化,但却不如组曲或自由调那样,能让手突破那些奇怪又困难的停顿和转换。哲学生活与政治生活的差别也是同样的性质。因此,人们应当模仿珠宝商的智慧,如果宝石有不好的纹理、污质、冰裂,只要能加以修磨而无损石质,便设法补救,而如果加工会对石质造成太大的损伤,便会不加干涉。所以人们在追求恬静

197

---

① [译注]语出普鲁塔克《希腊罗马名人传》中的《梭伦传》,培根转述时有修改。
② Juvenal, *Satires*, x. 358-359. [译注]尤维纳利斯(约60—约140),古罗马诗人及讽刺文学家。

安详的时候也不应该有损人的慷慨大气。

（6）我们已经在合理的范围内对个人的或特殊的善做了追根溯源的讨论,现在转向涉及社会方面的个人的善,或可称其为责任。因为"责任"指对待他人时良好的心灵结构和心理趋向,而"德性"则指思考自身问题时的良好心智形式和构成。人们既不能离开社会关系来理解德性,理解责任时也不可能不涉及内心性情。这一部分知识乍一看似乎是从属于社会政治科学,但如果细加考察,就会发现事实并非如此。这类研究只关涉每个人对自己的控制和管理,并不涉及他人。例如,在建筑房屋时,如何设计出梁柱或建筑的其他部分,跟如何把它们拼合起来建造成屋是两回事;又如,在机械制造中,如何制造出一个工具或器械,跟如何让它运转、应用它也并不是一回事。不过,尽管如此,人们在表达其中一方面时,免不了会有表达另一方面的倾向,但总之,人与人社会中的联系配合的学说与由此而来的遵从社会规范的学识还是不一样。

（7）责任可以分为两部分:一是每一个人作为个人或国家的成员须承担的共同职责;一是每个人就个人的专业、职业和地位而言须承担的个别的特殊责任。第一部分已经提及并充分讨论过了,第二部分研究我更倾向于说它是零散的,而不是缺乏。不过在我看来,这类论述以这种零散作品的方式论及却极好。谁能规定每个不同行业、职业、地位的人所特有的责任、美德、面临的挑战和权利呢?尽管有时旁观者比参与者看得更清楚,甚至还有一句狂傲不合理的谚语:"峡谷最能显高山。"但无疑本专业的人才能最真实、最贴切地描述其专业。那些凭借空想来讨论积极生活事务的人,在富有经验的人看来,就如同汉尼拔①听到福尔米奥谈论战争一样,认为那完全是痴人说梦、胡言乱语。不过本行人描写本行

---

① ［译注］汉尼拔(Hannibal,前247—前182),迦太基将军,古代最伟大的军事领袖之一,在第二次布匿战争中指挥迦太基军队对抗罗马,并继续反对罗马,直到他去世。

也有一个缺点,那就是他们往往过分拔高自己的行业。但一般说来,人们总希望有实践经验的人能著书立说,这样才能使学问更坚 199
实可靠、富有成效。

(8)说到这一类著作,我不得不提及——作为一种荣誉——陛下那部论及君王职责的佳作。作品将神学、道德和政治融会贯通,并大量吸收其他领域的成就。① 在我看来,这本书是我读过的最明智、最有益的书籍之一。它没有被创新的热情或是疏忽的冷漠扰乱,没有如颠三倒四的、失去文序的作者那样让人头昏心烦,也没有如纠结于无关紧要之事的作者那样引发骚乱,更没有沾染尘俗之气,如那些为了讨好读者而罔顾事实的作家;既能围绕主旨精神精心架构,彰显事物的真相,以便指导行为,也远离了我们之前提到的那种天然缺陷——各行业作家在论及本行时容易夸大其词。因为陛下真正描述的,不是对外彰显荣誉的亚述国王或波斯国王,而是作为其人民的牧者的摩西或大卫。我也不能忘记陛下本着神圣的政治精神谈及一个重大司法案件②时所说的话:"君主按照他们的法律统治,就像上帝按照自然的法律统治一样;君主应较少使用他们的最高特权,就如上帝不常展现其奇迹一样。"然而,在陛下那本论及自由君主国的作品中,③您让人们知道,您既通晓君王权力的限度,也明白君王的正当(right)。因此,我冒昧地声称陛下这本优秀的著作,是论及特殊或个人的职责方面最杰出的作

① 〔译注〕指《国王的天赋能力》,是詹姆斯一世写给他的第一个儿子——亨利的政治论文集。
② 〔译注〕这或指 1604 年的古德温(Sir Francis Goodwin)案件。詹姆斯一世指认白金汉郡议员古德温爵士有罪,并命令大法官法庭宣布古德温的当选无效,下议院议员强烈抗议,并草拟了一份《道德与补偿文件》,反对由大法官法庭裁定议会选举结果,最后詹姆斯一世被迫做出让步,由下议院决定其选举结果。培根当时是下议院派出与国王会见的发言人。
③ 〔译注〕指《自由君王的根本大法》,1598 年詹姆斯一世在平定一连串叛乱后,写成此作,以阐述君权神授思想,目的在于巩固君权。此作与《国王的天赋能力》均被视为詹姆斯一世政治思想的重要著作。

200　品;就算它是一千年前写的,我也会如此说。我这样称赞也并非受
制于某些宫廷礼仪,有些人将当面赞扬视为奉承。不,背后称赞才
是奉承,即,要么是被赞扬者并不具备这种美德,要么是场合不对。
不管是缺乏真实性还是称赞的时机不对,那称赞都不是自然而然
的,而是被迫的。西塞罗的演说《为玛尔刻珥路斯辩护》("pro
Marcello"),就是当着恺撒的面,卓越地历数恺撒的美德。除了西
塞罗以外,还有许多非常优秀的人也当面赞扬过他人,这些人比那
些旁观者聪明得多。毫无疑问,在适合的时机,无论是当面还是背
后,都应当给予公正的赞扬。

　　(9) 回到之前的话题,关于这部分更深入的研究——涉及职
业或行业的职责方面,还应包括相关的或相反的研究,即各行各业
的欺诈、诡计、冒充和罪恶。这类著作很多,但是具体如何呢? 大
多是冷嘲热讽,缺乏严肃和睿智,因为人们宁愿把才智用在嘲笑和
诋毁各个行业中好的方面,而不愿把鉴别力用在发现并切割那些
坏的方面。正如所罗门所说:"带着轻蔑的态度寻求知识,知识不
会显现;带着热望渴求知识,知识自然展现。"①在我看来,正直如
实的讨论似乎是加强已有的诚实和美德的最好方法之一,但这样
的研究非常匮乏。正如寓言中的蛇怪——如果它先看见你,你死;
你先看见它,它死。欺骗和恶行也是一样,如果你先发现它们,它
201　们便失去效力,但如果它们先窥见你,你就会陷入危险之中。所以
我们应当感激马基雅维里以及其他描写人们的实然而非应然的作
者。人们不可能将蛇的精明与鸽的天真幼稚结合在一起,除非人
们清楚地知道蛇的一切情况:它的卑鄙、它的腹行、它的狡猾、它的
妒忌和毒性以及其他一切恶毒的形式和本性。因为缺乏这类知
识,美德就毫无遮掩、毫无防御。不,正直的人若没有关于恶的知
识的帮助,对那些恶人就无能为力,也无法纠正他们。思想败坏的

① 《旧约·箴言》14:6。

人认为,人们正直是因为他们行事单纯,轻信传道书、教师和人们的表面语言。因此,除非让他们意识到我们对其堕落观念有彻彻底底的了解,他们会鄙视所有道德。"愚人不会听信智者之言,除非道出他内心深处之物。"①

(10) 关于个人责任部分,还包括夫妻之间、父母子女之间、主仆之间的责任,同样也包括友谊和道义法则,商行、学院、政治团体等社会结合体和邻里之间的责任,以及其他相应的责任。不过这些责任不是作为国家和社会的一部分,而是为了塑造特定个体的心灵。

(11) 关于社会的善的那部分知识不仅要研究社会的善的本身,还要有比较研究,权衡人与人、事与事、公与私之间的责任。正如我们在布鲁图斯对其儿子们的诉讼事件②中看到,有人对他极尽赞美,但也有人说:"不幸啊,后世的人会如何传说这灾难啊!"③因此这类事件总是不确定的,持两方面意见的人都有。又如当布鲁图斯和卡西乌斯受邀参加某次晚宴时,④为了试探在场的人的立场,确认这些人能否成为自己的同盟,便发问道:应当杀死篡位的僭主吗? 在座的人意见不一,有些人认为屈服是最大的恶,另一些人则认为僭政总比内战好。在所有其他事件中,这类善的比较事件最常见,尤其是当很大的善来自较小的不义时,更是常常引起争执。色萨利的雅森的主张有违真理:"行小恶而得大善是当为之事。"不过我们的应答也不错:"你只能做当下认为正义之事,却无法确保将来它一直正义。"⑤人们应当追求当下的正义,将未来留给神圣天意裁决。关于善的范例和类型的概述,我们就说到这里。

202

---

① 《旧约·箴言》18:2。
② [译注] 布鲁图斯在罗马人赶走塔克文家族后重建了罗马共和国,他的儿子们却试图迎回塔克文的人,他因此将儿子们告上法庭。
③ Virgil, *Aeneid*, vi. 823.
④ Plutarch, *Parallel Lives*, "Life of Brutus".
⑤ Plutarch, *De sanitate praecepta*, xxiv.

XXII.（1）我们既然已经讨论到这一生命的果实,就应该继续讨论产出这种果实的耕种之法。没有这部分知识,前者就好比漂亮的画或雕像,虽然看起来美,但却缺乏生气和灵动。对此亚里士多德说道:"对于美德,我们不仅需要知道它是什么,还需要知道它从何而来。如果我们不知道获得美德的方法和途径,即使知道了它是什么也没有用。我们不仅需要了解美德,还要知道如何让自己有德性,而如果我们不知道美德的根源以及如何得到它,也就无法做到前面两点。"①他用如此详尽的言辞如此反复言说这番教诲。西塞罗也曾高度赞扬小加图,说他投身于哲学"不是为了同人辩论,而是为了过哲人的生活"②。虽然在我们的时代这一点被忽视了,很少有人真正寻求改善自己的生活(就如塞涅卡精妙地说道:"人人都着意于其生活的局部,却毫不关心其整体生活"③),使得这部分知识显得多余。然而,我仍然要用希波克拉底的名言作为总结:"那些得了严重疾病却感觉不到痛苦的人,心灵上也患着重疾。"④他们不仅需要缓解疾病的药物,更需唤醒理智的药方。如果有人说,治愈人的心灵属于神学的研究范围,当然非常正确,但道德哲学也可成为神学聪明的仆人和谦卑的侍女。如《诗篇》所言,"侍女的眼睛永远看向女主人"⑤,毫无疑问,许多事情都需要侍女机警地辨识出女主人的意志。因此,道德哲学虽然应该持续关注神学教义,但它也可以凭其自身(在适当的范围内)产出许多合理有效的指导。

（2）正因为这样,这部分知识相当卓越,但却缺乏相关书面研究,这无法不令我感到格外吃惊。更令我吃惊的是,由于它涵盖了

① Aristotle, *Magna Moralia*, i.1.
② Cicero, *Pro Muraena*, xxx.62.
③ Seneca, *Epistulae*, lxxi.2.
④ Hippocrates, *Apborism*, ii.6.
⑤ 《旧约·诗篇》123:2。

许多方面,所以涉及的言语和行为都为人们所熟悉。人们在这方面的日常言谈倒比他们的著作更高明(这种情况很少见,但有时也会发生)。因此,我们要更精确地探讨这部分,不仅因其具有重大价值,而且因为这部分知识完全可以说很匮乏,这似乎令人难以置信,写过这方面著作的人当然不会承认这点。因此,我们将列举一 204
些重点或要点,让人更明白它到底是什么,是否真的匮乏。

(3)首先,关于这一问题,如所有我们应该关注的实践问题一样,我们应当掂量哪些在自身控制能力范围之内,哪些在能力范围之外。前者我们可以加以改变,后者则只能适应。农夫不能控制土质和天气的季节变化,医生也不能控制病人的体质和各种偶发事件。因此,在人心的陶冶和治疗中,有两件事不受控:一是天性,二是机运。针对天性基础和机运状况,我们能做的有限,且受其束缚。因此,在这些事情上,我们能做的只有努力去适应,

　　　　一切命运都可凭忍受征服。[1]

　　同样:

　　　　一切天性都可凭忍受战胜。

不过我们所说的忍受,不是指呆板和疏忽地忍受,而是指聪明且勤恳地忍受,即从看似不利和不好的东西中奋力争取到好处,这才是我们所称的顺应或适应。适应的智慧主要在于对所适应事物的已有状态或特性明确且精准的认知,这道理就如同若不先测量身材就无法制出合体的成衣一样。

(4)因此,其次,这部分知识的首要任务是对人的各种天性和

---

① Virgil, *Aeneid*, v. 710.

性情做出合理真实的区分和描述,尤其要关注那些最根本的区分
205　性特征,那是其他特征的基础和缘由,还有那些最频繁地与其他特
征一并显露或混在一起显露的特征。马马虎虎地讨论几个这方面
的例子,或稍好一点描述一下各种德性常见的特征,显然无法达成
目标。如果此事值得深究——有的心灵天生适合干大事,而有的
则只能干小事(这是亚里士多德冠以慷慨大气之名研究过,或已经
争论过的问题①),这个问题——哪些人的心灵适合从事诸多事
务,哪些人则只能做极少的事——不值得深究吗?有些人可以分
心关注多方面事务,而有些人可能碰巧能做得很好,在同一时段却
只能做极有限的事。因此可以说,如同有胆小怯懦之人一样,亦有
心灵狭窄的人。同样,有些人的心灵适合立刻行动、短时间内能够
完成的事,其他人则适合做着手早、耗费长时的事:"她早已有意于
它并已经开始促成此事。"②因此可以恰当地说,这些人具备坚忍
性,通常被认为秉承自上帝而有的慷慨大气。亚里士多德说:"在
交谈中(假设是不涉及个人自我的事务)存在互相抚慰和取悦的
倾向,也存在互相辩驳和责难的倾向。"③如果这话值得我们重视,
那下述说法岂不是更值得我们考量:"即使不在交谈中,而是在更
严肃的(仍然假设不涉及自身利害的)事情上,既有人乐于成人之
美,也有人相反,憎恶看到别人得好处?"这就是我们所称的"善的
天性"或"恶的天性",即"仁慈"或"恶毒"。因此,我无法不吃
206　惊——这部分涉及人的天性和性情的各种特征的知识,居然在道
德体系和政治学里都被忽略了,尤其是考虑到它们对这二者的极
大辅助性和补充性。在占星术传统中,人们根据各行星的主导位
置来相应地区分各种人的天性:好静的、好动的、好胜的、好荣誉
的、好享乐的、爱好艺术的、爱变化的等等。意大利人对枢机主教

---

① Aristotle, *Nicomachean Ethics*, iv. 3.
② Virgil, *Aeneid*, i. 18.
③ Aristotle, *Nicomachean Ethics*, iv. 6.

团曾有详细的描述,从中可以看到对各个枢机主教的各种性格极尽生动的刻画。我们在日常生活中会遇到各种人,对其各自的特征有相应的形容词,如敏感的、不形于色的、郑重其事的、真实的、幽默的、可靠的、huomo di prima impressione[初次印象深刻的]、huomo di ultima impressione[末次印象深刻的]等等。但这些观察都只是在言语上兜圈子,而不是出于确切的研究。尽管我们发现了(其中的很多)差异,但却没有从中推论出任何规则。更严重的错误是:既然从史学、诗歌和日常经验中都可以观察到大量例子,我们却只摘取几朵花拿在手里,而没有人将其带给酿蜜者,以酿造出对生活有实用的良品。

(5)对天性的看法也类似,只留意性别、年龄、地区、健康或患病、美丽或畸形等外在特征而忽略了关注内在特征。此外,还有一些由外在机运导致的印象,例如自主、高贵、默默无闻、富有、贫困、独断、世故、发达、不幸、好运不断、时运多变、一步登天等等。因此,普劳图斯见到一位仁慈的老者时非常惊奇,他说:"他的仁心居然同年轻人一样。"①圣保罗的结论是,应在克里特人中实行严格的纪律。他严厉抨击该国的国民性:克里特人常常说谎,都是邪恶的野兽,吊儿郎当的大肚子。② 撒路斯提乌斯指出,国王们渴求的东西常常自相矛盾:"君主们的欲望不但强烈且易变,还往往自相矛盾。"③塔西佗也注意到,机运的眷顾几乎无法弥补天性(的缺陷):"所有帝王中,只有维斯帕先变得好了一点点。"④品达观察到,突然而至的大幸运很可能反而毁掉那些"消受不了洪福的人"。⑤

207

---

① Plautus, *Miles gloriosus*, III. i. 40. [译注]普劳图斯(Plautus,前254? —前184),罗马第一个有完整作品传世的喜剧作家,其作品影响了莎士比亚和莫里哀。
② 《新约·提多书》1:12。
③ Sallust, *Bellum Jugurthinum*, cxiii. 1.
④ Tacitus, *Historiae*, i. 50.
⑤ Pindar, *Olympian Odes*, i. 55. [译注]品达(Pindaros,约前518—前438),古希腊抒情诗人,被公认为九大抒情诗人之首,其作品主要是赞美奥林匹克等竞技胜利者的颂歌。

《诗篇》亦表明,人们享受幸运时更容易把握分寸,而幸运陡增时却不易自控。"若财宝加增,请不要放在心上。"①这些说法和其他类似观点我都不否认,且还要补充上亚里士多德在《修辞学》里的一点论述,②以及其他一些零散的论述。但这些东西却从未融合进与其本质上相关的道德哲学中。这些知识之于道德哲学,如同土地和土壤的各种类型之于农业,病人不同的气色和体质之于医生。因此,我们应该这么做(将其融入道德哲学),除非我们打算采取江湖医生们的轻率做法,即给所有病人开同样的药方。

　　(6)这类知识的另一方面是关于情感的研究。像在医治身体的时候,按照次序应先了解不同病人的气色和体质,然后诊断疾病,最后才施治;那么治疗心灵的时候,就应先了解各种人的天性特点,再依次判断其心理疾病和缺陷,而这无非是各种情感的紊乱和失调。古代民主制国家中的政治家常常把人民比作海,把演说家比作风;若没有风的吹动,海本身平和安静;若没有煽风点火的演说家煽动,人民则和平驯良。同样,我们可以说,心灵依其天性是温和安定的,如果情感不像风那样搅乱、扰动人心的话。说到这里,我不得不再次提出我一直以来的惊奇:亚里士多德就伦理学问题写了那么多书,却从未提及作为伦理学主要主题的情感,然而在《修辞学》里,按理只应附带地、次要地论及情感问题(因为情感受言辞鼓动),他却花费了相当多篇幅来详细讨论,③在真正应该讨论的地方反而忽略了它。亚里士多德关于快乐和痛苦的辩驳并不能满足此处的情感探究,正如就算研究了光的本质,并不能等于也研究了各种颜色的本质,因为快乐与痛苦之于特定的情感,就像光之于特定的颜色一样。根据掌握的二手资料,我认为斯多葛派就

---

①　《旧约·诗篇》62:10。
②　Aristotle, *Rhetoric*, ii. 12—17.
③　[译注]亚里士多德在《修辞学》第二卷中曾详尽地论述各种情绪,如愤怒、平静、友谊、仇恨、厌恶、恐惧、羞耻、慈悲、仁义等等。

这一问题做过更多工作。但是他们在这方面的研究方式,更多是追求定义的精确性(在道德研究中这本质上只是出于好奇),而忽略了切实充足的描述和观察。此外,关于某些情感我还发现了一些精到的论述,例如论及愤怒的,论及面对不良事件如何安慰人的,论及面容的亲切性,等等。关于这方面知识,诗人和史家是最好的老师。在他们的作品中,我们可以看到极其生动地描绘各种情感如何被点燃和煽动,如何被平息和抑制,如何被压制不发作、不恶化,如何显露、发泄、变化、聚集增强、互相结合,如何彼此制衡、对抗等等,以及种种其他细节。其中,最后一项对于道德和民政事务有特殊用途。我指的是,如何用一种情感对抗另一种情感,用一种情感控制其他情感,就像我们以兽猎兽、以鸟捕鸟一样。若非如此,可能我们很难恢复到正常状态:市民国家的运行正是依赖于对奖赏和惩罚的巧妙运用,而对奖赏和惩罚的巧妙运用是以不同情感的相互对抗为基础的。政府利用恐惧和希望两种支配性情感,来抑制和约束其他情感。正如在国家政府中,有时需要利用一个派别来压制另一个派别,对内心的统治亦需要这种相互制衡。

(7)现在我们可以开始讨论哪些东西在我们的控制范围之内,能对心灵施压、操控心灵,以影响意志和欲望,改变行为方式。在此我们应当研究风俗、训练活动、习惯、教育、榜样、模仿、竞争、团体、朋友、称赞、谴责、劝诫、名声、法律、书籍、学业等等。这些因素对道德有明确作用,所以人的心灵也会受到它们的影响。在人类医学领域,人们已经合成且描述了大量可以用来恢复和保持心灵的健康和良好状态的处方和管理方法。由于这些因素太多,无法面面俱到,我们只能挑拣出一二作为其余的例子,那就以风俗和习惯为例吧。

(8)亚里士多德认为,习惯绝无法改变由天性决定之物,[1]例

209

210

---

[1]　Aristotle, *Nicomachean Ethics*, ii. 1. 2.

如一块石头即使被向上抛掷千万次,也学不会上升,又如常听常看也无法使我们看得更远或听得更清。我认为这个观点不够严谨。这条原则只对那些绝对受天性支配的事物奏效(其中的缘由我们现在无法讨论),而对于那些在天性允许范围内可以变化之物,此原则不适用。可以看到:窄小的手套戴得久了,会变得更容易取戴;棍杖用久了也会比它原初时更容易折弯;说话越多,嗓音会越发洪亮;长期忍受酷暑和严寒能让我们忍受力变强;如此等等。上述最后一个例子比亚里士多德论证时使用的例子更接近他讨论的主题。但即使我们认同亚里士多德的结论,即美德和恶习根源在于习惯,他也应该更多地教人如何培养那习惯。已经有许多明智地安排和锻炼心灵的规则,正如有诸多安排和锻炼身体的法则一样,我们从中挑几个列举一下。

(9)第一条规则是我们一开始不能把目标定得太高或是太低。如果太高,缺乏自信的人会备受打击,自信的人则会产生轻视的想法,并由此变得懒惰。不管哪种天性的人,对其所报的期望超出其承受范围,最终都会生出不满。另一方面,如果目标定得太低,也无法指望对方能完成或胜任任何大事。

(10)第二条规则是所有主要事务都需要在两个不同的时段得到练习。一个是在头脑最清醒的时候,另一个是在头脑最混乱糟糕的时候;在前一种情况下练习可能会取得巨大进步,在后一种情况下练习可以让人打通心灵的郁结和阻碍;如此在中间状态下行事就更容易、更愉快。

(11)第三条规则是亚里士多德顺带提到的,即练习忍受与我们天性极端相反的事务,[①]就好似逆流而上,又或是把棍杖朝它天生弯曲曲向相反的方向扳直。

(12)第四条规则是,如果假装所欲之物并非最初目的,而是

211

---

① Aristotle, *Nicomachean Ethics*, ii. 9. 5.

tanquam aliud agendo[在朝向其他目标的过程中间接争取到的],心境则容易得到改善,更觉美妙愉快,因为心灵天然憎恶受制于必然性和约束。此外,关于练习与习惯培养的法则尚有许多,经过适当指引,习惯可以成为我们的第二天性,但如果只受制于机运,则常常只能如自然界的猿猴一般,造出蹩脚货和冒牌货。

(13)如果我们探讨了各种书籍与各种研究,探讨了它们对于行为的影响与作用,还会从中发现不了许多劝诫我们、指引我们的法则吗?不是有位教父就因诗歌增强了引诱、混乱与虚妄的观点而愤怒地称其为 vinum daemonum[恶魔的酒]吗?① 亚里士多德的这一观点不值得关注吗,"年轻人尚未从他们澎湃的激情中安定下来,也未曾遭受时间与经验的磨炼,所以不适合学习道德哲学"②?古代作家们有许多精彩的著作和论述(其中他们教导说道德是最有效之物,把道德描绘得庄重且威严,鄙视且嘲弄那些打着道德的幌子实质上却反道德的世俗意见),但都对生活的真实少有益处,难道不是因为它们只适合于孩童与初学者,而不适合供成熟稳重的人阅读与反思吗?年轻人在尚未充分了解宗教与道德之前,更不适合学习政治事务,难道不是这样吗?否则其判断力可能被败坏,容易认为除了功用与机运,世间万物都没有什么区别,如诗所云:"盛大且取得功绩的罪恶变成德行。"③又如:"窃钩者诛,窃国者侯。"④虽然诗人是为了维护美德而愤怒地讽刺,但政治学作品却严肃、正面地将这些作为道理讲给世人。马基雅维里就说:"即使恺撒被推翻了,他也比喀提林更可恶。"⑤这好像是说,欲望与脾气的狂怒与世上最高贵的精神(恺撒本人的野心除外)没什么区

212

---

① St. Augustine, *Confessiones*, i. 16.
② Aristotle, *Nicomachean Ethics*, i. 3. 5. 但亚里士多德在这里说的不是道德哲学,而是政治学。
③ Seneca, *Hercules furens*, 1. 251.
④ Juvenal, *Satires*, xiii. 105.
⑤ Machiavelli, *Discorsi*, i. 10.

别,一切不过是机运而已?此外,针对诸多道德法则不是还有类似的劝诫吗?劝人们不要太在意(某些)道德法则,以免变得太拘谨、自傲、不合时宜。如西塞罗谈到加图时说:"我们在马尔库斯·加图身上见到的神一般的卓越品质是天生的,而我们有时批评的那些缺点却并非源自其天性,是来自他的老师。"[①]还有许多箴言与劝告都涉及这些行为规范及其作用,各种研究也都致力于将其灌输注入人们的行为之中。我们刚开始讨论道德学说时列举的所有其他方面的作用,如团体、名声、法律等等,也都一样。

213　　(14)不过,还有一种陶冶心灵的方法似乎比其他方法更精确、详尽。这种方法的依据是,所有人的心灵有时处于比较完美的状态,有时则处于比较堕落的状态。因此,这种方法旨在巩固和保护心灵处于善好状态的时段,摧毁铲除心灵处于邪恶状态的时段。巩固善的方式有两种,一是立誓或不断坚定决心,二是遵守仪式或练习。这两种方法本身并没什么价值,只在于让心灵保持持续的服从。铲除恶的方式同样有两种,一是弥补或偿还以往犯过的错,二是开启或从头说明即将到来的未来。不过恰当地说,这似乎属于神圣的宗教学知识,但(如我们说过)一切好的道德哲学都只不过是宗教的侍女。

　　(15)还有最后一点就可结束这部分,这是所有方法中最简明概要的一种,同时也是最高贵有效的一种。它可以征服心灵朝向美德、保持良善,在个人能力所及范围内,为他选择或提供善好且合乎道德的个人生活目标。如果我们假定,人能为自己设立正直善好的目标,还能坚定、持续地忠实于这个目标,理所当然他就会立刻用所有美德来塑造自己。这的确像出自本性的行为,而其他过程则像源自人为。就好像雕刻家雕像时,他在哪儿着力,哪儿就成型;雕刻脸部时,充当身体的那部分仍旧是没加工的石块,只有

---

① Cicero, *Pro Muraena*, xxix. 61.

当他雕刻到身体时,身体的轮廓才显露出来。但当大自然造一朵花或一个生物时,会把事物各个部分的雏形同时创造出来。因此,若通过习惯获得美德,尽管在这个过程中操习了节制,在勇气方面却获益不多,在其他德性上也无甚收获。但当他全身心投入于各种善好目标时,我们可以看到,他就被预先置于一种倾向中,无论需要哪种德性来达成那些目标,这种倾向都能使他顺应那些德性。亚里士多德说,这种心灵状态不应该叫作"德性",而应当叫作"神性"。他原话如下:

> 兽性的相反者,最适合说它是超人的德性,一种英雄的或神样的德性。

稍后他又说:

> 野兽无所谓德性与恶,神也一样。因为神性高于德性,而兽性则不同于恶。①

因此我们看到,小普利尼在图拉真的葬礼演说中给予图拉真何等崇高的荣耀,他说:"人们不必向诸神祈祷其他事情,只需祈祷诸神能像图拉真曾经那样,持续地作为他们的仁慈救主。"②这好像是说,图拉真不只模仿了神性,还成了神性的典范。不过这些都是异教徒的亵渎之言,只是心灵神圣状态的虚幻影像,因为只有宗教和神圣信仰才能将仁爱印刻在人们的灵魂之上,让人达致神性。这仁爱被称为完美的纽带,③因为它囊括且系牢所有美德。正如米南德曾精妙地说道,虚伪的爱只是对神性的爱的模仿:"对于人类

---

① Aristotle, *Nicomachean Ethics*, vii. 1. 1.
② Plinius, *Panegyricus*, 74.
③ 《新约·歌罗西书》3:14。

生活,爱比拙劣的智术师更好。"①这句话的意思是说,比起智术师和训诫导师,爱能更好地教导人们对自己负责,称那些智术师拙劣,是因为他们口里的规则和教条并不能将人塑造得灵巧机敏,也不能让人具有珍视自己、管理自己的能力。但爱却可以。无疑,如果人的心灵真正地被仁爱点燃,能比所有道德教义都更快地让此人达到完美状态。相比之下,道德教义不过就是一个智术师而已。不仅如此,正如色诺芬切实观察到的:其他一切情感,虽然可以塑造心灵,但同时极度或过分的狂喜也会使心灵扭曲和丑陋。② 只有爱不仅能真正提升心灵,同时还能瞬间安定并平静心灵,所有其他卓越性虽然可以提升人的天性,但却容易变得过度。只有仁爱才不会过度。我们看到,因渴望拥有与上帝同样的权能,天使们便僭越而堕落了:"我要升到高云之上,我要与至上者同等。"③因渴望和上帝一样博学多识,人类也僭越而堕落了:"明辨了善恶,你们就可同上帝一样。"④但若是渴望如上帝一般仁慈或博爱,任何人或任何天使便不曾僭越,将来也不会僭越。因为那种模仿是神对我们的要求:"要爱你们的仇敌,为那逼迫你们的祷告。这样,就可以作你们天父的儿子,因为他叫日头照好人,也照歹人,降雨给义人,也给不义的人。"⑤由此可见,关于神性的第一要领,异教的要求是Optimus Maximus[最好和最伟大],《圣经》的要求则是 Misericordia

① [译注]此话不是米南德(Menander,前342—前291)说的,而是阿那克桑德里德(Anaxandrides)所说。阿那克桑德里德,前4世纪时的中期谐剧诗人。中期谐剧,古希腊谐剧的第二个时期,指约公元前404—前322年创作的谐剧,这时处于马其顿的统治时期,由于政治原因,谐剧变成了"世态谐剧",失去了其斗争和政治讽刺性,属于过渡时期的谐剧,作品也大都失传。古希腊谐剧的最后一种形态被称为"新谐剧",指约公元前322—前120年创作的谐剧。这一时期最有名的谐剧诗人便是米南德。米南德出身富裕家庭,写过105部喜剧,得了8次奖,但流传下来的剧本只有2部——《恨世者》和《萨摩斯女子》。
② Xenophon, *Symposium*, i. 10.
③ 《旧约·以赛亚书》14:14。
④ 《旧约·创世记》3:5。
⑤ 《新约·马太福音》5:44—45。

ejus super omnia opera ejus[他的仁慈庇佑他所造的一切]。①

（16）关于培育和管控心灵这部分道德知识的讨论就到此为止。关于我列数出来的那些技巧，如果有人认为，我所做的不过是，把别人当作常识和经验而忽略了的东西收集整理起来合成一门技艺或科学，这种看法也没什么不对。不过正如菲洛克拉底（Philocrates）与德摩斯梯尼开玩笑时所说："你们（雅典人）不必惊讶于德摩斯梯尼和我观点的不同，他喝的是水，而我喝的是酒。"②又如我们读到的关于睡眠神的两扇大门的古老寓言：

216

> 说着来到了睡眠神的两扇大门前，一扇据说是牛角做的，
> 真正的影子很容易从这扇门出去，另一扇是用光亮的白象牙
> 做的，制作精细，幽灵们把一些假梦从这扇门送往人间。③

因此，如果我们能冷静专注，就能发现关于知识的确凿箴言，即愈美妙的酒挥发得愈快，愈华丽的（象牙之）门，愈是传送虚妄之梦。

（17）现在我们对人的哲学这部分做一概要总结。人的哲学研究的是个体的人，个体的肉体与灵魂。我们还可以进一步指出，在心灵之善和肉体之善之间似乎存在某种关联或一致性。既然我们把肉体之善分为健康、美丽、力量、快乐四种，那么按照理性和道德知识的研究，心灵之善也可划分为：心灵健全且没有烦扰，美好且温文尔雅，坚强且能灵活应对生活的各种责任。这三种心灵的善，和肉体的善一样，很少汇于一人，常常分散而居。很容易观察到，很多人智慧充盈、勇敢过人，但心灵却因无法免受烦扰而不健康，在行为上也有欠文雅体面；有些人虽然举止优雅、仪态大方，但

---

① 《旧约·诗篇》145:9。
② Demosthenes, *De falsa legatione*, 46.
③ Virgil, *Aeneid*, vi. 893-896.

却缺乏诚实公正、缺乏充分的真实性;还有的人虽然正直忠厚、心地纯洁,但却无法行事自然、经营有方;有时会有两种善汇聚在一人身上,但很少有三种善都同时存在于一人的情况。至于乐趣,我
217 们主张不应把心灵弄得乏味不堪,而应保留乐趣,更应该限制的是取乐的主题,而不是取乐的强度与活力。

XXIII.（1）比起其他知识,民政知识最深入事务,最难被精简为公理。但罗马的检察官加图说过:"罗马人就像一群羊,驱赶一群羊比驱赶一只羊更容易,因为在驱赶一群羊时,只要控制其中几头,剩下的便都会跟随而行。"[1] 从这个意义上讲,道德哲学比民政学更难。此外,道德哲学的目标在于构筑内在的善,而民政知识则只要求外在的善,因为对于社会层面来说,外在的善就足够了。因此,我们时常看见,即使是在好政府的统治下,也会有罪恶的光景。所以,在《圣经》中我们亦可以看到,当遇到良善的君王时,"百姓也没有立定心意归向他们列祖的神"。[2] 而且,国家就如同一个巨大的机器,运行缓慢,不容易快速散架,例如在古埃及,七个丰年足以支撑七个荒年,[3] 所以政府一旦打下良好基础,便能经受住将来的错误,但个人的决意往往可能突然被倾覆。这些方面确实稍微减轻了社会知识的极端困难之处。

（2）这部分知识,根据三种主要的社会行为,可以分为三个部分,分别是社交、协商和统治,因为人们在社会中所寻求的正是安慰、帮助与保护。这三种要求所需的智慧,性质各有不同,且常常互相独立,分别是行为智慧、事务智慧和政治智慧。

218   （3）关于社交方面的智慧,我们既不应当过分矫饰,也不可太过轻视。因为社交智慧不仅自身有价值,而且还影响事务智慧和

---

① Plutarch, *Parallel Lives*, "Life of Marcus Cato the Censor".
② 《旧约·历代志下》20:33。
③ 《旧约·创世记》41:36。

统治智慧。一位诗人说过，"勿以容貌污言辞"①，这话的意思是说，人们可能让自己的面容削减语言的效力。对于行为也是这样的，西塞罗劝他的兄弟要和蔼可亲："把大门打开，却把面孔板起来，毫无益处。"②开门迎人，却以冷颜寡语的面目待人，无法有任何赢益。因此我们看到，恺撒和西塞罗第一次会面前——这次会面对于战争的进程有重要影响，阿提库斯严肃地劝告西塞罗，③要他注意他的表情和姿态。如果面部管理有这样大的效力，那么语言和社交中其他行为的效力就更大了。李维所说的那些话虽然不是针对我们的论述而发的，但是却可以作为这方面的真正典范。他说："我唯恐显得傲慢不逊或者卑躬屈膝。前者是罔顾他人的自由，后者忘记了自身的自由。"④但从另一方面来讲，如果人们太关注行为举止和外表的姿态，首先，可能变得矫揉造作，其次，还有什么比把演戏带入真实生活更可憎？就算还没有达到这种极端的地步，也足以消耗时光、劳损人的精力。因此，我们常常劝诫青年学者不要交往过多：Amici fures temporis［朋友是时间的盗贼］。同样，过分注重行为得体也是沉思的大盗贼。不仅如此，那些精于高雅举止的人沾沾自喜于自己的行为，很少再去追求更高的美德，而拙于应对的人却希望凭借良好的声誉来弥补笨拙。因为只要拥有了好名声，则一切事情都合乎得体，但如果缺少好名声，便只能用刻板的礼貌和恭维来弥补。最后，在行动上过于拘泥礼节、恪守风度，是对行为的最大阻碍。所罗门曾说过："看风的必不撒种，望云的必不收割。"⑤人们一定要尽可能利用机会，就像尽可能寻找机会那样。总而言之，在我看来，人们的行为只是心理的外衣，呈现

219

① Ovid, *Ars amatoria*, ii. 312.

② Cicero, *De Petitione Consulatus*, xi.

③ Cicero, *Epistulae ad Atticum*, ix.

④ Livy, xxiii. 12.

⑤ 《旧约·传道书》11：4。

出外衣的特征。它应当剪裁得合乎时宜,不应当过分新奇,它的形式要立足于传达心灵的美好素质,隐藏心灵的缺陷,最重要的是,这件外衣不要过于束缚或拘谨,影响到人们的操行或行动。这方面的知识有人已经做了细致研究,因此我不能说它匮乏。

（4）目前,关于协商或事务方面的智慧,人们还未收集著述。这是学问和学者们的一个巨大损失。正是基于这个缘故,人们产生了一种意见或观点,并明确地用格言的形式表示出来,即学问与智慧并没有太大联系。至于我们提出的与公民生活相关的三种智慧,其中行为智慧通常最受学者们的鄙薄,他们认为这种智慧比德性低下,是沉思的敌人。至于政治智慧,学者们在被要求时也能表现得体,但这种情况只发生在少数人身上。至于事务智慧,虽然最贴近人们的生活,但是除了一些零散的论述以外,竟没有什么著作,似乎与这一主题的重要性太不相称。在这方面如能像其他主题那样出现一些著述,我相信那些仅有少许经验的博学之人,会远

220 远超越那些虽有丰富经验但不学无术的人,以其之箭,胜其之射。

（5）我们不必因为这一部分知识无法被归纳为戒条,就怀疑它易变不定,因为比起那些已得到较充足研究的政治科学来说,这类知识已经算简单的了。在这方面,生活在最糟糕和最开明时代的古罗马人堪作我们的模范,据西塞罗记载,那时通常享有智者美誉的元老院议员们,如科伦卡尼乌斯（Coruncanius）、库里乌斯（Curius）、莱利乌斯（Laelius）等人常在固定时间到广场散步,倾听其他人的建议,以便采纳,①有些人会求助于他们,向他们咨询女儿结婚、儿子择业、商品买卖或讨价还价、法律诉讼以及生活中的各种事情。因此可见,智者们由于对世事具有普遍的洞察力,对个人琐事也能够提供忠告和建议,这种智慧虽然应用于当时提出的个体事例中,但却是通过综合观察多个本质类似的事件而得的。正

---

① Cicero, *De Oratore*, iii.

如西塞罗写给他兄弟的那篇《论执政官竞选》(*De petitione consula-tus*,这是我所知的古代唯一一本论述事务智慧的作品),虽然只论及当时的特殊情况,但书中的内容实际上却涵盖许多睿智的政治原则,它为民众竞选提供的不是暂时的而是永恒的指导。这种智慧主要体现在所罗门王撰写的神圣作品《箴言》里,《圣经》中称所罗门王的心如"大海之沙",囊括了所有世间万物。我们可以看到,所罗门提出了不少深刻精妙的告诫、教条和观点,论及各种各样的场合。因此,我们需要多花一点时间,考究大量例子。

（6）所罗门说:"不必倾听人们说的每句话,以免听见你的仆人咒诅你。"①这是教人对于不喜欢的事情就不要有意去探究,就如庞培大帝根本不看塞多留②的信件就将其烧毁,这被视为具有大智慧。

"智慧人与愚妄人相争,或怒,或笑,总不能使他止息。"③这条箴言形容了聪明人跟愚笨人打交道时的不利情形。这种情况,无论你是开玩笑,或是怒气冲天,还是用其他办法,都落不到什么好结果。

"人将仆人从小娇养,这仆人终久必成了他的儿子。"④这里的意思是说,如果人们一开始就对人过于宠溺,结果那人往往会忘恩负义。

"你看见办事敏捷迅速的人吗?他必当众站于君王之侧,而非与默默无闻者为伍。"⑤这里是说,在可以给人带来荣誉的一切美德中,动作迅速是最要紧的。因为对于上级来说,很多时候他们喜

---

① ［译注］《旧约·传道书》7:21。
② ［译注］塞多留(Quintus Sertorius,约前122—前72),罗马将军,企图利用其在西班牙的军事力量联合米特拉达忒斯(Mithradates)反抗罗马,后被佩尔彭纳(Perpenna)谋杀。关于他写的那些煽动性信件的传闻出现在普鲁塔克撰写的《庞培传》和《塞多留传》里。
③ 《旧约·箴言》29:9。
④ 《旧约·箴言》29:21。
⑤ 《旧约·箴言》22:29。

欢的不是那些深沉、老练的人,而是那些整装待发且勤勉的人。

"我见日光之下一切行动的活人,都随从那第二位,就是起来代替老王的少年人。"①这意思就是先是苏拉,后又由提比略提到的:"人们对于日出的赞美超过了对于日落或正午之日的赞美。"

"掌权者的怒气若是指向你,不要离开你的职位,因为尽职能免大过。"②这是在告诫人们,触犯了上级的时候,引退最不合适,因为这样不但把最坏的情形保留了下来,还失去了改良它们的机会。

"有一小城,其中的人数稀少,有大君王来攻击,修筑营垒,将城围困。城中有一个贫穷的智慧人,他用智慧救了那城后,却没有人记住这个人。"③这里指出的是,当一国之人民利用完有德或有功之人后便不再尊敬他们时,就标志着这个国家的堕落。

"回答柔和,使怒消退。"④这是说沉默或粗暴的回答可能激怒他人,但及时而温和的回答却可以让人平息怒气。

"懒惰人的道,像荆棘的篱笆。"⑤这句话充分表明,懒惰的结果往往很艰辛。因为如果任何事情都拖延到最后,预先不做准备,那么每一步都会充满荆棘或阻碍,使你寸步难行。

"演讲的结尾要胜过其开端。"⑥这里指责了那些注重表面的虚伪的演说家,因为他们只着意演讲的绪论和引言,而不在意演讲的结论和讲述的问题。

"看人脸色而做决定的人,会为了一块饼而舍弃真理。"⑦这就是说,一个法官宁可受贿,也不可看人脸色行事,因为受贿的法官

①　《旧约·传道书》4:15。
②　《旧约·传道书》10:4。
③　《旧约·传道书》9:14—15。
④　《旧约·箴言》15:1。
⑤　《旧约·箴言》15:19。
⑥　《旧约·传道书》7:8。
⑦　《旧约·箴言》28:21。

没有轻率的法官那么罔顾法律。

"穷人欺压贫民,好像暴雨冲没粮食。"①这里形容贫困之人敲诈勒索、万恶至极,就像古代寓言中那只吸饱了血的饿蚂蟥似的。

"义人在恶人面前退缩,好像趟浑之泉、弄浊之井。"②这是说,在世人面前公然枉法,比对罪恶的纵容默许更加扰乱正义的源泉。 223

"偷窃父母的说,这不是罪,此人就是与强盗同类。"③这是说,有些人亏待了他们的好朋友,还要试图掩饰他们的过错,好像他们理应欺凌他人似的,这样做实际上加重了他们的过错,不仅伤害他人,更是对他人不敬。

"好生气的人,不可与他结交,暴怒的人,不可与他来往。"④这是在告诫我们,在选择朋友时,要避免那些暴躁的人,以免被他们牵扯进许多争斗和争吵之中。

"扰害己家的,必承受清风。"⑤这意思是说,把家庭搞得四分五裂的人,虽然内心渴望平静自如,但却被自己的期望所蒙骗,结果往往一场空。

"智慧之子,使父亲欢乐;愚昧之子,叫母亲担忧。"⑥这里区分了父亲和母亲的行为,父亲看到儿子长进感到欢心,母亲见到儿子堕落却十分痛心,这是因为妇人只能看见命运的好坏,看不见美德的价值。

"遮掩人过的,寻求人爱;屡次挑错的,离间密友。"⑦这是告诫人们,只有对过去释怀,才能寻求和解,而不是一味地道歉或是寻找借口。

---

① 《旧约·箴言》28:3。
② 《旧约·箴言》25:26。
③ 《旧约·箴言》28:24。
④ 《旧约·箴言》22:24。
⑤ 《旧约·箴言》11:29。
⑥ 《旧约·箴言》10:1。
⑦ 《旧约·箴言》17:9。

"诸般勤劳,都有益处,嘴上多言,乃致穷乏。"①这里是说,多言多语之人往往是游手好闲、贫困潦倒之人。

"先诉情由的,似乎有理,直至另一方到来,察出实情。"②这里是说,所有案件中先诉讼的人都占据优势,如果人们不能察觉出其中包含的欺骗和造假,第一印象所造成的偏见往往很难去除。

"一口二舌之人的话语看似甜蜜,却正是深入心腹最深处之言。"③这分明是说,看似有充分准备和加工好的谄媚之言、暗示之话并不能打动人,而那些貌似自然、随意、纯朴的话语反而更深入人心。

"指斥褒慢人的,必受辱骂,责备恶人的,必被玷污。"④这里警示我们,如果我们斥责那些生来天性傲慢、自大无礼的人,他们就会用同样的态度来回报。

"给智慧人机会,他会越发智慧。"⑤这里区分了习惯成性的真聪明与耍嘴皮子、浮于表面的假聪明,前者遇到机会,聪明就会加速或成倍,后者则只会感到困惑和混乱。

"水中照脸,彼此相符,对于智慧之人来说,人心也如此相印。"⑥此处,把智慧之人的心比作一面镜子,可以照出各种不同天性和习惯的影像。描绘这些影像便可以运用,正如古诗中所说:"聪明人能使自己适应所有的样式。"⑦

(7)关于所罗门的处世格言,我们所花的时间已经远超于举例所应当花费的时间了。因为我已指出,这部分知识是空缺的,所以要引用精妙的先例赋予它权威,并加上简短评论,在我看来,这

---

① 《旧约·箴言》14:23。
② 《旧约·箴言》18:17。
③ 《旧约·箴言》18:8。
④ 《旧约·箴言》9:7。
⑤ 《旧约·箴言》9:9。
⑥ 《旧约·箴言》27:19。
⑦ Ovid, *Ars Amatoria*, i.760.

些评论没有违反原意,尽管我知道它们可能适用于更神圣的用途。 225
但即使是在神学领域中,某些阐释、论著也比另一些更加精妙。不
过若把这些格言当作生活的指导,我就得掌握它们并用演绎和例
证加以阐释,需要花费大量笔墨。

（8）不仅希伯来人喜欢用格言,古人普遍都喜欢用格言来表
达生活的智慧。当人们发现任何对人生有益的观点,就把它们收
集起来,用寓言、格言、谚语表达出来。不过,寓言只是人们缺乏例
证时的一种替代品和补充物,如今我们既然拥有悠久的历史,那么
用活生生的例子当然能更好地达到目的。因此,在所有写作形式
中,最适合多变的谈判辩驳和场合的,当数马基雅维里在讨论统治
时明智且恰当地选用的那种,即以史实或实例为论述依据。因为
从亲眼所见的例证而直接得出的知识,能够更好地用来说明其他
特例。以例证为依据来论述,而不是以论述为依据来举例,这种写
作实施起来更鲜活有力。乍一看这是顺序问题,然而并不是,而是
实质问题。以实例为基础,以广阔历史为依据,就是以一切形势状
况为依据,由此,人们不仅有时可以掌握以此为据的论述,又可以
补充实例,使其成为行为的典范。如果只是为了所谓的论述而简
扼地举例,没有针对性,那例证也仅仅是屈从于论述,起不到什么
好效果。

（9）这一点我们需要记住,既然各个时代的历史是政务论述 226
最好的依据,如马基雅维里所为,传记就是事务论述最通行的方
式,因为传记更倾向于记录个人行为。不过除此以外,还有一种论
述方式比上述两种方式更适合讨论人们的智慧,即书信体,例如西
塞罗与阿提库斯以及其他人的许多书信就睿智且很有分量。比起
编年史或传记,书信能更详细、更有针对性地描述事务。总而言
之,我们已经讨论完关于协商的民政知识的内容与形式,这部分还
是有欠缺。

（10）不过这部分知识还有另一个方面,与我们讨论过的有很

大区别,我们方才讨论的可以称作 sapere[智慧],这一部分则可称作 sibi sapere[个人的智慧],前者指向外界,后者则指向内心。智慧固然可以用来建言献策,同样可以用来追求私利,这两者虽有时相容,但时常互相矛盾。很多人在自己的事情上虽然聪明,但是在统治或议事时却不甚高明,就好似蚂蚁,虽然自身很聪明,但却对花园有害。罗马人对这一种智慧确实非常了解,那位喜剧诗人说,"聪明人确实是给自己制造幸福"①,这句话后来成了格言,"每个人的幸福都由自己造就",又如李维对加图的最初评论:"这个人的心灵和性格如此坚强,无论他出生在何地,都会大展宏图。"②

（11）不过如果这种想法或立场被过分宣扬,会被认为是不明智和不幸的事。正如我们在雅典人提谟修斯③身上所见,虽然他在统治时为国家做出了巨大的贡献,也按照当时的方式把这些功劳都归于民众,但他在每一件具体事项中都总结道:"这和运气无关。"结果,他后来所做的事情都没有成功过,因为他太自大、太高傲,有点以西结说法老那意思:"你说,这河是我的,是我为自己造的。"④又或者像是另一位先知所说:"有些人只是向为他们带来实利的网和陷阱献祭。"⑤又好像诗人所说:"我的右手,你就是我的天神！还有我的枪,是让我自由的武器！你们帮助我吧！"⑥这种自信从来都不虔诚,不神圣,因此那些伟大的政治家往往把他们的成功归于幸运,而不是他们的才能和德性。所以,苏拉才称自己Felix[幸运者],而非 Magnus[伟大者]。⑦ 所以,恺撒曾对船长说:

---

① Plautus, *Trinummus*, 363.

② Livy, xxxix. 40.

③ [译注]提谟修斯(Timotheus,？—前354),古希腊政治家和将军,曾击退斯巴达和波斯军队,占领北爱琴海沿岸的许多城市。

④ 《旧约·以西结书》29:3。

⑤ 《旧约·哈巴谷书》1:16。

⑥ Virgil, *Aeneid*, x. 773-774.

⑦ Plutarch, *Parallel Lives*, "Life of Sylla".

"你所渡的不仅是恺撒,还有他的好运。"①

（12）不过,"每个人的幸福都是自己造就的""聪明人可以支配自己的命运""美德面前没有走不通的路"②等等,这些话只能作为让人勤勉的鞭策,不能成为致人傲慢的马镫,是为了让人下定决心,而不是让人妄自尊大或炫耀,所以这些话一直被认为合理合意。伟大人物心中无疑也印有这种观念,而且他们对其的意识如此强烈,很难抑制住不表达出来。正如奥古斯都大帝(他的德性不是逊于而只是与其叔父不同)希望自己去世时,周围的朋友能为他欢呼,好似他已经意识到,自己在这个舞台上已经成功地扮演了自己的角色。③ 这部分知识我们可以说是欠缺的,不是说鲜有人应用,而是说还未得到系统著述。因此,我们有必要像前面所做的那样,把这部分知识的要点和大纲写下来,以免人们认为通过基本原理难以理解。 228

（13）教人如何提升和创造自己的机运,初看起来好像是新奇且罕见的题目。这是那种每个人随时都准备着让自己成为信徒的教义,直到发现那一难题:机运同德性一样难以强求。成为真正的政治家,同真正践行道德一样困难和艰辛。不过研究机运,无论从名誉上还是实质上讲,都跟学问有很大关系。从名誉上讲,实用主义者不会再失望地离开,不会再认为学问就像一只百灵鸟,只会高飞歌唱,自得其乐,没有其他用处,而是可以明白学问就像雄鹰,可以高飞翱翔,也可以降低击杀获猎物。从实质上讲,因为探究真理的完美法则是,质料世界的一切东西都应同样存在于晶体世界或形式世界中。这就是说,对于任何存在和活动的事物都应当加以提取和收集,进行思考,形成学理。此外,学问既不会倾慕或敬重机

---

① 　Plutarch, *Parallel Lives*, "Life of Julius Caesar".

② 　Ovid, *Metamorphoses*, xiv. 113.

③ 　Suetonius, *Life of Augustus*, 99.

运这座建筑,也不会看低它,因为没有人会把机运视为自己存在的目的。很多时候,那些值得尊敬的人们为了追求更有价值的东西甘愿舍弃他们的机运。不过作为德性和功绩的宣传工具,机运还是值得考虑的。

（14）因此,我总结出来的获得幸运的第一条规则是,得到莫摩斯神[①]所要求的那扇窗户,莫摩斯神在人心的构架中看到了各种棱角和凹凸,抱怨说为什么没有一扇窗户可以看到人心的内里。这意思是说,应获悉关于各种人的详细资料,比如：他们的天性、欲求和目的、习俗和风尚、益处和优点；他们借以安身立命的主要方式、弱点和缺点；他们最暴露、最容易受伤害之处；他们的朋友、团体、依赖的人；他们的对手、妒忌者、竞争者；他们的性情以及行动规律,"只有你一个人知道接近他的最好时间"[②],还有他们的准则、惯例、遵从等；不仅要知道他们的为人,还要知道其行为,要知道他们时时刻刻在做什么,其行为方式,如何受人欢迎,如何遭人反对,为何重要；等等。因为关于他人当前行为的知识,不仅对于此事本身有重要作用,而且缺少了它,我们对于此人的了解也会出现错误,因为人们会随着自己的行为改变。他们做这件事时是这个样子,回归本性时又是另一种样子。关于他人为人、他人行为的这些详细信息,就如同三段论中的小前提,如果小前提有错误,大前提再怎么精妙也都不足以保证结论的正确。

（15）这一知识有获得的可能性,得到了所罗门保证："人心怀藏谋略,好像深水,唯明哲人,才能汲引出来。"[③]尽管这部分知识涉及个人,各有不同,无法形成明确的规则,但是我们可以介绍一下获得这种知识的方法。

---

① ［译注］莫摩斯,古希腊神话中的非难、指责与嘲弄之神,以挑剔众神和凡人的毛病为乐。

② Virgil, *Aeneid*, iv. 423.

③ 《旧约·箴言》20:5。

（16）因此，我们可以从这一规则开始。按古人所说："智慧的关键在于不要匆忙相信和怀疑。"①人们对于面容与行为的信任大于对言辞的信任；人们更愿意相信突如其来、令人惊奇的言语，而非事先准备好的、意有所指的言语。虽然人们说："面孔不可信。"②但我们不必因此担心，因为这话指的是一般的外在行为，并不是指面容和姿势上隐秘、细微的动作和辛劳，西塞罗优雅地称之为 Animi janua［心灵之门］③。提比略比任何人都不露声色，但是塔西佗提到伽卢斯（Gallus）时说："他从提比略的表情中觉察出了不悦。"④此外，塔西佗还注意到提比略在元老院称赞格尔曼尼库斯⑤和德鲁苏斯⑥时的神情举止截然不同。对于提比略称赞格尔曼尼库斯的方式，塔西佗写道："他用特别华而不实、过分粉饰的言语来表达他内心深处的情感。"对于提比略称赞德鲁苏斯的方式，塔西佗写道："他的言语虽然不多，但是非常认真、言辞真诚。"⑦此外，在另一处即谈到提比略做了宽厚且受欢迎的事后的说话方式时，塔西佗说："谈其他事时，他总是支支吾吾的"，但"在谈到别人对他的帮助时，他就滔滔不绝了"。因此，再会伪装的高手、再从容的面孔，在编造谎话时，都不可能不露出半分蛛丝马迹。他们要么漫不经心，要么拘泥造作；要么单调枯燥、精神恍惚，要么沉闷乏味、用力过猛。

（17）不过行为也并非那么可靠，以至无须审慎考察其程度和

---

① 古希腊喜剧作家埃庇卡摩斯（Epicharmus）的一句名言，西塞罗曾引过（*Epistulae ad Atticum*, i. 19. 8）。

② Juvenal, *Satires*, ii. 8.

③ Cicero, *De petitione consultatus*, xi. 44.

④ Tacitus, *Annals*, i. 12.

⑤ ［译注］格尔曼尼库斯（Germanicus），屋大维的养孙和大侄子，提比略的养子和侄子，罗马帝国皇帝卡利古拉之父。

⑥ ［译注］德鲁苏斯（Drusus），格尔曼尼库斯的父亲，古罗马功勋卓著的将军，是提比略的同胞弟弟，屋大维的养子，通称大德鲁苏斯，非著名暴君尼禄·克劳狄乌斯·德鲁苏斯。

⑦ Tacitus, *Annals*, i. 52.

本质就予以信任。"骗子先在小事情上赢得信任,然后才能骗取更大的好处。"①当一个意大利人无缘无故受到优待时,他会觉得自己可能要被人卖掉了。因为小恩小惠仅仅是一种催眠,让人疏于

231　防范,懈于勤勉,就如德摩斯梯尼说的 Alimenta socordiae[懒人的食品]②。因此我们可以发现,某些行为本质上多么虚假,尤其是穆蒂亚努斯(Mutianus)对大安托尼乌斯(Antonius Primus)所为,两人在表面上虚假地和好如初,虽然穆蒂亚努斯提拔了安托尼乌斯的许多朋友,还为他的朋友创设了地方行政长官和保民官职位,然而,在帮安托尼乌斯增强实力的伪装下,实际上却在孤立他,收买他的同伴。③

　　(18)至于言语,虽然它们就像体液之于医生,充满恭维和不确定,却也不应被轻视,尤其是人们在强烈情绪下说的话。就像提比略在听到阿格里皮娜刺耳且激愤的话语后,丢掉他的伪装说道:"你觉得受到伤害,是因为你不为君。"对此塔西佗评价道:"听到这些话,从他隐秘的内心发出不同寻常的声音,他用一句希腊诗警告她:'你觉得被冒犯,因为你不为君。'"④因此,有诗人把这种促使人袒露自己秘密的激情精妙地称为折磨:"受到酒和怒气的折磨。"⑤经验表明,很少有人能做到忠于自我、坚定不移,而是时而激情,时而勇敢,时而善良,时而烦恼软弱,尽显本色。尤其是被人识破掩饰时,他们更会如此,就如那句西班牙谚语所说:Di menti-ra, y sacaras verdad[说了一句谎,找到一个真理]。

　　(19)至于通过间接的方式了解一个人,人们的弱点和缺点最为他们的敌人所知,德性和才能最为他们的朋友所知,习惯和行

---

①　Livy, xxviii. 42.

②　Demosthenes, *Olynthiac*, iii. 33.

③　Tacitus, *Historiae*, iv. 39.

④　Tacitus, *Annals*, iv. 52.

⑤　Horace, *Epistles*, i. 18. 38.

动时间最为他们的仆人所知,想法和意见最为他们熟悉的朋友和   232
他们交谈最多的人所知。笼统的名声不可靠,上级或平级的评价
也有欺骗性,因为这些人伪装得更深:Verior fama e domesticis ema-
nat[更真实的报告来自仆从]。

(20)不过最能暴露和说明一个人的,是其天性和志向,最能
说明懦弱之人的是他的天性,最能说明聪明的人的是他的志向。
有位罗马教宗的使节在某国卸任使者回来以后,被人问到谁能胜
任接替他的职位,他和善又明智地说(虽然我觉得很不真实),他
希望无论如何,都不要派太聪明的人去,因为太聪明的人想象不出
那个国家的人要做什么。无疑,人们最常见的错误就是瞄得过高,
期待更高的结果和无法实现的事,那句精妙的意大利谚语最能说
明这种情形:"通常人们的金钱、智慧和善意并没有料想的那
么多。"

(21)基于另外不同的原因,最好通过天性认识君主,通过志
向认识个人。因为君王们处于人类欲望的顶端,大多没有特定的
渴求目标,无法以其为依据测量或衡量他们的其他行为和欲望,这
是他们的心思深不可测的原因之一。对于人们的志向与天性,只
了解它们的种类还远远不够,我们也应了解各类的优势,哪一种性
情最占主导,哪一种志向最为常见。试想,提格利努斯(Tigellinus)   233
看到图尔皮利亚努斯①比自己还卖力地唆使尼禄纵情享乐时,便激
起尼禄的恐惧心理,让他扭断了图尔皮利亚努斯的脖子。②

(22)不过对于这部分研究,最简单的方法在于三件事。首
先,广为结识和接纳那些精通人情世故的人。尤其是面对各行各

---

① [译注]图尔皮利亚努斯(Petronius Turpilianus),古罗马作家,贵族出身。据塔西佗
《编年史》记载,他曾任比提尼亚总督、执政官等职。他精于享乐,得到罗马皇帝尼
禄的赏识,被召为廷臣,后被尼禄的继任者伽尔巴(Galba)所杀。
② Tacitus, *Annals*, xiv. 57. [K]提格利努斯出身低贱,道德败坏,他鼓励尼禄生活放
荡。尼禄恐惧的是普劳图斯(Rubellius Plautus)和苏拉,而不是图尔皮利亚努斯。
提格利努斯一手设计了对他们的谋杀并将其头颅带给尼禄。

业、各色人等的时候,我们至少应有一位擅长且十分熟悉每个行业的朋友,与其保持私交和会谈。其次,就语言自由和保守秘密而言,我们应吐露得当、缄默得宜。大多数情况下可以袒露实情,紧要的事情应当恪守秘密,向他人袒露实情可使他人据实相告,以加增个人的知识,恪守秘密则增进了他人的信任和亲密。最后,克制自己,养成机警、沉稳的习惯,以便能在一切交际和行动中衡量左右、实现目的,既能观察细微又能行动敏捷。正如爱比克泰德提出,哲学家在各种行为中都应当对自己说:"我希望这么做,但是同时我还希望恪守自己的生活方式。"①所以,审慎的人在任何行动前都应对自己说:"我希望这么做,但同时我还希望学点新东西。"关于如何获得真实信息,我已经耗费了大量笔墨,因为这部分知识本身就是主干,支撑其余所有部分。但最重要的是,得提醒人们守住自身、克制自己,不要了解了这些后就去干涉他人,因为最不幸之事就是在很多事情上轻率鲁莽地干涉别人。因此,对这一种类

234　繁多的知识最终得出如下结论,也只能是这个结论,即在涉及自身的各种行为中,人们可以更好地自主选择,使我们的行为更少犯错,更加灵巧。

（23）关于这部分知识的第二条原则是,人们要更详细地考察自己、了解自己。就像圣詹姆斯说的那样,人们虽然常常照镜子,但可能突然之间忘了自己。② 所以,正如上帝之言是神圣的镜子,政治之镜就是世界的状态,或者我们生活的时代,我们要在这镜中观察自身。

（24）人们对于自身的能力和德性、缺陷和不足应有公正的观察,应当看重自己的短处,看轻自己的长处,通过这种观察和检查,形成下述考虑。

---

① Epictetus, *Enchiridione*, c. 9.
② 《新约·雅各书》1:23—24。

（25）第一，我们应当考虑人们的天性是否符合时代的普遍状态，若符合且适合，做任何事情时，人们都更自由、不拘泥，但若不同或不符，在整个生命历程中就要更沉静、矜持。就如我们从没见过提比略嬉戏玩乐，而且在他执政的最后 12 年里，竟从没去过元老院，但恺撒则总出现在人前，因此塔西佗说："提比略的习惯很不一样。"①

（26）第二，应当考虑人们的天性是否符合他们的职业与生活状态，如果还未就业，他们可以自行选择，如果已经就业，可以找寻机会另谋生路。就如瓦伦丁公爵②，虽然他的父亲打算让他从事神职工作，但考虑到自己的天资和爱好，他不久便放弃了。尽管如此，也没人敢下定论，他的天性究竟是更不适合当国王，还是更不适合当教士。 235

（27）第三，应当考虑跟自己的竞争者和对手是否相称，在选择道路时，是否选择那条最荒僻、自己最可能崭露头角的路。就像恺撒最初是演说家或论辩者，但当他看到已经有如西塞罗、霍尔腾西乌斯（Hortensius）、卡图卢斯（Catullus）等那般卓越的演说家，而军事上除了庞培再无人享有盛誉、成为国家不可或缺的栋梁时，便放弃自己原来的道路，把自己的宏图从民政转向军事伟业。③

（28）第四，人们选择朋友和随从时应当考虑自身天性的各种特点构成，比如恺撒的朋友和侍从，虽然都不怎么庄严，无名无誉，但是都能够主动做事，行之有效。

（29）第五，我们应当尤其注意到，人们在学习榜样时，往往认为别人能做到的，自己也一定能做到，然而自己和前人的天性与行

---

① Tacitus, *Annals*, i. 54.
② ［K］瓦伦丁（Valentine Borgia, 1471—1507），教宗亚历山大六世之子，17 岁时便被提为枢机主教，在其兄去世后成为出使法兰西的教宗使节。与路易十二的结盟使他成为瓦伦丁公爵。他娶了纳瓦尔王的胞妹且参与意大利战争。
③ Plutarch, *Parallel Lives*, "Life of Julius Caesar".

为可能相差甚远。庞培似乎就经常犯这种错误,据西塞罗记载,庞
培常说:"苏拉能做这事,我就不能吗?"①实际上他却是自欺欺人,
因为他的天性和行为与他的参照对象有天壤之别,一个凶猛暴戾,
行事急躁强势,另一个则庄重威严,行事成效较慢。

　　关于我们自身的处事原则还有许多分支,在此就不再一一讨
论了。

236　　(30)在充分了解自己、认识自己以后,我们进而可以研究如
何出色地展示自己、表现自己。在这方面最常见的现象是,有才干
的人往往不喜欢展现自己。如果人们能够很好地展示自身的德
性、幸运、功绩,同时精妙地掩饰自己的弱点、缺陷和耻辱,强化、展
示自己的优点,淡化、远离自己的缺点,详细说明自己的优点,美
化、解释自己的缺点,类似做法都会大有裨益。正如塔西佗记载的
他那个时代最伟大的政治家穆蒂亚努斯:"他无论说什么、做什么,
都非常巧妙。"②这的确需要一些技巧,否则就不免乏味与狂妄。
不过在我看来,夸耀(虽然这是虚荣的第一步)只是举止上的失
礼,而不是政治上的失策。就像古人说:"肆意谩骂,一定会留下印
象。"③那么我们也可以说:除非你的话荒谬可笑到扭曲变态的程
度,那么"大胆地赞颂自己,总会留下一些印象"。因为尽管有智
慧、有地位的人会对这种夸耀一笑置之,不屑一顾,但那些无知卑
劣的人总会对你有些印象,多数人的权威便可以抵消少数人的蔑
视。但如果你自夸时能行事体面,且自然和善、机敏灵巧,或是处
于危险不安的情形下时自夸(就像军人做的那样),或是在他人最
嫉妒时自夸,或是在自夸之前或之后加上轻松随意的话,不要太
长,也不要太严肃,或是在美化自己的同时也适当自我批评,或是
利用时机,在击退他人的伤害或无礼时适当自夸,这些做法都对名

---

①　Cicero, *Epistulae ad Atticum*, ix. 10.

②　Tacitus, *Historiae*, ii. 80.

③　Plutarch, *Morals*, I4^v-I5^r.

誉大有裨益。而那些天性呆板的人,既缺乏这种内在抱负,又无法乘风而上,即使他们自持有度,亦会枉遭一些损害和不利。 237

(31)上述这些夸耀和赞颂德性的法子,恐怕并非完全没有必要,至少当我们的德性未得到合理评价、遭人贬低的时候,这些方法是必要的。德性遭到贬低无非三种方式:一是太过于主动推荐自己,如此人们会觉得接受本身就是报答;二是用力过度,如此,做得好的事情也得不到他人承认,最后还会招人烦腻;三是急功近利,过早寻求德性带来回报,如赞扬、掌声、荣誉、青睐,若是有人仅仅满足于这一点小利,请参考这句真言:"不要见到如此小事就欣喜如狂,免得人们以为你没见过大场面。"①

(32)掩饰缺点和重视优点一样重要,掩饰缺点也有三种方法:一是谨慎,二是修饰,三是自信。谨慎是指人们要机敏且小心地避免卷入自己不适合的事情中,不要像那些鲁莽的人,不分青红皂白地投入到任何事情中,让自己所有缺陷都暴露无遗。修饰是指设法为自己的错误和缺陷做解释,显得是为着更好的原因或其他目的而这么做的。有良言为据:"恶常环伺于善之左右。"②因此,无论人们有什么缺陷,都应当装出与缺陷毗邻的那种美德。若呆板愚钝,得装作庄重;若软弱怯懦,得装作温和和蔼;等等。至于修饰缺陷,人们必须找出合适的理由来解释自己为什么没有尽最大努力,为什么要掩盖自己的才能,同时还必须经常掩饰自己众所 238 周知的才能,好使人相信他真正的缺陷是故意为之。至于自信,这是最不重要但最可靠的补救方法。这种方法是指人们故意轻视、贬低他们无法做到的事情,遵照商人的良好策略,努力抬高自己商品的价格,打压别人的价格。此外,还有一种更胜一筹的自信,就是直面自己的缺陷,显得自己的缺陷其实是他最擅长的,为了达到

① [译注]对作者不详但托名西塞罗的作品《献给赫伦尼的修辞学》(*Rhetorica ad Herennium*)中一句话的重述。
② Ovid, *Ars Amatoriat*, ii. 662.

这个目的,同时还要显得很瞧不上自己最擅长的事。我们经常在诗人中见到这种人,当他们展示自己的诗句时,如果你批评哪一行写得不好,他们往往会说,"这一行其实花费了他最多的心思",同时会立即装模作样地贬低和质疑其他诗行,实则他们很清楚,贬低的那些才是全篇中最好的。不过,一个人在纠正和补救自己的行为举止时,最重要的是,必须注意不要因为自己天性过于柔弱、善良、温顺,而显得毫无防备、易受轻蔑和伤害,反而应当显现出豪爽、英勇和锋利的光芒。那些为人或运气稍欠的人,为了避免他人的蔑视,有时不得不采用这种方法,若是应用得巧妙恰当,往往还会成功。

（33）这部分知识的另一条原则是,要尽可能努力塑造心灵以适应和顺从环境,因为最能阻碍人的机运的,莫过于"在需要改变时仍然一成不变"①,时机已转变,人却还固守旧处。因此,李维把加图比作"机运的建筑师",并称赞他有"极强的适应性"。那些严肃庄重的智者,往往固守自我,不易变动,结果威严过多,灵敏不足,但有的人天性邪恶、执拗,不易改变。有的人则几乎是天性中就带着自负,觉得既然以往的经验带来的都是好结果,便无法说服自己应该改变。马基雅维里明智地提到,在战争形势发生变化,需要乘胜追击时,马克西姆斯②仍固守旧的习惯,按兵不动。③ 还有一些人,由于缺乏判断的方向和洞察力,事情发生到一个阶段时察觉不到,时机过后才觉察到,但为时已晚。因此,德摩斯梯尼把雅典人比作乡下人,说他们在射箭场比赛,往往是在受到攻击后才运用武器防御,而不是事先防御。还有一些人,不愿意前功尽弃,又非常自负,觉得可以根据自己的意愿随意支配自己的事情,最后却

239

① Cicero, *Brutus*, 95.
② ［译注］马克西姆斯(Fabius Maximus),古罗马将军,在第二次布匿战争中采用持续拖延的战略与汉尼拔周旋。
③ Machiavelli, *Discorsi*, iii. 9.

找不到补救的方法,陷于不利境地。就如塔克文本可以最初就干脆地买下西比拉的全部九卷书,最后以同样的价格却只买到三分之一的书,实际上花了三倍价钱。① 不过,无论这种因循守旧的心理是出于什么根源或缘由,都极其有害,因此,最明智的做法就是让我们的心灵之轮与机运之轮同轴旋转。

(34)这部分知识还有一条原则,与我们刚刚所说的大同小异,这原则可以表述为 Fatis accede deisque[服从命运和神灵]②,要求人们不仅要伺机而动,还要善于利用机运,不要把他们的信誉或力气都耗费在极其困难和偏激的事情上,而是要在行动中选择最可行的办法。因为这样能让人们免受挫败,不至于在一件事情上耗费太大,让人觉得你温和有度,获得大部分人的喜爱,做一切事情都表现得永远自在,这些都能够大幅提高自己的声誉。

(35)这部分知识的另一个部分似乎与前两个部分有矛盾,不过在我看来,并非如此。德摩斯梯尼极力推荐说:"就像人人都认为应该由将军指挥军队一样,也应该让明智的人指导事务,让他们做他们认为应该做的事情,而不是被迫跟随事件的发展。"③如果细心观察,会发现有两种不同的处理事务的能力:有人善于适当地、巧妙地利用时机,但是却不善谋略;有人善于推动和实行自己的谋划,但是却不善于适应和吸纳。这两种能力,缺乏任何一种都不完美。

(36)这类知识还有一个部分,即在决定显露或者不显露自我时遵循好的中庸原则。虽然深藏不露、秘密行事(像行于大海的小船,④法国人称之为 sourdes menées[秘密谋划],指人们已经开始做一些事情,但是并没有出头露面)有时候既有好处,也值得钦佩,但

---

① Aulus Gellius, *Noctes Atticae*, i.19.
② Lucanus, *Bellum civile*, viii.485.
③ Demosthenes, *I Philippic*, 45.
④ 《旧约·箴言》30:18—19。

很多时候掩饰往往造成过失，让欺诈者自食其果。因此，我们可以看到伟大的政治家们往往以一种自然又自由的方式表达他们的欲望，而不是有所保留，刻意伪装。例如，苏拉曾这样说过："他希望一些人幸福，一些人不幸福，这要看他们是他的朋友还是敌人。"例如，恺撒初到高卢时，毫不客气地说："我宁愿在乡下当第一，也不愿在罗马当第二。"①又如他在同庞培开战时，西塞罗说："那个人（指恺撒）不仅不拒绝，在某种意义上还要求人们按照实际情况称呼他——僭主。"②又如西塞罗在写给阿提库斯的信中说，奥古斯都·恺撒刚从政时深受元老院宠爱，对民众演讲时竟然发誓说，"希望得到他父亲那样的荣耀"③（不亚于成为僭主）。只不过为了打消人们的疑虑，他伸出手指了指广场上竖立的恺撒雕像。人们笑了，惊奇地说：这可能吗？你听到过这样的话吗？但都认为奥古斯都并无恶意；他将一切做得如此潇洒、率直。这些人都很成功，至于庞培，虽然有同样的野心，但行事却更加阴暗虚伪，正如塔西佗所说，"更加矜持，性情不好"④，撒路斯提乌斯同样说他"言辞真诚，内心无耻"⑤。因为他设计过无数秘密手段，企图让国家陷入完全的无政府状态和混乱之中，这样迫于形势就不得不寻求他的武装保护，如此只能把最高权力交给他。但他从未发现：当他确实成功了（如他设想的那样），被前所未有地选为唯一的执政官时，却没有能力大有作为，因为人们并不了解他。最后他只得借口怀疑恺撒存心不良，重新把军权捞回手里走老路子。这些深层伪装多么乏味、随意、不幸。塔西佗似乎曾如此评论，与真正的策略相比，这些伎俩实在是狡猾的雕虫小技，真正的策略指奥古斯都所

（页边码）241

---

① Plutarch, *Parallel Lives*, "Life of Julius Caesar".

② Cicero, *Epistulae ad Atticum*, x. 4.

③ Cicero, *Epistulae ad Atticum*, xvi. 15.

④ Tacitus, *Historiae*, ii. 38.

⑤ Sallust apud Suetonius, *De grammaticis et rhetoribus*, c. 15.

为,雕虫小技则指提比略。至于利维亚(Livia),他说:"她同她儿子一样虚伪,也具备她丈夫的技艺。"①但是说实话,不断掩饰的习惯只是懦弱和懒散的诡诈,并不是大智慧。

(37)构建机运还有一个原则,即让我们的心灵习惯评价事物的比例或价值,评价它们对于我们的特定志向是否有贡献,有多重要,且应是实质性的评价,而非肤浅表面的。我们可以发现,有的人的心灵擅长逻辑推理(如果可以这么说的话),但在数学方面却老出错,也就是说,他们对结果有良好的判断力,却并不擅长比例与比较,他们更注重事物的表象和感觉,而不看重事物的实质与效用。同样,有人衷爱接近君王,有人迷恋民众的声誉和掌声,认为这些东西都非常有价值,殊不知大多数情况下,这些东西只会引发嫉妒、危险和阻碍。还有人根据他们耗费的劳力和遇到的困难或努力程度来衡量事物,认为只要一直在做,就一定会进步或有所推进。正如当小加图描述自己如何辛苦且不知疲倦,却毫无建树时,恺撒轻蔑地说,"他做所有事情都带着极大的热忱"②。因此,在大多数事情上,人们都随时准备欺骗自己,认为最大就最好,实则最适合才是最好。

(38)至于如何正确引导人们按照事情的重要程度追求机运,我的意见如下。第一,要纠正他们的心灵。因为比起先得到机运再消除心灵障碍,先消除心灵障碍能更快地为机运开道。第二,我认为是财富和获得财富的方式,我知道大多数人会把它们放在首位,因为它们可以被广泛运用到各种场合。我驳斥这种观点的理由与马基雅维里相同,他认为金钱不是战争的关键,战争真正的sinews[关键]是人臂膀上的 sinews[肌肉],即国家的英勇坚强、齐心协力和军事武装。此处马基雅维里适当地引用了梭伦:当克洛

①　Tacitus, *Annals*, v. 1.
②　Caesar, *De bello civili*, i. 30.

伊索斯王①把他的金库展示给梭伦看时,梭伦说,如果有精于用铁的人来了,那这些金子就是他的了。同样我们可以坚信,机运的关键也不在于金钱,而在于人的心灵、智慧、勇气、无畏、决心、性情、勤奋等等的力量。第三,我认为是名声。因为名声就像潮汐和洋流般霸道强横,如果没有在事情发生的恰当时机中获得,就很难重新博取,事后再去博取名声极其困难。第四,我认为是荣誉。用以上三种中的任意一种优势来获得荣誉,比靠荣誉获取它们更容易,如果兼具三种优势,获得荣誉则会更加容易。总而言之,事物有次序和优先级之分,时间也有,荒谬的错置是最常见的错误之一:在应该着手于开头时却直奔结尾;只考虑事物的重要程度而不考虑紧急程度,不按事情发生的时间先后顺序来处理;不遵守那条好原则:"先做手头的事。"②

(39) 这类知识还有一个原则——别干任何占用太多时间的事,而要常把这句话挂在耳边:"同时,时间飞逝,一去不复返。"③这就是为什么那些靠业务繁重发迹的人,如律师、演说家、苦闷的神学家等等,往往对于自己的机运远不如对他们熟悉的领域那样有精明的认识,因为他们缺乏时间去了解特定的情况,以等待时机,做出精细谋划。

(40) 还有一个原则,即效仿自然,这绝不会无用。如果人们能把他的事务融会贯通,而非把心思过多地集中在他主要打算做的事情上,他定能效仿自然。在任何特定行为中,都应当这样安排自己的心灵活动:把一件事置于另一件事之下,就好像若是无法到达最高目的,也可以退而求其次,甚至更低;如果所欲之物的任何一点都无法获得,无妨利用它来求得其他东西;如果当下无法利用

---

① [译注]克洛伊索斯(Croesus),古代吕底亚王国的末代国王,巨吉斯篡位建立吕底亚王国,克洛伊索斯是他的第五代子孙。
② Virgil, *Eclogues*, ix. 66.
③ Virgil, *Georgics*, iii. 284.

某种东西,不如把它作为未来之事的种子;如果无法从某件事中得到效益和利益,无妨利用它来博取好名声;诸如此类。因此,人们应当精确考虑自己的每一个行动,以有所收获,这样即使主要目的无法达到,也不会讶然呆站,感到困惑,因为最傻愣的就是每次只着眼于一件事。干这种蠢事的人会失去无数个介于事物之间的机会,这些机会可能不太契合当下所求之事,但对于以后将要追求的事务可能更合适、更有利。因此人们必须严格遵循那一原则:"这些事情你们应当做,但也不要忽略其他事。"①

(41)还有一条规则教导人们不要太执着于某一件事情,尽管这事似乎不太容易发生变故,但总要留一个窗口以备逃生,留一条后路以备撤退。我们要遵循古代寓言中那两只青蛙的智慧:两只青蛙曾在一起商议,如果池塘的水干了它们应去哪儿,一只青蛙说应当去井里,那里不太可能干涸,但另一只青蛙回答道:"是,可如果真的干了,我们又怎么跑出来呢?" 245

(42)还有一条规则是古人比阿斯的训诫:"爱时要想到对方有一天会成为你的敌人,恨时要想到对方有一天会成为你的朋友。"②这话并不是教人背信弃义,而是教人谨慎和适度,人要是过度沉溺于不幸的友谊、棘手的愤恨、幼稚的嫉妒、滑稽的模仿中,就等于完全放弃了所有效用。

(43)我的论述已经远不止一个例子了,因为我不愿由于这种知识有欠缺,人们就认为它是虚幻缥缈之物,或是只凭一两起观察就能推断之物,相反,这种知识内容庞大丰富,要达到目的比着眼于起点难多了。同样必须指出,我提到的这几点,远算不上完整论述,只是全貌的一小部分。最后,我想不会有人认为我的意思是,不经苦难就无法获得机运。因为我知道,机运有时也会突然降临

---

① 《新约·马太福音》23:23。
② Aristotle, *Rhetoric*, ii.13.4.

到某些人身上。有的人之所以运气好,是因为他们勤奋刻苦,不干涉他人,不犯严重的错误。

　　(44)至于西塞罗,虽然他呈现了完美演说家的楷模,但并不意味着每一个演说家都应像他那样。同样,虽然论述君王和朝臣主题的人常常将笔下之人塑造为楷模,但是这模板只是完美的艺术虚构,而不是根据日常实践所塑造。因此我认为,在描述明智的人时,上述情况都应涵盖进去,我说的明智指对待自己机运时明智。

246　　　(45)不过同时我们必须记住,我们确立的所有原则都可以被称作"善良的技艺"。至于邪恶的技艺,如果人们愿意采用马基雅维里等人之流的原则,即"人们不要追求道德本身,只要显得有德就行,因为有德的声誉会有帮助,但是践行道德却是累赘"。又或者是另外一种原则:"他应假定,人们轻易不会受除畏惧以外的其他情绪的影响,因此他应努力使每个人都处于极度不悦、消沉和不幸的困境中。"①意大利人称之为 seminar spine[种荆棘]。又如西塞罗引用的诗中所包含的原则:"如果仇敌会因朋友之死而死,就让朋友死了好了。"②正如古罗马的三巨头执政官,为了让敌人死,都把自己朋友的性命出卖给他人。③又如卡提利纳(L. Catilina)的声明,要点燃和扰乱整个国家,以浑水摸鱼,打开幸运之门:"如果我的好运被点燃,我将不以水,而以破坏来熄灭。"④又如吕桑德⑤说

---

①　Machiavelli, *Il principe*, 17–18.

②　Cicero, *Pro rege Deiotaro*, ix. 25.

③　[K]指马尔库斯·安东尼、勒皮杜斯(Lepidus)和屋大维在公元前43年建立的为期五年(公元前37年续约)的不稳定联盟;勒皮杜斯在公元前36年被迫下台,公元前31年,屋大维在阿克提姆击败了安东尼,成为唯一的统治者。参见 Plutarch, *Parallel Lives*, "Life of Antonius"。

④　Cicero, *Pro Muraena*, xxv. 51.

⑤　[K]吕桑德(Lysander, ? —前395),古希腊斯巴达海军统帅,是结束伯罗奔尼撒战争举足轻重的人物。他先许诺敌人安全,然后奸诈地将其杀死,而且似乎并不在意自己的伪誓。他说:"孩子们应该被九柱球游戏欺骗,男人应该被男人的游戏欺骗。"

的那条原则，"儿童可以用糖果欺骗，成人可以用誓言欺骗"①，以及诸如此类邪恶堕落的观点。在所有事情上，邪恶的观点都多过善好的观点。当然，如果人们抛弃了仁慈和正直法则，追求机运可能会更加快捷简便，但是人生就如同行路，捷径往往肮脏污秽，而更公平的路却没有那么多。

（46）不过如果人们能控制自己，承受和保持住自身，不被野心的旋风席卷，那在追求自身的机运时，就不应只着眼于世界概况图，不应只看到"所有事物都是虚空，都是心灵的烦扰"②，还应当注意到更具体的图景和方向。首先，最主要的是，不幸本身就是一种诅咒，越不幸，诅咒越大；一切美德本身就是最大的报酬，一切罪恶本身就是最大的惩罚，恰如诗人所说： 247

> 我能想出什么办法，
> 来恰如其分地奖赏你们这莫大的功劳呢？
> 首先，天神和你们本身的品格，
> 将会给你们最美好的奖赏。③

罪恶亦是如此。其次，人们应该仰望永恒天意和神圣审判，因为它们常常颠覆邪恶阴谋的智慧和想象，就如《圣经》所说："他们所怀的是毒害，所生的是罪孽。"④虽然人们应当避免伤害与陷害他人，但这种对自身机运不断的、无安息日的追求，早就把我们此生对上帝的供奉抛诸脑后。上帝不仅要求我们供奉收益的十分之一，还更加严格地要求我们放弃第七天的时间。当我们的灵魂卑躬屈膝陷入尘土，像蛇一样在地上爬行，吞吃地上的泥土，"把仅存

① Plutarch, *Parallel Lives*, "Life of Lysander".
② 《旧约·传道书》2:11。
③ Virgil, *Aeneid*, ix. 252-254.
④ 《旧约·约伯记》15:35。

一点的神圣本质也锁定在尘土里"①时,纵然常常仰脸朝天也毫无
意义。如果有人自以为,尽管自己获得机运的手段不正当,但得到
之后可以正当地利用,正如人们对恺撒以及后来的塞维鲁的评价:
"他们两人要么不该出生,出生了就不该死。"②因为他们在追求和
提升自己的伟业时,做了许多坏事,得到权力后又做了许多善事,
但这些补偿和安慰却只是谋事过程中的良善手段,并不是谋事目
的本身良善。最后,人们在追求自己的机运时,应当稍微冷静一
下,想一想查理五世对他做君王的儿子的精妙教导:"机运多少就
像女人的天性,追得太紧,她反而会跑开。"但是,这最后一点只不
过是给趣味低下的人的一种补救。人们的发展还是更应该以神性
与哲学交汇的基础,也是二者紧密相连的基石,即"寻求原初"为
基础。神学教人说:"首先要追求上帝的国,一切东西便跟着有
了。"③哲学教人说:"首要追求心灵的善好,其他东西便会接踵而
至或者不再渴求。"人的基础确实有些像沙,就像布鲁图斯在演讲
中突然叹道:"美德呀,我尊重你,视你为真实,但你却只是虚
名。"④但神学的基础确实建立在磐石之上。⑤ 最后我仍可以说这
方面的知识有欠缺,我举的这些例子只不过是浅尝辄止罢了。

(47)统治是一种隐秘不露的知识,这是因为有两类事物需要
保守秘密;一类事物人们不容易了解,另一类事物不便让人了解。
因此我们发现,所有的政府都隐蔽无形:"一股内在的精神支撑着,
心灵贯注着全部物质世界的每个局部,并与其巨大的框架融为一
体。"⑥我们还看到,上帝对于世界的统治也隐藏不露,看起来好像
毫无规则、混乱纷杂。灵魂对于肉体的统治也隐秘深奥,其过程难

① Horace, *Satires*, ii. 2. 79.
② Sextus Aurelius Victor, *Epitome de Caesaribus*, i. 28.
③ 《新约·马太福音》6:33.
④ Dio Cassius, *Hercules*, xlvii. 49.
⑤ [译注]参见《新约·马太福音》7:24—25。
⑥ Virgil, *Aeneid*, vi. 726-727.

以证实。同样,根据古人在描写磨难和痛苦时的智慧(在诗人身上反映出来),除了巨人所犯的造反罪外,他们最痛恨的就是妄语罪,如西西弗斯(Sisyphus)和坦塔罗斯(Tantalus)。① 这些只是特殊事　249
例,但即使是对政治和政府的一般规则和论述,也应当持恭敬和慎重的态度。

(48)相反,统治者应要求被统治者尽其所能地把所有事情都展示显露出来。关于上帝的统治,《圣经》如此说:"宝座前好像一个玻璃海,如同水晶。"②地球在我们看来黑暗阴蔽,在上帝眼中却如水晶般透明。因此君王和国家,尤其是聪明的元老院和议会,对其人民的天性和性情、处境和需求、派别和联盟、怨恨和不满,都应根据各种情报、凭借他们观察的智慧以及他们所处的位置保持警惕,最大程度地清晰明了。不过考虑到此书是献给陛下的,陛下既精通政治,又有良臣辅佐,因此这部分知识我就毋庸赘述了,就像一位古代哲学家渴望得到的认可那样,当别人竞相通过言语来证明自己的能力时,他却保持沉默,希望向世人证明:"有一个人知道如何保持沉默。"③

(49)然而,对于统治中比较公开的部分,即法律,我认为有必要指出一个缺陷,即所有写作法律著述的人要么以哲学家的身份,要么以法学家的身份,却没有人以政治家的身份来写。哲学家只为想象的共同体制定想象的法律,他们的论述就像星星,因为太高而光亮微弱。至于法学家,他们只著述那些国家已经承认的法律,　250
而不着意于那些应当成为但还未成为法律的东西。立法者的智慧是一回事,法学家的智慧是另一回事。自然中存在着某种正义的源泉,所有民法都是从其中生发出来的支流。就像河水流经什么土壤,就会带着什么土壤的特质和气味一样,尽管各种民法都出自

① Homer, *Odyssey*, xi. 582-600.
② 《新约·启示录》4:6。
③ 指芝诺(Zeno),参见 Plutarch, *Morals*, RI^v。

同一源泉,但根据它们所施行的地区和政府的不同,也会有所变化。同样,立法者的智慧不仅在于提出正义的原则,更在于实行正义。他们应当考虑:如何使法律确定无疑;法律的疑点和不确定的原因以及补救办法是什么;如何让法律易于执行;执法的障碍以及补救措施是什么;涉及 meus[我的]和 tuum[你的]私权的法律对公共国家有什么影响,如何使这些法律更加合理、更易于接受;法律应如何制定和发布,是采用条文形式还是法典形式,是简短还是详尽,加不加序言;如何不时地修订和改良;防止法律繁冗复杂或变幻混乱的最好办法是什么;依法讨论了紧急案例后,或者讨论和回应了普遍观点或问题后,当如何以法律阐释;执法时应严格还是温和;如何通过衡平和良心来缓和法律;自由裁量权和严格依法是可用于同一法庭,还是得在不同法庭施用;如何监督和管理法律实践、法律职业、法律知识;以及诸多涉及法律执行和法律的活力(如

251　果可以这么说的话)等的其他问题。关于这些问题,在此就不详细论述了,因为我已经以格言形式开始写这方面的作品,如果上帝留给我更多的时间,我打算在今后再提出,因为我注意到这部分知识仍有欠缺。

(50)至于陛下为英格兰制定各项法律,我可以说出其许多尊威,也能指出一些不足。但比起罗马法,您制定的法律更适合英格兰政府。因为罗马法是 non hos quaesitum munus in usus[并非意在这些用途的馈赠]①,即它不是为了管理如今的国家而制定的。不过此事就不多说了,因为我不想把行动事务与一般学问事务混为一谈。

XXIV. 关于社会知识的讨论就到此为止,谈完社会知识,亦结束了人类哲学的探讨,那么总体上哲学的探讨也就此完成。现在

---

① Virgil, *Aeneid*, iv. 647.

暂停一下,稍稍回顾已经完成的讨论,这部作品在我看来(如果镜子的确从不说谎①)——只要人能够评价自己的作品——并不比乐师调整乐器时所发出的声音或噪音好多少,这些声音虽不悦耳,但正是因为有这些噪音,后面才会有更悦耳的音乐。因此,我乐意做缪斯女神乐器的调琴师,以便高手出现后能弹奏它们。实际上,就我们时代的情形而言,在各个方面,学问已经迎来了第三个巡回或高峰。这个时代的智者们更加卓越、更有活力;我们从古代作家的辛劳作品中获得了高贵的援助和启示;印刷术将书籍传播到了各个财富阶层;世界因航海技术而敞开,揭示了大量科学实验和自然历史;这个时代有大量的闲暇,不像在希腊民主制和罗马君主制下,人们得投身于民政事务;于是,这些时代现存的性情一刹那便平和下来;一直以来的各种宗教争论也全部解决了,这些争端极大地分散了人们对其他科学的兴趣;陛下的博学多才就如同凤凰,召集众多才智之士纷纷跟随。随着时间的推移,真理也逐渐显现。我不得不相信,只要人们能够了解自身的优点和缺点,能以创新之光而非纷争之火相互映照,能把对真理的研究当作一项事业,而不是当作一种特质或装饰,能把自己的智慧与才华应用到有价值的卓越事物上,而不是应用到粗野世俗的事情上,那么这第三个时期的学问将会远远超过希腊人和罗马人的学问。至于我的这些辛劳,如果人们乐于亲自或假手他人批评它们,那么请允许我像古人一样耐心请求:"你可以打我,但请先听我说。"②让人们批评吧,这样他们才会仔细审视与衡量。人们的首次思考是为了吁请第二次思考,当代人的思考是为了吁请后世人的思考,这种吁请(虽然可能没有必要)完全合理。现在我们可以讨论前两个时代都无福知晓的那部分学问——那神圣的、神启的神学,它是所有人辛勤劳动

252

---

① Virgil, *Eclogues*, ii. 27.
② Plutarch, *Morals*, 2M5ʳ.

的安息日,是所有人漫长旅途的避风港。

253　　　XXV.（1）上帝的特权不仅涵盖人的意志,还涵盖人的理性。因此,纵然我们的意志不太情愿,也必须服从他的律法,纵然我们的理性有些勉强,也必须笃信他的话语。如果我们只相信符合理性的东西,那只是认同了事物,而没有认同造物者;这种态度就如同对待一个遭到怀疑的、不可信的证人。亚伯拉罕称这种信仰为义,却遭到其妻撒拉的嘲笑,①因为撒拉正是自然理性的代表。

（2）尽管如此,（如果真正考究一番）信仰比我们现在所知之知更有价值。因为获取知识时,人的心灵受感官支配,但有了信仰,人的心灵则受精神支配,精神相比心灵更有权威,因此有了信仰我们的心灵就受到更有价值的力量的影响。相反,一旦人的地位增辉,信仰便会停止,我们会了解一切事物,亦如上帝了解我们一样。

（3）因此可以说,宗教神学（按我们的习惯称之为神学）的创建仅仅基于上帝的话语和神谕,而不是基于自然之光。《圣经》只说"诸天述说,神的荣耀"②,并未说"诸天述说神的意志",并且还说:"人当以训诲和法度为标准,他们所说的,若不与此相符,必不得见晨光。"③神圣经典不仅适用那些关于上帝、创世、救赎等伟大奥秘的信仰之事,还同样真实地阐释了道德法则:"要爱你们的仇敌,为那逼迫你们的祷告。这样,就可以做你们天父的儿子,因为他叫日头照好人,也照歹人,降雨给义人,也给不义的人。"④我们应当称赞这些话 Nec vox hominem sonat[实非属人之音]⑤,而是超

---

①　[译注]参见《旧约·创世记》15:6;18:10—15。
②　《旧约·诗篇》19:1;18:15。
③　《旧约·以赛亚书》8:20。
④　《新约·马太福音》5:44—45。
⑤　Virgil, Aeneid, i. 328.

越自然之光的声音。因此我们看到,异教诗人陷于自由的激情时,仍要诉诸法律和道德来争辩,仿佛法律和道德与自然对立,对自然不满。"自然允许的事,嫉妒的法律却反对。"[①]印度人邓达米斯(Dendamis)对亚历山大的使者说,他曾听说过毕达哥拉斯和其他一些希腊哲人的观点,他认为这些人的确非常优秀,但他们都犯了一个错误,即过于尊敬和崇拜所谓的法律和礼仪。[②] 因此必须承认,道德法则中很大一部分是自然之光无法企及的那种完美。那么为什么又说,凭借自然的光亮和法则,人们能够获得美德与邪恶、正义与不义、善与恶的某些观念和思想呢? 这是因为人们所说的"自然之光"有两层意思,一层是按照天地法则从理性、感觉、归纳、论证中产生出来的,另一层是人的内在本能按照良心法则(指人在原初纯洁状态时的光亮)在灵魂中的烙印。只有在第二层意义上,我们才可以说,人是完美道德法则的某种光亮和洞察力的参与者。不过如何参与? 我想人们拥有的光亮只够防止罪恶,并不能教人职责。因此,宗教教义,不管是道德教义还是奥秘之事的教义,离了上帝的感召和启示,都无法获得。

　　(4) 尽管如此,理性在属灵事物上的应用及其范围广大且普遍,使徒称宗教为"我们对于上帝理所应当的侍奉"[③]并非没有理由。旧律法中的各种仪式和象征都充满了理性和意义,远甚于偶像崇拜和巫术礼仪,后者充满了无意义和荒谬的特征。而在所有宗教中,基督教信仰尤其值得高度赞扬。它在异教徒的律法和穆罕默德的律法这两个极端之间,占据并保持着绝佳的中庸。异教徒的宗教没有固定的信仰和教义,把一切都留给辩驳的自由,另一方面,穆罕默德的宗教则完全禁止辩论。因此,前者呈现的是错误的面目,后者呈现的是欺骗的面目。而基督教会视情况而定,允许

----

① Ovid, *Metamorphoses*, x. 330.
② Plutarch, *Parallel Lives*, "Life of Alexander the Great".
③ 《新约·罗马书》12:1。

或禁止辩论。

（5）人类理性在宗教里的用途有两种，一是理解和把握上帝为我们揭示的奥秘，二是从这些奥秘中推断和提取教义与指引。前者涉及奥秘本身。可如何理解或提取？以启示而不是论证的方式。后者则确有考察和论证。对于前一种用途，上帝恩赐于我们各种能力，以我们所能理解的方式表述他的奥秘，把他的启示和神圣教义植入我们的理性观念，用他的灵感开启我们的领悟力，就像用钥匙打开锁一样。至于后一种用途，我们可以运用理性和论证，但不是原初的绝对理性，而是次要的各自的理性。因为宗教条款和教义被放入人心后，虽然不再受到理性的审查，但是我们仍可以从中做推导和推论，根据它们做类比，以得到更好的指引。在自然中却不能这样做。因为这两种原则虽然不通过间接推论或三段论
256 检验，却都受到归纳法的检验。此外，首次论断的理性与推出次级论断的理性之间并不矛盾。但这种情形并不仅仅只存在于宗教领域，还存在于大大小小各种知识领域中，即在这些知识里，不仅仅有 posita[确定的]原则，也有 placita[任意的]原则。在这些知识领域，绝对理性毫无用处，就像我们常见的益智类的游戏，如国际象棋等，就是这样。下棋和这类游戏的首要法则都是确定的，是最初的规则制定者完全 ad placitum[随心所欲地]制定，并不受理性的检验，但如何引导自己发挥，以最大的优势赢得比赛，则是人为的，需要理性。同样，在人类法律中，有许多依据和准则，并非依照理性制定而是权威确定下来的 placita juris[法令]，因此不容争辩。不过，根据这些准则，那还有什么是最正义的？还有什么是相对正义而不是绝对正义？这一问题往往引发长期争辩。总之，神学建立的基础是上帝的 placets[律令]，理性在其中只居次要地位。

（6）在我看来，在属灵的事务里，理性的真正功效与局限，尚未作为一种神圣辩证逻辑得到充分探究和处理，这是一种欠缺。正因为这一欠缺，我们看到，人们常常以真正理解上帝已经揭示之

事为借口,去挖掘未揭示之事,以推论和矛盾为借口去检验那绝对的东西。前一类人陷入了尼哥底母(Nicodemus)式错误——要求让事物变得更容易,超出上帝愿意给人启示的程度:"人已经老了,如何能重生呢?"[①]后一类人陷入了门徒们的错误,他们一看见矛盾便惊诧道:"等不多时,你们就不得见我,再等不多时,你们还要见我,他对我们说的话是什么意思?"[②]

(7)我主张这部分知识应得到更深入的研究,是因为理性的局限有广大且神圣的作用,这部分知识如果得到细致的钻研和阐述,在我看来,就如同镇痛剂,不仅可以控制和约束经院派那些虚妄古怪的猜测,还可以压制教会里那些激烈的争论。了解到理性的局限,不仅可以让人们睁开双眼,看到许多争论仅仅是关于未揭示的或绝对的东西,还有许多其他争论源于薄弱含糊的推论或推导。关于后一种争论,如果人们能复兴那位异教大师的神圣风范,就会说,"是我,不是我主"[③],以及"按我的意见"[④],只把自己的观点视为意见和建议,而不是敌对地驳斥对方的立场。但是现在人们却急于以站位的方式宣称,"不是我,而是我主"[⑤],不仅如此,还要加上雷鸣般的痛斥与诅咒,使那些尚未充分了解所罗门箴言"无端的诅咒不会来"[⑥]的人感到恐惧。

(8)神学有两个主要部分,一是被告知或被启示之事,二是信息或启示的本质。我们先谈后者,因为它与刚刚论及的问题联系最密切。信息的本质由三部分组成:信息的范围、信息的效力、信息的获取。信息的范围方面应考虑以下问题:特定个人持续受启发的程度、教会受启发的程度、理性可以运用的程度。这最后一点

---

① 《新约·约翰福音》3:4。
② 《新约·约翰福音》16:17。
③ 《新约·哥林多前书》7:12。
④ 《新约·哥林多前书》7:40。
⑤ 《新约·哥林多前书》7:10。
⑥ 《旧约·箴言》26:2。

258　我认为有欠缺。信息的效力方面应考虑:哪些宗教要义是根本的,哪些趋于完善,能在同一基础上进一步加强和完善,以及在不同天命时期,神圣光亮的不同层次对信仰的效力有什么不同。

　　(9)同样,我与其说是要指出缺陷,不如说是提出建议,即应当虔诚且明智地区分基本教义和需要进一步完善的教义。这一点的目的与我们之前提到的很相似,正如研究理性的局限可以减少争论的数目,区分两种教义可以降低争论的热度。我们知道,摩西看见以色列人和埃及人争斗时,没有问"你们为什么争斗?",而是拔剑杀死了埃及人。① 但当他看见两个以色列人争斗时却问:"你们是兄弟,为什么争斗?"②基本教义的分歧就像埃及人的异议,必须用圣灵之剑将其杀死,无法调和,而如果分歧点像以色列人的论争,即使不对,也只能问:"你们为什么争斗?"关于基本教义,我们的救主曾立下盟约:"不与我相合的,就是敌我的。"③对于非基本教义,他说:"不反对我们的就是我们的朋友。"④所以我们看到救主的外衣总是完整无缝,⑤《圣经》教义本身亦是如此。教会的外衣虽五颜六色,却并未分离。我们知道,谷粒上的壳可以且应当剥离出来,但稗草却不可从田间的谷物中拔除。⑥ 因此,界定人们沦为彻底的异教徒、脱离上帝的教会的教义究竟是什么? 它的范围又如何? 研究这些问题十分有价值。

259　　　(10)至于信息的获得,则有赖于对《圣经》真实且全面的阐释,《圣经》是生命之水的源泉。对《圣经》的解释有两种:一种是系统的,一种是分散或随意的。因为这神圣之泉,虽然远胜过雅各

---

① 《旧约·出埃及记》2:12。
② 《旧约·出埃及记》2:13。
③ 《新约·马太福音》12:30。
④ 《新约·路加福音》9:50。
⑤ 《新约·约翰福音》19:23。
⑥ 《新约·马太福音》13:29—30。

的水井，①但汲引它与人们从普通的水井和泉井汲引天然的水一样，要么先把它注入蓄水池，使用时再从蓄水池里取，要么在喷涌之地用水桶和容器盛取出来。前一种办法虽然较为方便，但在我看来，水更容易变质。经院神学展示给我们的就是这种方法，他们把神学贬低为一种技艺，就像装入蓄水池，其他教义或观点的支流都只能从中取出或推出。

（11）就系统解释《圣经》而言，人们一直在追求三个目标：一是概括简洁，二是紧凑扎实，三是整全完美。前两个目标人们未能达到，后一个目标则根本不应奢求。说到概括简洁，我们看到在运用各种总结方法时，虽然人们意在缩减，但却反而造成了扩增。这是因为缩减以求概括或简洁反而使意义晦涩难懂，意义晦涩难懂则需要阐述说明，阐述说明进一步被推演成大部头的注释、讨论和论题，最终写成的提要比原著的规模大得多。所以我们看到，那些被称作"集句大师"②的经院作家虽然是对教父们的作品做提要或总结，但他们的作品可比原著的篇幅大得多。同样，现代法学家关于罗马法的著作也比古代法学家们的部头大得多，虽然特里波尼安③已经汇纂过古代法学家的作品。因此可以说，这种概括和评注 260 的方法必然使得科学在体量上越来越多，在质量上却越来越差。

（12）说到紧凑扎实，将知识缩减成各条精确的方法，且让每个部分似乎都相互支撑和彼此维持，确实能显得坚实有力。不过这种有力更多是看似令人满意，没有什么实质性。就像建筑，靠架构排列和密实建起来的大厦，比那些架构不那么紧密但各部分的

---

① 《新约·约翰福音》4:5—6。
② ［译注］指彼得·伦巴德（Peter Lombard，1100—1160），意大利罗马天主教神学家和主教。他的神学专著《四部语录》（*Sententiarum libri quatuor*）是中世纪罗马天主教神学的标准教科书，前人译为《集句》。
③ ［译注］特里波尼安（Tribonianus），东罗马帝国法学家，曾任司法官，被尤士丁尼皇帝任命为十名法学专家组成的委员会成员之一。组织编写《尤士丁尼法典》《学说汇纂》和《法学阶梯》。

基础都十分坚实的大厦，往往更容易坍塌。显然，越脱离基础，得出的结论就越薄弱，就像在自然领域，越不考虑特殊性，犯错误的危险就越大。同样在神学领域，使用推论和推理越远离《圣经》，观点就越脆弱无效。

（13）整全完美在神学领域则是不应奢求的目的，因为这会使得这门人为的神学学科更加令人怀疑。因为要把一种知识简化为一门技艺，就必须使知识完整、统一，但在神学中，很多东西只能让其不连贯，只能总结说："深哉，神丰富的智慧和知识，他的判断何其难测，他的踪迹何其难寻。"①使徒们也说过："我们现在所知道的有限。"②因此，要凭借一部分质料来建构完整形式，就只能通过假设和推测来补充。总而言之，总结和概括之法的真正功用只在于知识的引入和预备阶段，用这些概括或从中得出的推论来探究知识的主体和实质，在所有科学中都是有害的，而在神学中则尤其危险。

261　　（14）至于分散和随意地阐释《圣经》，人们已经引进和发明了各种各样的方法，其中有些方法只能说古怪且不靠谱，难以称得上严肃有保障。尽管如此，必须承认的是，《圣经》是通过启示而非人类的理性传达，其作者与其他书籍的作者不能相提并论，阐释《圣经》的方法与阐释其他书籍的方法亦大有不同。经文的著者知道四件任何人都不知道之事：荣耀王国的奥秘、自然法则的完美、人心的秘密和所有世代的未来更迭。对于第一项，经文说："强挤入光明中的人，将被那荣光压倒。"③以及："你不能看见我的面，因为人见我的面不能存活。"④对于第二项，经文说："他立高天，我

---

① 《新约·罗马书》11:33。
② 《新约·哥林多前书》13:9。
③ 《旧约·箴言》25:27。
④ 《旧约·出埃及记》33:20。

在那里,他在渊面的周围,画出圆圈。"①对于第三项,经文说:"也用不着谁见证人怎样,因他知道人心里所存的。"②对于最后一项,经文说:"创世以来,救主的一切工作救主都知道。"③

（15）根据前两项内容,人们已对《圣经》做了某些意解和阐释,当然都有必要控制在持重节制的范围内。这些意解和阐释分为神秘的和哲学的两类。前一类阐释里,人们不应该预设时间:"我们如今仿佛对着镜子观看,模糊不清,到那时,就要面对面了。"④虽然此处似乎人被授予了一定的自由,即擦亮这面镜子的自由,或适度解释这一宇宙之谜的自由,但若是追问得过深,就只会导致人的精神的瓦解和崩溃。人体可吸收的东西有三种:营养、药物、毒品。营养可以完全被人的本质所改变和消解;药物一方面被人的本质改变,另一方面改变人的本质;毒品则可以完全改变人的本质,本身不受人的本质的任何影响。同样,对于人的心智而言,任何知识如果理性无法影响它、改变它,它就纯粹是一种毒品,会危害到我们的心智和理解力,致其瓦解。

262

（16）哲学式解释得到后来的帕拉克尔苏斯学派和某些其他学派的大力鼓吹,他们宣称在《圣经》中找到了一切自然哲学的真理,并诽谤和诋毁所有其他哲学为异教的、渎神的。但是,上帝之言与上帝的作品之间并没有这种敌意,这些学派也没有如他们所设想的那样给《圣经》带来荣誉,实际上反而大大亵渎了《圣经》。因为在上帝之言中找寻天地,就等于是在永恒中找寻暂时的事物,《圣经》有言:"天地要废去,我的话却不能废去。"⑤同样,在哲学中找寻神学就如同在死者中找寻生者,在神学中寻找哲学则好比在

---

① 《旧约·箴言》8:27。
② 《新约·约翰福音》2:25。
③ 《新约·使徒行传》15:18。
④ 《新约·哥林多前书》13:12。
⑤ 《新约·马可福音》13:31。

生者中寻找死者。①　就好像神庙中的罐子或洗盆也是放置在神庙的外围处,不可能在最神圣的地方即安放约柜的地方找到。再者,上帝的灵的范围或目的也不是在《圣经》里传达自然诸问题,无非只是顺便提及,是为了适应人的能力,为了说明道德或神学问题。这是一条正确的规则:人们随便提及的眼前之事缺少权威性。如果因为有人出于装饰或例证的目的,从自然或历史借用一些庸俗的想象来比喻,比如蛇怪、独角兽、半人马怪物、百手巨人、九头蛇等等,据此就说这作者认为它们真实存在,实在是非常奇怪的结263　论。总之,这两种阐释,一种是简括的或神秘的,另一种是哲学的或物理的,人们对它们的接受和研究是在模仿犹太教的拉比和神秘哲学家,但这类研究应当被限制在"不能用来了解深奥之物,只能让人畏惧"②的范围内。

　　(17)至于后两点,即人心的秘密和世代的更迭,只能为上帝所知,不能为人所知,这两点的确公正且合理地区分了《圣经》和所有其他书籍的阐释方式。我们已经对此有绝妙的观察:救主基督对许多向他提出的问题的回答与问题所要求的状况并不相干,原因是,救主并不同于普通人,通过人的言语了解其思想,而是能直接了解人的思想,因此他从不回答人的言语,而只回应人的思想。《圣经》就是这种方式,其写作针对的是人的思想,针对世代的延续,早已预见到一切异端、矛盾、教会的各种状态,尤其是受拣选的各种状况。因此,阐释这些东西时不能只依照某一处的特定意义,只分别考虑某句话说出时的当下语境,或只留意与上下文精确的吻合或编织,只思考当时讨论的主要范围,而是应当关注经文本身,不仅要整全地、综合地理解经文,也要分门别类地理解其中的条句和话语,将其作为教义无限的源泉和溪流,用以浇灌教会的

---

① 《新约·路加福音》24:5。

② [K]《新约·罗马书》11:20。

各个部分。因此,字面意义上它确实指主流或河流干,但在教会里则主要用作道德意义,有时也有寓言性或象征性意义。我并非让人们鲁莽地使用寓言,放纵或轻率地引喻,但我确实极力谴责用解释世俗书籍的方式来阐释《圣经》。 264

(18)这部分关于《圣经》阐释的研究中,我不能说有什么欠缺。但记忆所及,还是要补充几句。研读神学书籍时,我发现了许多存在争议的书籍、许多老生常谈的书籍或论文,还有大量实证神学(positive divinity)作品。似乎神学被变成了一种技艺,著作中充满了大量布道和训诫,对《圣经》的评注冗长,并附有对照和索引。但在我看来,最丰富、最宝贵的神学著作形式应当是实证神学,收集经文的特定文本并做简短评论,既不扩展泛论,也不急着争辩,更不会把神学简化成技艺方法。但如今的著作充斥着大量容易被人遗忘的布道,以及会流传下来的缺陷,这是这个时代的优势。最后,我可以说,四十多年来,在陛下统治的这个不列颠岛上,除了那些恢宏的训词和教诲以外,还出现了许多对《圣经》的绝佳阐释,散见于各种讲道中,如果将其汇聚在一起,那将是自使徒时代以来最好的神学作品。我这样说"无意冒犯"①也无意贬低古人,只认为这就像葡萄和橄榄之间的良性竞争。我认为,如果将陛下您过去四十余年统治不列颠岛期间分散发表的关于《圣经》经文的那些见解(不包括那些长文论及的劝勉与应用性内容)中选出最好的部分,并进行体系化编纂,那这部著作将会是使徒时代以降最卓越的神学论著。

(19)神学告知我们两件事,一是信仰和真实的意见,二是供 265 奉和崇拜。前者是宗教的内在灵魂,后者是宗教的外在形体,后者由前者评判并指导。因此,异教不仅崇拜偶像,并且整个宗教本身就是一个偶像,它没有灵魂,即没有确定的信条或信仰表白。人们

---

① Livy, ix. 19.

完全可以把异教的主要大师们都当作诗人,因为异教诸神不是善
妒的神,他们愿意同其他神共享尊崇,就好像他们具有理性似的。
异教徒虽然可能也有外在的道义和教仪,却并不尊重内心的纯洁。

(20)从上述的两部分内容中又产生了神学的四个主要分支:
信仰、行为、仪式和管理。信仰包含了上帝的本质、上帝的特征和
上帝的工作三方面的教义。上帝的本质是三位一体;上帝的特征
要么是三位共具,要么是三位格里的每一位各自所特有;上帝的工
作也分为两种,创世和救赎,这两种工作,总体上属于三位一体的
上帝,又分别属于分开的三个位格。创世工作里,创造万物是圣父
的工作,配置万物的形式是圣子的工作,延续和保持万物的存在是
圣灵的工作。救赎工作里,拣选和建议是圣父的工作,整个行动和
完成过程是圣子的工作,实施救赎则是靠圣灵。基督道成肉身是
受圣灵的感孕,被拣选者灵魂的重生是受圣灵的眷顾。圣灵的这
266 种工作,在我们看来,对上帝的选民有效,但对被上帝摒弃的人则
无效,从其外表看,则体现在有形的教会中。

(21)宗教行为的教义包含在禁绝罪恶的律法中。根据律法
的来源,可将其分为自然法、道德法和习惯法。根据律法的风格,
又可分为否定的和赞成的,即禁令与诫命两种。罪的实质和内容
根据诫命来划分。罪的形式与上帝的三位格相对应:懦弱是向圣
父犯下的罪,因为圣父的特殊属性是权力;无知是对圣子犯下的
罪,因为圣子的属性是智慧;怨恨是向圣灵犯下的罪,因为圣灵的
属性是慈悲或爱。至于罪的行动,要么向右,要么向左,有时是盲
目献身,有时是亵渎不敬和放荡冒犯,有时是在上帝准予自由处施
加约束,有时是在上帝限制处滥施自由。恶的程度和阶段,可以分
为思想、言辞和行动。在这方面,我极力主张把上帝的律法推演到
涉及人的良心的事件中。因为我认为这是割裂而非完整呈现生命
之饼。要加快信仰和礼仪的教义的作用,只能靠内心的升华和认
同,那些劝诫作品、关于神圣的沉思、基督的决心等书籍都是针对

这一目标。

（22）礼拜仪式或供奉涉及上帝和人的相互行为。在上帝一方，是宣扬教义，以圣礼作为圣约的印章，或者是可见的允诺；在人类一方，是祈祷圣名，以及遵守律法和献祭。这些本来是可见的祈祷和告解，但如今，对上帝的崇敬都集中在 spiritu et veritate[灵与真理]①上，因而只剩下 vituli labiorum[唇间的献祭]②，虽然以神圣誓言来表达感恩和报应也被视为恩准的祈祷。 267

（23）教会管理的事务包括教会财产、教会的特权、教会的职务与管辖以及指导整个教会的各种法律。所有方面都应研究两类问题，一是研究它们本身，二是研究它们与民政状况是否和谐融洽。

（24）对神学的研究有两种方式，一是教导真理，二是驳斥谬误。叛离正教的形式，除了否定一切宗教的无神论及其分支外还有三种：异端邪说、偶像崇拜和巫术。异端邪说指以错误的敬拜侍奉真正的上帝；偶像崇拜指把假神当作真神来敬拜；巫术则指明知道是邪恶的假神，却仍要供奉。陛下您明智地观察出，巫术是偶像崇拜的顶点。不过我们要明白，尽管这三种罪在程度上确有区分，但撒母耳教导我们，既然它们都叛离了上帝的训诫，那么其性质就都一样："悖逆的罪，与行邪术的罪相等，顽梗的罪，与拜虚神和偶像的罪相同。"③

（25）我只是简略提及了这些问题，因为并未觉得它们有什么欠缺。神学问题里，我还不曾找到一块空地或荒田；人们真是太勤劳了，无论他们撒下的是良种还是稗子。

　　如此，我尽己所能如实且忠实地塑造出一个智识世界的小小缩影，并指出和描述了那些不常被人们提及或尚未被人们的努力所彻底改变的知识。如果我的某些观点不同于大众普遍接受的观 268

① 《新约·约翰福音》4:23。
② 《旧约·何西阿书》14:2。
③ 《旧约·撒母耳记上》15:23。

点,是因为我想要做得更好,而不是为了标新立异,是为了改良和完善,而不是想要变革和分歧。如果我不愿意超过他人,那么对我自己所研究的论题,就不真诚和坚定。不过我仍希望有人能再次超越我,这样就更能说明,我已经毫无保留且不加防备地陈述了自己的观点,并没有以驳斥的方式妨害人们的自由判断。对于我所论述的所有内容,我都真心希望,人们即便读第一遍时有异议,读第二遍时也能找到答案。至于我犯的错误,我相信我没有以善辩的争论危害到正确之事。因为这样做只会适得其反,一方面增加了错误的权威,另一方面还破坏了正确理论的权威。为错误强行争辩就是尊崇和抬爱错误,正如质疑真理就是拒绝真理。不过,我要承认,书中所有的错误都由我自己负责。至于本书的益处,如果有的话,应如 tanquam adeps sacrificii[献祭的油脂]①,首先供奉给上帝,其次供奉给陛下您——俗世中予我恩宠最多的人。

---

① 《旧约·利未记》1:8。

培根生平及作品年表

这份列表不包括培根在议会中的演讲及其法学方面的论辩。创作日期与出版日期不同时,出版日期在作品名后标出。不太确切的日期用 * 标明。日期完全不确定的篇目放在最后。

1561 年 1 月 22 日	于约克府出生
1573 年 4 月 5 日	进入剑桥大学三一学院
1573 年 6 月 10 日	被正式录取
1576 年 6 月 27 日	进入格雷律师会馆
1576 年 11 月 21 日	被吸收进入会馆大团体
1576 年	与保莱特爵士一起去往巴黎
1579 年 2 月 20 日	其父尼古拉斯·培根爵士去世
1582 年 6 月 27 日	成为格雷律师会馆外席律师
	大约同一时期开始写《刚健时代的诞生》
1584 年 11 月 23 日	作为梅尔科姆里吉斯议员进入议会
1586 年 10 月 29 日	当选汤顿议员
1588 年四旬节学期	当选格雷律师会馆诵讲官
1588 年 11 月	当选利物浦议员
1589 年 10 月 29 日	被授予星室法庭书记官继承权
1589 年	《关于英国国教之争的通告》(1640)
* 1592 年 11 月	《赞美知识和女王论文集》(1734)

1593 年 2 月 19 日	当选米德尔塞克斯议员
1594 年 1 月 25 日	作为上请法官首次出庭
1594 年	《关于女王陛下的御医罗德里戈·洛佩斯令人憎恶的叛变谋划》(1657)
1594 年 7 月 27 日	在剑桥获得硕士学位
1595 年 11 月 17 日	帮助埃塞克斯设计提交给女王的计划(1861 年斯佩丁先生出版)
＊1596 年	《熟语雅言集》(1859)
1597 年	《论说文集》第一版 《善恶的色彩》《神圣的沉思》 《法律格言》(1630)
1597 年 10 月 24 日	当选伊普斯威奇议员
1600 年 10 月 24 日	成为格雷律师会馆双料诵讲官
1601 年 2 月 19 日	参与审理埃塞克斯和南安普敦伯爵案
1601 年	起草《已故的埃塞克斯伯爵罗伯特及其同谋企图和犯下的背叛女王陛下及其王国的罪行宣言》
1601 年 10 月 27 日	作为伊普斯威奇和圣奥尔本议员重回议会
1602 年	致信塞西尔,附有《关于女王在爱尔兰的宗教仪式的考量》(1648)
1603 年 3 月 24 日	伊丽莎白女王逝世
1603 年 7 月 23 日	培根被詹姆斯一世封爵 《浅谈英格兰和苏格兰王国的幸福联合》
＊1603 年	《论自然的诠释》(1734)、《论自然的诠释的序言》(1652)
1604 年 3 月 19 日	作为伊普斯威奇和圣奥尔本议员重回议会

1604 年	《关于更好地安抚和陶冶英格兰教会的若干考虑》(1640)、《关于对已故的埃塞克斯伯爵的某些指责的致歉》、8 月 18 日被任命为国王顾问、《关于英格兰和苏格兰王国联合的某些条款或注意事项》
1605 年	《学问的进展》
*1605 年	《论事物的本质》(1653)
1606 年 5 月 10 日	与爱丽丝·巴纳姆结婚
*1606 年	《伟大的复兴第二部分的规划和论证》(1653)
1607 年 6 月 25 日	被任命为副检察长《想法与结论》(1653)
*1607 年	《迷宫之丝》(1734)
1608 年	《动议的合法性探究》(1653)、《热与冷》(1734)、《回声的历史与听觉》(1658)、《关于伊丽莎白女王的幸福回忆》(1658)、《论不列颠的真正伟大》片段(1734)
1608 年 7 月 16 日	就任星室法庭书记员
*1608 年	《刚健时代的诞生》(1653)、《格言与劝告》(1653)
1609 年 1 月 1 日	《论爱尔兰的种植园》(1657)
1609 年	《论古人的智慧》
1610 年	母亲安妮·培根女士去世《大不列颠史的开端》(1657)
1612 年	《给国王的建议,关于萨顿地产》(1648)

	《论说文集》第二版
*1612 年	《对智识的球形规划》(1653)、《天国的主题》(1653)
1613 年 10 月 26 日	被任命为总检察长
1614 年	作为伊普斯威奇、圣奥尔本和剑桥大学三地的议员参加议会
1616 年 6 月 9 日	被任命为枢密院议长
	《就编纂和修改英格兰法律问题给国王的建议》
*1616 年	《洋流与回流》(1653)、《论开端与起源》(1653)
1617 年 3 月 7 日	被任命为掌玺大臣
1618 年	被任命为首席大法官
1618 年 7 月 9 日	受封为韦鲁勒姆男爵
1620 年 10 月	《新工具》,附有《自然与实验的历史的准备》
1621 年 1 月 27 日	受封为圣奥尔本子爵
1621 年 5 月 3 日	被上议院宣判
1621 年 6 月	这一间歇阶段编写的作品有《自然入门书》(遗失,仅剩残篇,1679 年特尼森出版)、《磁性探究》(1658)、《光与亮的研究主题》(1653)、《木林集》(1627)、《供英格兰法律使用的汇编》(1629)
1622 年	《亨利七世史》、《自然与实验的历史》、《宣告一场圣战》(1629)
1623 年	《崇学论》(九卷本)、《生与死的历史》、《亨利八世治期史》(1629)

1624 年	《与西班牙开战的思考》(1629)、《新大西岛》(1627)、《伟大的自然》(1627)、12 月《格言集》、《〈诗篇〉译文》
1625 年	《论说文集》第三版
1626 年 4 月 9 日	去世

以下作品无法确定写作时间:

《宇宙现象》(1653);《智识的阶梯与先驱者》(1653);《对人类科学的反思》(1653);《自然科学释义 十二卷本》(1653);《民政谈话札记》(1648);《信仰告白》(1641);《祷词》(1648,1679);《尤利乌斯·恺撒的民政形象》(1658);《卡姆登编年史增编》(1717);《纪念威尔士亨利亲王》(1763);《生理学和医学遗存》(1679)。

1596—1604 年,培根写下《致亨利·萨维尔爵士的信及与其的谈话,有关知识力量的帮助》(1657);1608 年 7 月之后,写下《哲学再论》(1653)。

图书在版编目 (CIP) 数据

学问的进展 / (英) 培根著 ; 朱琦, 李明轩译 . -- 北京 : 商务印书馆, 2025
（"经典与解释"丛编）
ISBN 978-7-100-23946-2

Ⅰ. ①学… Ⅱ. ①培… ②朱… ③李… Ⅲ. ①培根
(Bacon, Francis 1561–1626) —哲学思想 Ⅳ. ① B561.21

中国国家版本馆 CIP 数据核字（2024）第 092036 号

"经典与解释"丛编
学问的进展
〔英〕培根 著

朱琦 李明轩 译

商 务 印 书 馆 出 版
（北京王府井大街 36 号 邮政编码 100710）
商 务 印 书 馆 发 行
南京新世纪联盟印务有限公司印刷
ISBN 978–7–100–23946–2

2025 年 4 月第 1 版　　　开本 880×1240 1/32
2025 年 4 月第 1 次印刷　　印张 9¼
定价：58.00 元